全国职业教育规划教材

盾构构造及应用
DUNGOU GOUZAO JI YINGYONG

主 编 吴巧玲
主 审 方新强

人民交通出版社
China Communications Press

内 容 提 要

本书为全国职业教育规划教材。

本书共分九章,内容主要包括机械化盾构、泥水盾构、土压平衡盾构、硬岩掘进机(TBM)、双护盾掘进机、复合盾构等的构造和工作原理,以及盾构机的安全使用规程及其维修保养。

本书可作为高等、中等职业教育土木工程、工程机械、机电工程及相关专业的教材,也可作为盾构管理与施工技术人员的参考用书。

图书在版编目(CIP)数据

盾构构造及应用 / 吴巧玲主编. —北京:人民交通出版社,2011.3
ISBN 978-7-114-08822-3

Ⅰ.①盾… Ⅱ.①吴… Ⅲ.①盾构(隧道)-专业学校-教材 Ⅳ.①U455.43

中国版本图书馆 CIP 数据核字(2010)第 257494 号

书 名:	盾构构造及应用
著 作 者:	吴巧玲
责任编辑:	刘彩云
出版发行:	人民交通出版社
地 址:	(100011)北京市朝阳区安定门外外馆斜街 3 号
网 址:	http://www.ccpress.com.cn
销售电话:	(010)59757973
总 经 销:	人民交通出版社发行部
经 销:	各地新华书店
印 刷:	北京鑫正大印刷有限公司
开 本:	787×1092 1/16
印 张:	14.25
字 数:	352 千
版 次:	2011 年 3 月 第 1 版
印 次:	2021 年 1 月 第 6 次印刷
书 号:	ISBN 978-7-114-08822-3
定 价:	29.00 元

(有印刷、装订质量问题的图书由本社负责调换)

中铁隧道集团职工大学
教材编写委员会

主 任 委 员：周素红

副主任委员：陈苏惠

委　　　员：（以姓氏笔画为序）

　　　　　　王国庆　刘利民　吴巧玲

　　　　　　蒋流川　龚亚平　韩明巍

前　言

近年来，我国城市化进程加快，城市向地下空间发展，地下交通基础设施正面临史无前例的建设高潮，相关工程技术人才需求旺盛，这对于我们职业教育领域培养大量地下工程施工技术人员提出了迫切的要求。

盾构机作为地下交通基础设施建设的重要施工装备，在隧道、地铁及其他地下工程领域，获得了极其广泛的应用。盾构机与常规设备不同，是根据具体施工对象"量身定做"的特种设备，盾构的设计与施工必须与工程地质状况紧密结合，与工程的规模以及经济合理性相匹配，也只有这样，才能充分发挥盾构法"快"的优势，真正保证盾构法施工的工程质量和安全，因此，普及盾构施工技术显得非常迫切。基于目前高职及中职领域此类教材缺乏的现状，我们组织盾构施工技术领域的一线教学与科研专家，倾力编著本书，并被列选为人民交通出版社"十二五"全国职业教育规划教材。

本书以培养盾构机操作工和维修人员为主要目标，以盾构机械、电气、液压系统的原理与应用为主线，力争满足职业教育"盾构构造及应用"相关课程的教学与实践要求。本书在系统论述理论知识的同时，贯彻理论联系实际的原则，在普及盾构基本实践知识的基础上，吸收国内外的最新研究成果和应用技术，为职业教育领域此类教材的开发和建设填补了空白。

本书由中铁隧道集团职工大学吴巧玲担任主编，中铁隧道装备制造有限公司韩亚丽、张志国和中铁隧道集团职工大学蒋流川参加编写，中铁隧道装备制造有限公司方新强担任主审。

限于编者水平，加之盾构技术的研究与应用日新月异，书中疏漏之处在所难免，欢迎使用本教材的广大教师和读者提出宝贵意见，以便我们后续修订，联系方式：lcy@ccpress.com.cn。

中铁隧道集团职工大学教材编委会
2011 年 1 月 25 日

目 录

第一章　绪论 ·· 1
　　第一节　盾构及其基本工作原理 ··· 1
　　第二节　盾构法的优缺点 ··· 2
　　第三节　盾构施工开挖与支撑方式 ·· 3
　　第四节　盾构机的分类 ·· 6
　　第五节　盾构的发展简史 ··· 9

第二章　机械化盾构 ·· 10
　　第一节　机械化盾构概述 ··· 10
　　第二节　掘削机构 ··· 12
　　第三节　盾构壳体 ··· 33
　　第四节　驱动装置 ··· 41
　　第五节　推进装置 ··· 51
　　第六节　激光导向系统 ··· 56
　　第七节　出渣装置 ··· 61
　　第八节　隧道衬砌 ··· 65
　　第九节　管片拼装机构 ··· 80
　　第十节　隧道衬砌背后注浆 ·· 88
　　第十一节　盾构机的姿态控制及纠偏技术 ································ 101
　　第十二节　后配套及辅助装置 ··· 104

第三章　泥水盾构 ·· 109
　　第一节　泥水盾构概述 ··· 109
　　第二节　泥水盾构的主要结构 ··· 112
　　第三节　泥水循环系统及设备 ··· 116
　　第四节　掘削面稳定机理 ·· 122
　　第五节　泥水分离处理系统 ··· 126
　　第六节　掘削面稳定管理 ·· 129

第四章　土压平衡盾构 ·· 134
　　第一节　土压平衡盾构概述 ··· 134
　　第二节　土压平衡盾构的主要结构 ··· 136
　　第三节　螺旋输送机 ··· 140
　　第四节　泥饼的成因及防治措施 ·· 143
　　第五节　渣土改良系统 ··· 145

  第六节 掘削面稳定管理……………………………………………………… 151

第五章 硬岩掘进机（TBM）…………………………………………………… 156
  第一节 TBM 概述…………………………………………………………… 156
  第二节 TBM 的主要结构…………………………………………………… 158
  第三节 TBM 工作循环……………………………………………………… 163
  第四节 掘进机辅助设备……………………………………………………… 164
  第五节 后配套系统及其辅助设备…………………………………………… 167
  第六节 隧洞设备……………………………………………………………… 171

第六章 双护盾掘进机…………………………………………………………… 175
  第一节 双护盾 TBM 概述…………………………………………………… 175
  第二节 双护盾 TBM 的主要结构…………………………………………… 177
  第三节 主机辅助设备………………………………………………………… 183
  第四节 后配套系统及其附属设备…………………………………………… 185

第七章 复合盾构………………………………………………………………… 187
  第一节 复合盾构概述………………………………………………………… 187
  第二节 复合盾构的主要结构………………………………………………… 189
  第三节 掘进模式及其模式转换……………………………………………… 191
  第四节 渣土改良技术………………………………………………………… 193

第八章 盾构机的安全使用规程……………………………………………… 194
  第一节 一般规定……………………………………………………………… 194
  第二节 岗位安全规程………………………………………………………… 195

第九章 盾构机的维修保养…………………………………………………… 203
  第一节 掘削机构维修保养…………………………………………………… 203
  第二节 盾体铰接装置与推进油缸维修保养……………………………… 204
  第三节 螺旋输送机、皮带机维修保养…………………………………… 205
  第四节 管片拼装系统维修保养……………………………………………… 206
  第五节 注浆系统、后配套平台拖车维修保养…………………………… 207
  第六节 螺杆压缩机维修保养………………………………………………… 208
  第七节 压缩空气系统维修保养……………………………………………… 209
  第八节 人舱系统维修保养…………………………………………………… 210
  第九节 主驱动系统维修保养………………………………………………… 211
  第十节 液压系统维修保养…………………………………………………… 211
  第十一节 渣土改良系统维修保养…………………………………………… 214
  第十二节 通风系统、水系统维修保养…………………………………… 214
  第十三节 油脂系统维修保养………………………………………………… 215
  第十四节 供电系统、主机控制系统维修保养…………………………… 217

参考文献………………………………………………………………………………… 220

第一章　绪论

第一节　盾构及其基本工作原理

一、盾构的含义

"盾构"一词中的"盾"是指遮蔽物、保护物等。在此可将"盾"理解为保持开挖面稳定性的刀盘和压力舱、支护围岩的盾构钢壳。所谓"构",是指构成隧道衬砌的管片和壁后注浆体。其外壳及壳内各种作业机械、作业的空间组合体构成盾构机。实际上,盾构机是一种既能支承地层的压力,又能在地层中掘进的施工机械。

进入21世纪,随着城市密集度的提高和高层建筑的不断增加,地面可利用的空间越来越少。城市化进程的加快、城市地下空间的进一步利用,使得对环境保护和施工质量要求相对较高的城市地铁隧道的需求越来越大。为满足这一需求,目前采用盾构法开发地下空间已成为城市隧道建设的主流。同时,适用于不同地质条件下施工的盾构机类型也越来越多。

对于长距离隧道、隧洞建设,发达国家通常采用机械化盾构掘进机施工。盾构掘进机具有开挖速度快、施工质量好、劳动强度低、安全可靠、对周围地层扰动小、对地表沉降和环境影响小等优点,与传统的钻爆法隧道、隧洞施工相比具有明显优势。

二、盾构法施工的基本原理

盾构法施工的基本原理是指外形与隧道横截面相同,但尺寸比隧道外形稍大的钢筒或钢架压入地中构成保护掘削机的外壳,在此外壳的保护下,掘削机沿隧道轴线向前推进的同时开挖土层。这个钢组件在最初或最终的隧道衬砌建成以前总是在防护着开挖出的空洞。盾构必须承受周围地层的压力,而且如果需要,还要防止地下水的入侵。盾构法施工示意如图1-1所示。

一般来讲,盾构掘进隧道不应该也不能取代其他工法,但在不良的地层条件下要做长距离掘进,对进尺有较高要求和对地面沉降又有严格的控制时,它比其他工法在技术上更合理,而且也是经济的。

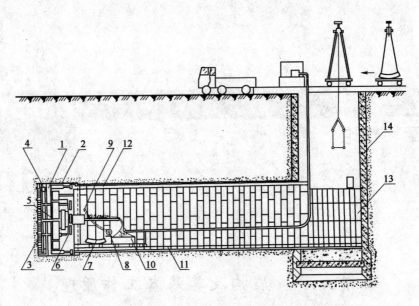

图 1-1 盾构法施工概貌示意图(网格盾构)

1-盾构;2-盾构千斤顶;3-盾构正面网格;4-出土转盘;5-出土皮带运输机;6-管片拼装机;7-管片;8-压浆泵;9-压浆孔;10-出土机;11-由管片组成的隧道衬砌结构;12-在盾尾空隙中的压浆;13-后盾装置;14-竖井

第二节 盾构法的优缺点

一、盾构法的优点

(1)对环境影响小

①出土量少,故周围的地层沉降小,对周围构筑物的影响小。

②不影响地面交通,不影响经营场所营业,无经济损失,无须切断、搬迁地下管线等各种地下设施,故可节省搬迁费用。

③对周围居民生活出行影响小。

④无空气、噪声、振动污染问题。

(2)施工不受地形、地貌、江河水域等地表环境条件限制。

(3)地表占地面积小,故征地费用少。

(4)在用于大深度、大地下水压施工时,施工成本相对较低。

(5)施工不受天气条件限制。

(6)适用地层范围宽,软土、砂卵石、软岩直到岩层均可适用。

(7)盾构法构筑的隧道的抗震性极好。

二、盾构法的缺点

(1)盾构的设计、制造和准备时间长。

(2)准备施工现场和分离工厂(泥水盾构)困难且费用高,只有在长距离掘进时才较经济。

(3)由于不同类型的盾构适应不同的地层,当地层发生变化时,实施有风险。

综上所述,可见盾构工法极为适宜城市隧道构筑。因此,有人将其称为城市隧道工法。目前,该技术正朝着全面机械化、自动化、智能化(计算机控制)、地下大深度、特殊断面、特殊形态的方向发展。

第三节　盾构施工开挖与支撑方式

一、盾构施工的开挖方式

在不稳定地层中应用盾构的情况下,开挖、支撑隧道工作面和排出开挖料等都必须整体考虑。开挖方法对自然地层的影响要尽可能的小,这样可以避免扰动地层构造,并减小沉降。盾构的开挖方式分为人工开挖、半机械式开挖和机械开挖三种。

1. 人工开挖

人工挖掘盾构即掘削面、出土作业均由人工完成。人工开挖只适于隧道掘进长度很短、直径较小的情况,目前主要应用于一些经济欠发达、工人工资很低、对设备标准要求不高的地区。尽管人工开挖方法越来越多地被机械开挖方法所代替,但它的灵活性和通用性使其在完全机械化掘进隧道时,移除由机械方法无法处理的障碍物还是最容易的。

人工掘削盾构机,由于需要人工掘削,故盾构机的前面是敞开的。盾构机顶部装有防止掘削前面顶端坍塌的活动前檐和使其伸缩的千斤顶。掘削面每隔2~3m设一道工作平台。另外,在支承环柱上安装有正面支承千斤顶。掘削从上往下,掘削时按顺序调换正面支承千斤顶。掘削下来的土砂从下部通过皮带传输机输送给出土台车。掘削工具多为鹤嘴锄、风铲、铁锹等。它的主要缺点有:

(1)在含水地层中,当开挖面出现渗水、流沙时,必须辅以降水、降压等地层加固措施;

(2)工作面发生塌方时,易引起危及人身及工程的安全事故;

(3)劳动强度大,效率低、进度慢,在大直径盾构中尤为突出。

人工挖掘盾构尽管有上述不少缺点,但由于简单易行,在地质条件良好的工程中,仍广泛应用。

2. 半机械式开挖

半机械掘削式盾构即大部分掘削、出土作业由机械完成。半机械化盾构是在敞开式盾构的基础上安装机械挖土和出土装置,以代替人工劳动,因而具有省力和高效等特点。机械挖土装置前后、左右、上下均能活动。它有反铲式、铣削头式,或为反铲和铣削头可互换式,或为反铲和铣削头两者兼有的形式。它的顶部与手掘式盾构相同,装有活动前檐、正面支承千斤顶等,如图1-2所示。

半机械式开挖(部分断面机械挖掘)的方法,除了适用于开挖圆形断面的隧道以外,还可用于蛋形、平底和矩形断面隧洞的开挖。半机械式开挖机械有:用标准或特殊配置的挖掘机,悬臂钻头式挖掘机,刀头式挖掘机,特殊的岩石切削机。

用标准或特殊配置的挖掘机,对于较大直径的盾构,只要在隧道底拱或中间平台留有足够的空间,就可以采用标准的挖掘机。由于挖掘机不需要行走,就可以采用节省空间的固定设置取代行走装置。同时也可采用几台小型挖掘机。根据土质条件,这些挖掘机可以配置铲斗齿、破碎锤或装载斗。还有为较小直径的盾构开发的特殊的切削臂。

a) 悬臂掘进盾构　　　　　　　　b) 反铲挖掘盾构

图1-2　半机械式开挖盾构

悬臂钻头式挖掘机，挖掘工具由发动机或液压马达直接驱动。在黏性土中主要用铲斗和齿进行开挖。对于大块坚实胶结的地层，就要用带有截齿的旋转开挖工具。采用此方法开挖作业时，会产生大量的粉尘。

刀头式挖掘机的掘进刀头可以旋转，刀头边缘装有切削齿，它在开挖的同时可以对土料进行分拣。只有那些颗粒尺寸适于输送的土料才能通过刀盘上的开口到达位于开挖舱中部的吸出管。

在岩层特性变化的情况下基于对人员健康和施工安全的考虑，又开发出了用于开挖岩石的护盾式结构。罗宾斯公司开发了一台部分断面开挖的机器，即移动开采机。机器的支撑能起到护盾的作用。周边装有盘形滚刀的切削轮在工作面上，沿水平方向摇摆，挖出拱形并带平底的断面。

3. 机械式开挖

机械掘削式盾构，即从掘削到出土作业均由机械完成。机械式开挖（全断面机械开挖）主要用于圆形断面隧道的开挖，即装有刀具的载体每旋转一圈，整个隧道断面都能开挖成。如图1-3所示。

图1-3　全断面机械式掘进机

机械化盾构是一种采用紧贴着开挖面的旋转刀盘进行全断面开挖的盾构。在盾构的切口部分装备有旋转式刀盘，以进行全断面开挖。这不仅增大了盾构的掘进能力，而且围岩开挖和排土可以连续进行。机械化盾构除可改善作业环境和省力外，还能显著提高推进速度，缩短工期。

采用这种方法有以下优点：

（1）开挖的隧道剖面精确，无超挖；

（2）在掘进过程中，隧道断面轮廓形状保持不变（除了挖掘深度以外）；

（3）隧道工作面形式可根据其稳定性进行优化，特别是在土层需要支撑的情况下。

全断面开挖机械较为昂贵，通常机器为某一段隧道单独设计生产，重复使用的可能性较小。在非均质土层条件下用部分断面开挖时，可以达到相对较高的进尺。

二、盾构施工的支撑方式

在盾构隧道施工中,隧道拱内圈的空洞由盾构本体防护,但对于开挖面还必须采取辅助措施对工作面进行支撑。其支撑和稳定工作面的方法如下。

1. 自然工作面支撑

自然工作面支撑,即隧道工作面的稳定是借助掘进暂时停顿期间它固有的稳定性或借助搁架上的土层形成的坡度而稳定的。对于大直径盾构可以设置一个或几个中间搁架,它将斜坡分成几个斜坡,这样会大大减小支撑地层的体积。由于不适于抵御水压,此项措施只适用于干的或排干的地层。自然工作面支撑可配置机械工作面支撑。

2. 机械工作面支撑

机械工作面支撑有板条支撑、活动工作面支撑、封闭切削轮支撑等多种形式。

（1）板条支撑。采用此法时,隧道用人工自上而下地开挖,同时,把支撑设置在新的水平上。然而,采用这种支撑方式进度太慢,并且不易于使用机械掘进系统。由于掘进速率低及劳务费高,这种工法只在特殊情况下使用。

（2）活动工作面支撑。采用活动的工作面支撑较板条支撑则更灵活且更为有效。在简单的盾构中,胸板用液压推顶隧道工作面,同时改变推力/叶片压力。此支撑可以任何模式运作。开挖时移动板只需很短的时间。这种支撑方式适于机械部分断面开挖,在短隧道和混合地层中证明很有效。

（3）封闭切削轮支撑。板条支撑和活动工作面支撑方式不适于机械全断面开挖。全断面机械开挖一般利用封闭的切削轮在隧道工作面上的支撑作用。在排干的黏性或暂时稳定的地层中,采用这种支撑方式通常足以抵御工作面上应力的降低。用切削轮支撑隧道工作面只适于低渗透性地层。

以上的工作面支撑方式一般只适于抵御土压。如果在水位以下,或者大量游离水体下,或者透水的土壤中掘进隧道时,机械工作面支撑必须采取其他辅助措施加以补充,以防止水的侵入(压缩空气支撑)。

3. 压缩空气支撑

采用压缩空气防止水的侵入是一种有效的方法。但在疏松的土层中,压缩空气不可能用于抵御土压。压缩空气支撑始于19世纪初。其一般原理是,当地下水呈自由状态时,在水平面处水是无压的;而当地下水呈承压状态时(有限的水),此时水压就从零位开始升高(水压随着地下水水位的增加而线性升高)。为了防止水的入侵,气压必须高于或等于隧道工作面的最高水压。此最高水压发生在隧道的最低点,即在底拱。如果隧道内的气压正好调整到底拱的水压,则无水进入空洞。隧道内的空气压力在隧道工作面的任一点都是一样的。其结果是在隧道上部区域气压高于水压,这将导致此区域的空气流失。对于浅覆盖则是危险的,由于流动现象,土颗粒失去平衡会引起漏气。

当水的渗透系数大于 10^{-4} m/s 时,使用此法很困难,因为空气将取代孔隙中的水而逃逸。还有,为了防止漏气,覆盖必须有一定的深度。

4. 泥浆工作面支撑

在含有地下水的松散砂或砾石中,采用泥浆支撑面有许多优点。因为排水对这些形式的土层不能增加其稳定性且压力损失很高,此时压缩空气支撑并不合适。

采用泥浆方法,隧道工作面借助有压力的液体得以很好的支撑,用泥浆就地抵御土压及水压。纯水只适于不渗透的黏性土。实际施工中,经常采用的是悬浮液,尤其是水—膨润土悬浮液。采用膨润土是因为其力学性能,即有很好的塑性和膨胀能力。悬浮液在压力下进入土层并用其中包含的固体颗粒封闭隧道工作面,这样就形成了一层薄的不渗透的膜(滤饼),借助它提供了支撑压。此过程在 1~2s 内可以完成。

如果土层中含有合适的成分,如黏土,由于残留在支撑液中某些悬浮液的土壤成分也可能形成滤饼,则可省去膨润土。工程中,采用聚合物取代膨润土也很普遍。

与机械或压缩空气支撑相比较,泥浆支撑隧道工作面需要设置泥水分离工场,且费用较高。但是,泥浆盾构能用于很复杂的土壤条件。

5. 土压平衡支撑

在黏土质地层中,土料自身可以作为支撑介质。添加某些调节剂(水,膨润土或黏土,化学添加剂),开挖料就转化成一种"土浆",它能起到稳定隧道工作面的作用。土浆必须加压,以便与施加在隧道工作面的压力保持平衡。此支撑方法与泥浆盾构中的支撑方法一样。但在盾构调向及出渣时,则有很大的不同。土浆能从开挖舱经螺旋输送机排出。

第四节 盾构机的分类

盾构机有以下几种分类方式。

1. 按地层的种类分类

- 硬岩盾构(TBM)
- 软岩盾构
- 软土盾构
- 硬软岩土盾构(复合盾构)

2. 按盾构机横截面的大小分类

- 超小型盾构　　　　　$\phi<1m$
- 小型盾构　　　　　　$1m\leq\phi<3.5m$
- 中型盾构　　　　　　$3.5m\leq\phi<6m$
- 大型盾构　　　　　　$6m\leq\phi<14m$
- 超大型盾构　　　　　$14m\leq\phi<18m$
- 特大型盾构　　　　　$18m\leq\phi$

3. 按盾构机横截面的形状分类

- 半圆形
- 圆形
- 椭圆形
- 马蹄形
- 双圆搭接形
  - 竖双圆形
  - 横双圆形
- 三圆搭接形
- 四圆搭接形
- 矩形
  - 矩形
  - 凸字形
  - 凹字形

不同截面形状的盾构图形如图1-4~图1-11所示。

图1-4　双圆盾构

图1-5　三圆盾构

图1-6　四圆盾构

图1-7　异形盾构

图1-8　球铰形盾构

图1-9 子母盾构

图1-10 变截面盾构

图1-11 偏心多轴式盾构

4. 按掘进面的敞开程度分类

(1) 全敞开式,即能直接看到全部掘削面掘削状况的形式。在隧道工作面上没有封闭的压力补偿系统,不能抵抗土压和地下水压的隧道掘进机称为全敞开式盾构。其正面是敞开的,施工人员随时可以观测地层变化情况,及时采用应付措施;当在地层中遇到桩、大石块等地下障碍物时,比较容易处理;可向需要方向超挖,容易进行盾构纠偏,也便于曲线施工;造价低,结构设备简单。为尽量减少对地层的扰动,要适当控制超挖量与暴露时间。

(2) 部分敞开式,即看到部分掘削面掘削状况形式。这种方法适于地质条件较好,开挖面在掘进中能维持稳定或在有辅助措施时能维持稳定的情况,其开挖一般是从顶部开始逐层向下挖掘。若土层较差,还可借用千斤顶加撑板对开挖面进行临时支撑。

(3) 封闭式,即在掘削面与内舱之间设一层隔板。故无法直接观察掘削面的掘削状况,只能靠一些传感器间接地掌握掘削状况。目前国内外较先进的泥水加压盾构、土压平衡盾构,均采用这种开挖方式。

第五节 盾构的发展简史

盾构法始于英国。1806 年,马克·布鲁诺尔(Marc Isambrd Brunel)在蛀虫钻孔并用分泌物涂在四周的启示下,最早提出了盾构掘进隧道的原理并注册了专利。

1825 年,马克·布鲁诺尔首次在伦敦泰晤士河下用一个断面高 6.8m、宽 11.4m 的矩形盾构修建第一条盾构法隧道。开始施工时,由于没有掌握抵制泥水涌入隧道的方法,隧道施工因被淹而停工。在经历了 5 次特大洪水后,直到 1843 年才完成了这条全长 458m 的隧道,历时 18 年。

自 1825 年首次采用盾构法开挖第一条水底隧道以来,至今已有 180 余年的历史。其间,世界各国制造了数以千计的不同类型、不同直径的盾构,盾构掘进机及其施工技术得到了不断发展和完善。至今,盾构已发展成为能适应不同地层修建隧道的一种专用施工机械。目前,盾构技术已成为构筑地下铁路、电信、电力、上下水道等城市隧道的主要施工方法。

国际上,微型和超大型化、形式多样化、高度自动化和高适应性是盾构的发展趋势。直径 18m 的泥水盾构已在预研,而直径 200mm 的微型盾构已在工程中得到应用。为适应不同的地质的需要,既要设计能适合复杂地质条件使用的多模式复合盾构,又要制造用于地质条件简单的功能单一软土盾构,盾构的形式是越来越多。

我国的盾构掘进机制造和应用始于 1963 年,原上海隧道工程公司(现为上海隧道工程股份有限公司)结合上海软土地层对盾构掘进机、预制钢—混凝土衬砌、隧道掘进施工参数、隧道接缝防水进行了系统的试验研究。

1965 年 6 月,上海地铁隧道采用由原上海市隧道工程设计院(现为上海市隧道工程轨道交通设计研究院)设计、江南造船厂(即江南造船集团责任有限公司)制造的 2 台 $\phi 5.8m$ 网格挤压型盾构施工,总推力为 $3.724 \times 10^4 kN$。隧道覆土约 12m,掘进长度 $2 \times 600m$。盾构推进穿越的建筑物和地下管线均未受影响。1967 年 7 月,地铁试验工程完成,这是我国首次采用盾构掘进机施工地铁隧道。

1970 年上海穿越黄浦江的第一条水下隧道建成之后,盾构在铁路隧道、城市地铁、水利工程等隧道、隧洞工程施工中开始使用。目前,国内盾构的制造和研发工作日趋成熟,且发展趋势迅猛。

盾构的设计制造在一定程度上反映了一个国家的综合科学技术和工业水平,体现了计算机、新材料、自动化、信息传输和多媒体等技术的综合和密集水平。目前,国际先进盾构采用了类似机器人的技术,计算机控制技术、网络远程通信遥控技术、现代传感检测技术、激光导向技术、超前地质探测技术、通信技术等已普遍应用。随着计算机技术的快速发展,盾构的自动化程度越来越高。目前,已实现在办公室控制盾构操作,在办公室可以直接从计算机屏幕上获取远地施工的盾构施工图像和参数,并可以发出指令进行控制。

随着盾构技术的发展,硬岩掘进机技术与软土盾构技术相互渗透、相互融合,使盾构的地质适应能力大大增强。盾构技术正朝着工程的超大断面化、异形断面化、超大深度化、超长距离化及施工快速化、操作高度自动化的方向发展。超大深度盾构、超大断面盾构、超长距离掘进盾构、高度自动化盾构、快速掘进盾构、异形断面盾构是世界盾构技术的发展方向。

第二章　机械化盾构

第一节　机械化盾构概述

盾构掘进机(简称盾构机),是一种隧道掘进的专用工程机械。现代盾构掘进机是实现掘进、岩渣装运、洞壁支护等一次开挖成洞的高科技施工设备,它集光、机、电、液、传感、信息技术于一体,具有开挖切削土体、输送土渣、拼装隧道衬砌、测量导向纠偏等功能,涉及地质、土木、机械、力学、液压、电气、控制、测量等多门学科技术,而且要按照不同的地质进行"量体裁衣"式的设计制造,可靠性要求极高。作为目前承载世界最前沿技术的隧道施工机械——盾构机,被公认是衡量一个国家装备制造业水平和能力高低最具代表性的重大关键装备。

盾构掘进机进行隧洞施工具有自动化程度高、节省人力、施工速度快、一次成洞、不受气候影响、开挖时可控制地面沉降、减少对地面建筑物的影响和在水下开挖时不影响水面交通等特点,在隧洞洞线较长、埋深较大的情况下,用盾构机施工更为经济合理。

盾构掘进机已广泛用于地铁、铁路、公路、市政、水电等隧道工程。

一、机械化盾构机的开挖原理

机械化盾构机的开挖方式为切削式开挖,即指与盾构直径相仿的全断面旋转切削刀盘开挖方式。开挖的基本原理是在盾构壳体即护盾的保护下,对挖掘出的还未衬砌的隧洞段起着临时支撑的作用,承受周围土层的压力,有时还承受地下水压以及将地下水挡在外面。对于封闭式盾构而言,其挖掘、排土、衬砌等作业均在护盾的掩护下进行。目前,国内外较先进的土压平衡盾构和泥水加压盾构均基于这种开挖原理。

土压平衡式盾构机是把土料(必要时添加泡沫等对土质进行改良)作为稳定开挖面的介质,刀盘后隔板与开挖面之间形成泥土室,刀盘旋转开挖使泥土料增加,再由螺旋输送机旋转将土料运出,泥土室内的土压可由刀盘旋转开挖速度和螺旋输送机出土量(旋转速度)进行调节,参见图 2-1a)。

泥水加压式盾构机是通过加压泥水或泥浆(通常为膨润土悬浮液)来稳定开挖面,其刀盘后面有一个密封隔板,与开挖面之间形成泥水室,里面充满了泥浆,开挖土料与泥浆混合由泥浆泵输送到洞外分离厂,经分离后泥浆重复使用,参见图 2-1b)。

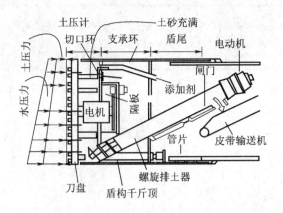

a) 土压平衡式盾构机的开挖原理

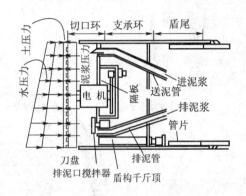

b) 泥水加压式盾构机的开挖原理

图 2-1 土压平衡式和泥水加压式盾构机开挖原理

封闭式盾构机在掘削土体过程中必须始终维持掘削面的稳定,即保证掘削面上的土体不出现坍塌。为满足这个要求,必须保证刀盘后面土舱内土体对地层的反作用压力(称为被动土压)不小于地层的土压(称为主动土压),靠舱内的出土器械(螺旋输送机或排泥泵)出土,靠中部的推进千斤顶推进盾构前进,由后部的举重臂和真圆保持器拼装管环(也称隧道衬砌)保持形状,随后再由尾后的背后注浆系统向衬砌与地层间的缝隙中注入填充浆液,以便防止隧道和地面的下沉。

上述施工中,保证掘削面稳定、盾构沿设计路线的高精度推进(即盾构的方向、姿态控制)、衬砌作业的顺利进行最为关键,有人将其称为盾构工法的三要素。

二、机械化盾构机的组成

机械化盾构机主要由盾构主机、后配套设备及附属设备组成。

盾构主机部分主要由掘削机构、盾构壳体、动力装置、推进装置、管片拼装机构、出料装置和控制设备等组成。

盾构主机结构参见图 2-2。

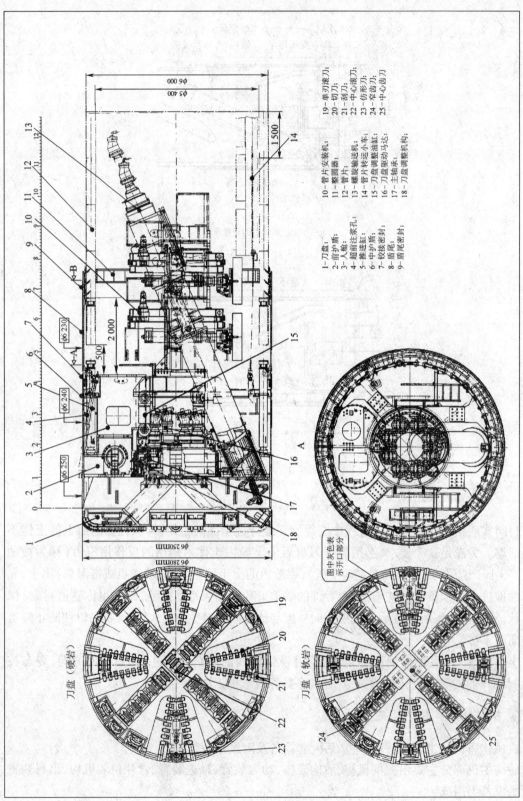

图2-2 盾构主机结构构图（尺寸单位：mm）

第二节 掘削机构

一、刀盘结构

1. 刀盘的功能及构成

刀盘设置在盾构机的最前方,其功能是掘削地层中的土体;对掘削面起一定支撑作用,保证掘削面稳定,同时对掘削土体进行搅拌等。

掘削刀盘即做转动或摇动的盘状掘削器,由掘削地层的刀具、稳定掘削面的面板、出土槽口、转动或摇动的驱动机构、轴承机构等构成。

刀盘主体结构由辐条、面板、侧板、筋板、外缘板、后盖板、耐磨合金条和支撑梁焊接而成。它整体性强,具有足够的刚度和强度用于支撑开挖面和承受掘进中的推力及扭矩。尽可能保证盘面上有足够的刀具数量、种类和合适的安装位置,使其有效开挖,并且保证足够的寿命。合适的刀盘开口率以保证渣土进入土舱的顺畅性。刀盘上合理配置添加剂注入口,保证添加剂均匀地注入到开挖面。

刀盘开口率是刀盘面板开口部分的面积与刀盘面积的比值。刀盘切削下来的渣土通过刀盘的开口槽流往土舱。刀盘的开口必须根据地质条件、开挖面的稳定性和挖掘效率来决定其形状、尺寸、配置。对于泥水加压式盾构机,刀盘的开口率一般取 $10\% \sim 30\%$;土压平衡式盾构机的开口率范围较宽。对于胶结黏性土之类的高黏附性土质,宜加大开口率;对于易坍塌性围岩,开口率需慎重选择。刀盘开口位置应尽量靠近刀盘中心,以防止渣土在刀盘的中心部位流动不畅而形成泥饼。同时,由于刀盘中心部位的线速度较低,黏土、粉土、膨润土等黏稠土体在中心部位的流动性较差,黏性土容易在中心部位沉积,因此应适当加大中心部位开口率。刀盘开口槽的形式有两种:一种是从刀盘中心到外缘的宽度始终相同;另一种是宽度从中心向外缘逐渐扩大即设计成楔形结构,以利于渣土向土舱内流动。

刀盘的中心装有回转接头,它使刀盘上的泡沫喷注通道和仿形刀的液压驱动管路能跟盾体内的管路相连接。海瑞克盾构机中心回转接头内有 4 路泡沫注入通道。泡沫剂通过中心回转接头到达刀盘后,再在刀盘体内分成 8 个注入口,通过刀盘面板注入泥浆或泡沫,起到冷却、润滑和渣土改良等作用。另外 2 根管路为仿形刀伸缩油缸的进出油路。盾构在黏稠土中施工时,当含砂量超过某一限度时,泥土的塑流性明显变差,土舱内的土体因固结作用而被压密,导致渣土难以排送,通过向土舱内注水或泡沫、膨润土等,经强制搅拌,使砂质土泥土化。泡沫是一种流塑化改性剂,除具有改善开挖土体的流塑性外,还具有润滑刀盘、刀具、螺旋输送机,减小刀盘扭矩,保持开挖面稳定,提高开挖土体的止水性作用。

泡沫注入管的位置和数量直接影响着土体的改良效果和刀具的润滑效果。北京地铁五号线采用的盾构机是国内引进的第一台德国海瑞克盾构机,布置了 4 个泡沫注入口,而南京地铁引进同一厂家的第五台盾构机却布置有 6 个注入口,这说明制造商在不断进行泡沫注入系统的技术改进。同时,泡沫的注入还能有效地防止刀盘中心形成泥饼。

泡沫注入管通过旋转接头引入,在刀盘上的布置有内置式和外置式两种。外置式泡沫管清理较容易,但由于与土体直接摩擦,易损坏;内置式不易磨损,但堵塞时清理较困难。目前,一般采用内置式泡沫管。

2. 刀盘与切口环的位置关系

刀盘与切口环的位置关系有三种:①刀盘位于切口环内,适用于软弱地层,见图2-3a);②刀盘外沿凸出切口环,适用于土质范围较宽,应用最多,见图2-3b);③刀盘与切口环对齐,位于同一条直线上,适用范围居中,见图2-3c)。

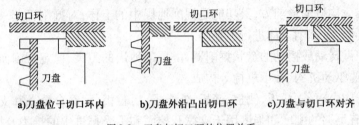

图2-3 刀盘与切口环的位置关系

3. 刀盘形状

(1)刀盘纵断面形状

①垂直平面形(图2-4a):以平面状态掘削,稳定掘削面。

②凸芯形(图2-4b):刀盘中心装有凸出的刀具,故掘削的方向性好,且利于添加剂与掘削土体的拌和。

③穹顶形(图2-4c):刀盘设计中引用了岩石掘进机的设计原理,重点用于巨砾层和岩层的掘削。

④倾斜形(图2-4d):其特点是倾角接近土层的内摩擦角,利于掘削稳定,主要用于砂砾层的掘削。

⑤收缩形(图2-4e):主要用于挤压式盾构机。

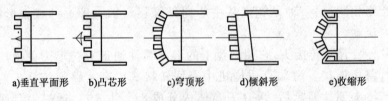

图2-4 刀盘纵断面形状

(2)正面形状

掘削刀盘的正面形状有轮辐形和面板形两种,见图2-5。

①轮辐形刀盘:由辐条及布设在辐条上的刀具构成,参见图2-5a)。其特点是刀盘的掘削扭矩小,排土容易,土舱内土压可有效地作用到掘削面上,多用于机械式盾构机及土压平衡式盾构机。对于地下水压大、易坍塌的土质,易喷水、喷泥。

②面板形刀盘:由辐条、刀具、槽口及面板组成,参见图2-5b)。其特点是面板直接支撑掘削面,即具有挡土功能,故利于掘削面稳定。另外,多数情况下面板上都装有槽口开度控制装置,当停止掘进时可使槽口关闭,严防掘削面坍塌。控制槽口的开度可以调节土砂的排出量,

使掘进速度得以控制。缺点是掘削黏土时,黏土易黏附面板表面,妨碍刀盘旋转,影响掘削质量。防治措施是外加添加材等。

a)轮辐形　　　　b)面板形

图 2-5　刀盘的正面形状

具体应用时,应根据施工条件和土质条件等因素选择适合的刀盘。泥水加压式盾构机采用面板式刀盘;土压平衡式盾构机根据土质条件可采用面板式或辐条式。对于土压平衡式盾构机,采用面板式刀盘时,由于泥土流经刀盘面板的开口进入土舱,盾构机掘进时土舱内的土压力与开挖面的土压力之间产生压力降,且压力降的大小受面板开口的影响不易确定,从而使得开挖面的土压力不易控制。辐条式刀盘仅有几根辐条,切削下来的土体直接进入土舱,没有压力损失,同时在辐条后设有搅拌叶片,土、砂流动顺畅,土压平衡容易控制。因此幅条式刀盘对砂、土等单一软土地层的适应性比面板式刀盘较强。

二、掘削刀具

目前,盾构掘进机刀具主要分为刮削类和滚切类两大类。

1. 刮削类刀具的特点及其切削原理

刮削类刀具一般是通过相对滑动来切割软岩和土层的,它由刀体和刀刃两部分组成,一般用于软土层和软岩地层的开挖,有时也作为辅助刀具装在滚刀的后面使用。刀体对刀刃起支持作用,并在刀盘上起安装连接作用,要求具有一定的强度和刚度。刀刃部分通常直接与工作面接触,起切割岩土层的作用。由于刀刃工作条件恶劣,承受的荷载复杂,要承受极大的推压力、冲击力(遇土层中的石料时)、摩擦力等。因此,要求刀刃具有高强度、高韧性、耐磨性。

刀刃材料有工具钢、整体合金钢,如碳化钨合金钢,或者在其他合金钢刀体上,堆焊碳化钨耐磨材料。为了延长刀具使用寿命,刀刃部分通常采取特殊工艺处理,常堆焊或喷涂碳化钨等耐磨硬质材料或镶嵌(通过钎焊或热装)硬质合金刀片,以保证刀刃部分的锋利和耐磨性,满足切割软岩和土层的需要。合金刀片的形状和尺寸根据不同的刀盘安装要求和地层情况而定,要求其具有一定的耐磨性、抗冲击韧性及与刀体的可焊性,刀体则根据需要也可做成各种形状和尺寸,所以,刮削刀具的种类繁多,目前盾构掘进机上常用的刮削类刀具主要有刮刀、切刀、先行刀、齿刀、贝克刀等,其切削方式和切削机理是一样的,为了叙述方便,本书通称刮削类刀具。

(1) 刮刀

刮削刀具一般是通过螺栓连接或焊接在刀盘上的,在刀盘的连续旋转带动和刀盘油缸推力作用下,刮削刀具的刀刃部分不断地嵌入(切割)掌子面,并对软岩土层掌子面(或滚刀破碎后的渣土)通过刮刀前刀面向上和向两侧连续进行挤压开出切割槽使掌子面剥落,剥落的渣土沿刮刀的前刀面向两侧滑落进入清渣槽,这样使刮刀既具有切削的功能也具有装载的功能。因此,刮削刀具是一种以切割力和挤压力来破碎软岩土层的刀具,适用于表土层及软岩层(一般小于40MPa)的掘进施工。

在硬岩中也常有使用刮刀的时候,但此时的安装要低于盘形滚刀一定的高度,主要是用来刮削滚刀切割下来的岩渣,对刀盘起保护作用,对岩石的破碎主要还是靠滚刀来完成的,只是为了把被滚刀破碎后的岩渣及时刮入清渣槽,以防渣土积聚磨损刀盘,如果只用刮刀则会迅速将刮刀磨损。使用中刮刀的损坏有刮刀磨损、刮刀刀刃崩裂或断裂、刮刀掉齿等几种类型。

伴随掘进刀具存在一定的磨耗,故必须对其进行磨耗量管理。通常,刀盘上设置通电式磨耗检测刀具、超声波磨耗检测刀具、油压式磨耗检测刀具等。

(2) 切刀

切刀呈靴状,其切削原理是盾构向前推进的同时,切刀随刀盘旋转对开挖面土体产生轴向剪切力和径向切削力,在刀盘的转动下,通过刀刃和刀头部分插入到地层内部,像犁子犁地一样切削地层。参见图2-6、图2-7a)。

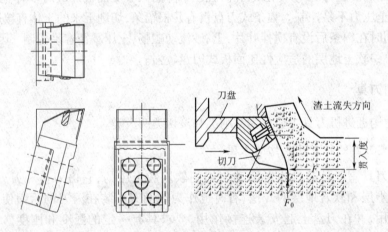

图2-6 切刀及切削原理

(3) 先行刀

先行刀是先行切削土体的刀具,超前切刀布置,因此也称为超前刀。先行刀在设计中主要考虑与切刀组合协同工作。先行刀在切刀切削土体之前先行切削土体,将土体切割分块,为切刀创造良好的切削条件。先行刀的切削宽度比切刀窄,一般设计为切刀的一半,切削效率较高。采用先行刀,可显著增加切削土体的流动性,大大降低切刀的扭矩,提高切刀的切削效率,减少切刀的磨耗。在松散体地层,尤其是砂卵石地层和钙质结核地层,先行刀的使用效果十分明显。参见图2-7b)。

(4) 仿形刀

仿形刀是为曲线推进、转弯或纠偏而设计的。仿形刀安装在刀盘的边缘上,通过一个液压油缸来控制仿形刀的伸出量,从而控制超挖范围。在液压可调仿形刀的帮助下,刀盘口径的尺寸可以改变。因为仿形刀承受的高荷载,所以它易于磨损,应该仅在短期内使用。参见图2-7c)。

a)切刀

(滚刀型)仿形刀　　　　　　　(切刀型)仿形刀

b)仿形刀

c)先行刀

图 2-7　切削类刀具

(5) 鱼尾刀

在软土地层掘进时,为改善中心部位土体的切削和搅拌效果,可在中心部位设计一把尺寸较大的鱼尾刀。鱼尾刀的设计和布置技术如下:①让盾构机分两步切削土体,利用鱼尾刀先切削中心部位小圆断面土体,而后扩大到全断面切削土体。鱼尾刀设计与其他切刀不在一个平面上,即鱼尾刀超前切刀布置,保证鱼尾刀最先切削土体。②将鱼尾刀根部设计成锥形,使刀盘旋转时随鱼尾刀切削下来的土体,在切向、径向运动的基础上,又增加一项翻转运动,这样既可解决中心部分土体的切削问题和改善切削土体的流动性,又大大提高盾构整体掘进效果。参见图 2-8。

(6) 重型割刀

重型割刀主要用来切割和破碎岩石,参见图 2-9。

图 2-8　鱼尾形中心刀

2. 滚切类刀具的特点及其切削原理

滚切类刀具是通过刀具的滚动来切割岩层的,所以人们又常常习惯称之为滚刀。它一般是通过刀框座和螺栓连接在刀盘上的,在工作过程中,它不仅要在刀盘的带动下随刀盘进行公转,同时还要围绕自身刀轴进行自转,通过不断的连续滚动对岩层进行切入、挤压和摩擦,使掌子面上的岩层逐渐剥落,完成对岩层的切割破碎。它是由多个零部件经加工后装配而成的,不仅要求硬度高、耐磨性好,而且还要求密封性能好,承载能力大,主要用于岩石层的破碎。

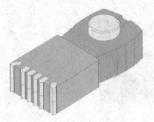 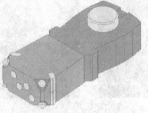 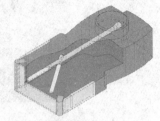

割刀(碳化铬截齿)　　　割刀(顶部碳化铬截齿)　　　割刀(带磨损探测油路)

图 2-9

小型的盘形滚刀(≤12″❶)通常是把刀刃和刀体做成一体,一般是多刃的,有的刀刃上还镶嵌硬质合金;大规格的盘形滚刀(一般为14″~19″)刀体和刀刃通常是分离的,可以拆装以便于刀刃磨损后更换。人们习惯上又常称刀刃为刀圈,可更换的刀圈可以是钢刀圈,也可以是在钢刀圈上镶嵌硬质合金,这要根据地层选择,镶嵌硬质合金的刀圈(也常称为球齿刀圈)更适合特硬岩层的掘进施工。

1)滚刀类刀具的特点

(1)滚刀分类

根据刀体和刀刃的形状不同,滚刀可分为锥形滚刀(又分楔齿滚刀和球齿滚刀)、盘形滚刀(又分钢刀圈滚刀和球齿刀圈滚刀)。

盾构掘进机刀盘上现在一般只安装盘形滚刀,盘形滚刀根据安装刀圈的数量分单刃、双刃和多刃滚刀。参见图2-10。

根据其在刀盘上安装位置的不同,滚刀又分为正滚刀、中心滚刀、边滚刀、扩孔滚刀等。

(2)盘形滚刀结构

下面以17″单刃滚刀为例介绍滚刀的结构。滚刀主要由刀圈、刀体、刀轴、圆锥滚子轴承、金属浮动密封环、刀盖(座)及连接螺栓等零件组成。目前不论其规格大小和安装部位的不同,盘形滚刀的内部结构均采用背对背安装的圆锥滚子轴承组合、油浴润滑、金属浮动密封环密封形式。参见图2-11。

17″盘形滚刀技术性能指标:

滚刀直径　　　17″(432mm)

滚刀承载能力　　300t/把

滚刀适应地层条件　　30~200MPa

滚刀启动扭矩　　30~70N·m

刀圈直径采用目前国内外流行的17″(432mm)。刀圈的断面形状对破岩影响较大,目前刀圈刃部的轮廓线已趋于流线型,通常刀圈边缘半径$R = 3 \sim 4$mm。根据地层和刀具种类的不同,刀圈的厚度57.2~80mm不等,刀圈的内孔尺寸各公司也有差别,刀圈刀刃也有不同形状。

①滚刀刀圈的特性。滚刀刀圈材料有两大类,即整体合金钢刀圈和镶硬质合金齿的刀圈,参见图2-12。

---

❶ 1″ = 1in = 0.025 4m。

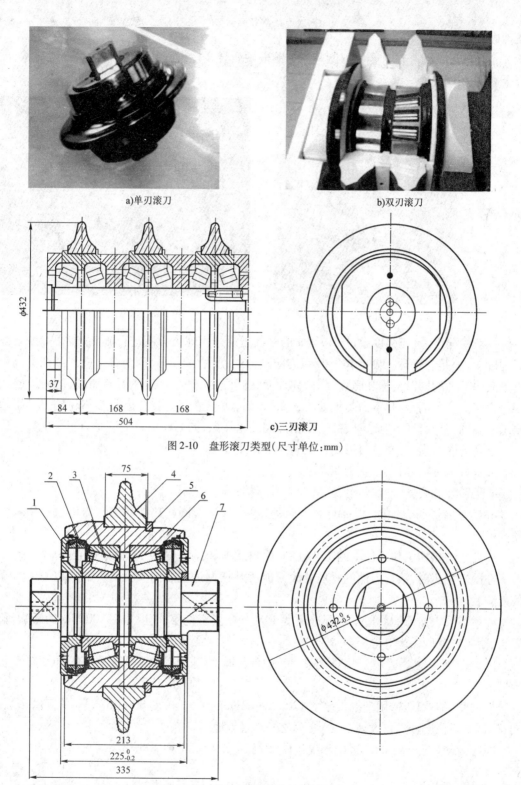

a)单刃滚刀　　b)双刃滚刀　　c)三刃滚刀

图 2-10　盘形滚刀类型(尺寸单位:mm)

图 2-11　17″单刃滚刀结构(尺寸单位:mm)
1-刀盖;2-浮动密封;3-滚刀轴承;4-刀圈;5-挡圈;6-刀体;7-刀轴

整体合金钢刀圈材料主要以热作模具钢为主,硬度一般在 HRC54~58 之间,它的特点是可以承受较大的冲击荷载,并具有较好的耐磨性能,刀具制造费用相对较低,适用于中硬岩层条件破岩作业。

合金球齿刀圈是在合金钢刀圈基体上镶嵌硬质合金柱齿,硬质合金柱齿头部呈球状,硬质合金硬度为 HRA85~88。参见图 2-13。

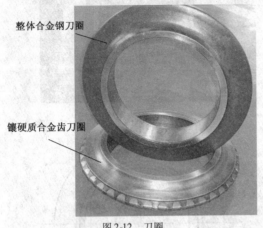

整体合金钢刀圈

镶硬质合金齿刀圈

图 2-12 刀圈

图 2-13 球齿刀圈盘形滚刀

一般情况下,抗压强度超过 150MPa 的坚硬岩层采用球齿刀圈进行施工,能很好地解决刀圈硬度(主要是合金球齿硬度)和韧性(刀圈基体的韧性)的矛盾,因为合金钢刀圈在提高硬度增加其耐磨性的同时会增加脆性、降低韧性而使其强度降低,容易使刀圈崩裂,球齿刀圈则能很好地解决这个问题,其寿命是钢刀圈的 2~5 倍,比较适合安装在边滚刀和超挖刀等耐磨性要求较高的刀位,但制造成本较高。根据刀圈的工作条件,刀圈材料应满足以下性能:

a. 高的屈服强度,减少刀刃端在高应力下压溃变形;

b. 良好的冲击韧性,防止刀圈断裂;

c. 足够高的硬度,增加耐磨性,减少刀圈磨损;

d. 良好的抗回火性能,提高材料的热稳定性,保证刀圈在热装和滚压岩体过程中不降低硬度;

e. 良好的热加工和冷加工的工艺性能,材料成本低,制造方便,提高产品合格率。

在硬岩掘进时,滚刀刀圈的材质是滚刀能否胜任掘进硬岩的关键。一般有以下 4 种类型的刀圈。

a. 耐磨层表面刀圈。适用于掘进硬度 40MPa 的紧密地层,硬度 80~100MPa 的断裂砾岩、砂岩、凝灰岩及砂黏土等地层。

b. 标准钢刀圈。适用于掘进硬度 50~150MPa 的砾岩、大理石、砂岩、灰岩及有石块的地层。

c. 重型钢刀圈。适用于掘进硬度 120~250MPa 的硬岩,硬度 80~150MPa 的高磨损岩层,如花岗岩、闪长岩、斑岩、大理石、蛇纹石及玄武岩等地层。

d. 镶齿硬质合金刀圈。适用于掘进硬度高达 150~250MPa 的花岗岩、玄武岩、斑岩及石英岩等地层。

NFM 公司建议在盾构上装备碳化钨镶嵌型的特殊滚刀。这种镶嵌型滚刀具有非常高的耐磨性,它在软土地层条件下还具有抗停转效应。这就是说,这种滚刀能"抓住"软土地层并继续转动,因此滚刀不会偏磨成平口。参见图 2-14。

②滚刀密封的特性。滚刀密封可保存轴承润滑剂并防止外来物进入,对保证轴承正常工

作和延长工作寿命起非常重要的作用。金属浮动密封环属于机械端面密封的一种,非常适用于滚刀作业的复杂多变的地层工况条件(使用环境恶劣,且有一定的外部介质压力,其荷载具有低速重载和冲击性的特征),具有一定的承压能力以及良好的密封性能和较长的寿命。这种金属密封环的特点如下:

a. 采用3.5°导油斜面及小曲率半径球面环与平面环结构,有利于形成油膜,以保证轴承润滑油不泄漏及阻止泥土进入轴承腔。

b. 采用高光洁度及高硬度工作面,使之贴合良好,减少了摩擦阻力,提高密封性能。

c. 加厚了密封环的尺寸,提高了结构强度。

图 2-14 碳化钨镶嵌型特殊滚刀

d. 浮动密封环采用的 O 形橡胶圈,是按刀具工况要求研制的专用橡胶件,使用效果良好;与普通橡胶相比,具有可压缩性大及回弹性好等特点。即使在外界岩土的冲击下,也始终对金属密封环施加压力,让金属环工作面始终接触,保证轴承润滑油不泄漏并阻止泥土进入轴承腔,起到密封效果。

刀圈的浮动密封由两个啮合的经过硬化处理的合金钢或高铬铸铁密封环和两个富有弹性的复曲面橡胶圈组成,参见图 2-15。用复曲面橡胶圈调整密封环位置,因它有浮动能力,可以补偿装配端面间隙或防止偏斜。复曲面密封圈使金属密封环端面压力恒定。当空间有限而采用短滚刀时,可采用改进型浮动端面密封(此时采用一个复曲面橡胶圈,一个金属密封环,一个精加工过的滚刀零件端面)。金属密封环是密封件中的主要零件,其结构及质量的好坏对密封效果起决定性作用。金属密封环采用高硬度的耐磨、高铬钼的铸铁材料,硬度 HRC60 ~ 65,工作表面粗糙度 Ra≤0.1μm,表面平面度≤0.001 5mm。

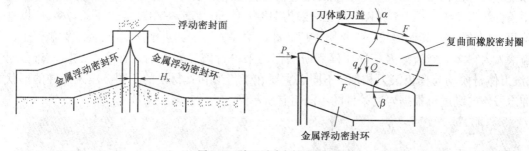

图 2-15 滚刀浮动密封环密封原理

③滚刀轴承结构特性。滚刀轴承大都采用美国铁姆肯公司生产的圆锥滚子轴承,这种轴承选用渗碳淬火钢制造,表面有很高的硬度,芯部有很高的强度和韧性,这类轴承要求具有以下优点:

a. 能同时承受径向荷载和轴向推力;

b. 就相同的轴承尺寸而言,相对寿命更长;

c. 就相同的承载能力而言,尺寸较小;

d. 调节性能好,不管是轴向游隙还是预加负荷,均能按设计要求调到最佳性能;

e. 其锥形结构固有的自动移油特点,能从滚道接触区域排除任何微粒沾染物,大大降低了受工作环境污染物的影响;

f. 与其他类型的滚子轴承相比,因其纯滚动效果较好,摩擦系数减少,磨损速度慢,使用寿

命长;

g. 由于其内外滚道可分离,安装和拆卸十分简便。

④刀体、刀盖的制造。刀体是滚刀的主要受承载力的零件,它支撑着刀圈进行破岩切削,同时又保护着滚刀内部的轴承和密封进行正常的运转,既要有足够的强度承受来自刀盘和掌子面的挤压力,又要有较高的耐磨性来应对刀圈破碎下来的岩渣的磨损;刀盖是浮动密封的保护支撑体,同时又起到压紧轴承调节滚刀启动扭矩的作用,两者材料一般选用42铬钼材质的锻件,并经两次热处理,使硬度达到HRC40~45,对于有的砂卵石复合地层,为了提高刀体的耐磨性,还在刀体上堆焊碳化钨等耐磨材料,保证其满足特殊地层的耐磨性需要。

2)滚切类刀具的切削原理

(1)锥形楔齿滚刀的切削机理

锥形楔齿滚刀主要以压碎和剪切来破碎岩石。在掘进过程中,随着滚刀体的转动,各齿相继作用于岩石在各相邻齿与岩层的交替接触中,滚刀重心与岩面的距离发生周期性的变化,即滚刀对岩面的位能发生了周期性的变化,由此对岩石产生了冲击和振动作用,有助于加速对岩石的破碎。楔齿滚刀锥体的外锥有若干齿列,刀齿一般与刀体做成一体(铸齿或焊齿),根据掘进条件的不同,刀齿的齿尖角和齿高应作相应变化。原则上,掘进地层越软,刀齿应越尖、越长;反之,则应采用短粗结构的齿形。刀体材料国外多用低碳合金钢,施行渗碳淬火处理。国内多用中碳合金钢,进行调质处理,为了提高刀齿的耐磨性能,楔状刀齿上堆焊有碳化钨等硬质耐磨材料或直接焊上钢结构硬质合金刀齿。参见图2-16。楔齿滚刀一般用于掘进软岩到中硬的岩层(岩层抗压强度小于80MPa),大多在小刀盘上布置采用。

(2)锥形球齿滚刀的切削机理

锥形球齿滚刀的刀齿是镶嵌于锥形刀体表层的硬质合金球柱(齿柱),这种齿柱由粉末冶金制成,两种主要的材料是碳化钨和钴,钴起黏结剂的作用,并控制压入齿柱的物理性能(抗磨和抗弯)。此外,还会添加一些其他的微量金属。压入合金齿的抗弯强度,根据不同岩层的使用条件约为2 600~3 100 MPa,硬度一般为HRA80~90,齿形一端以半球面者居多,所以常称球齿,也有锥形等其他形状。参见图2-17。球齿滚刀适用于钻进硬岩地层,要求钻压值也比楔齿滚刀大得多。球齿滚刀是靠压碎和研磨作用来进行破碎岩石的。其基本结构及布齿原则、滚刀体材质均与楔齿滚刀相似,不同点主要在于齿形和其材质的不同。压入齿柱的形状和伸出刀体的高度可根据岩层条件的不同而有所不同。

图2-16 锥形楔齿滚刀

图2-17 锥形球齿滚刀

(3)盘形滚刀切削机理

由于盘形滚刀本身的滚动,其磨损速度比刮刀要慢得多。加之刀刃较窄,在刀盘的相同推力下作用于岩石上的压强要大得多,因而能破碎的岩石也比刮刀硬得多,多数的沉积岩只用盘形滚刀就能充分破碎。现阶段盘形滚刀主要用在盾构掘进机的刀盘上,故长期以来,盘形滚刀几乎和盾构掘进机刀具成为同义语。

盘形滚刀的切削原理,是当刀盘在纵向油缸的巨大推力作用下,使安装在刀盘上的盘形滚刀压入岩石;同时,刀盘在旋转装置的驱动下给滚刀施加滚动力矩带动滚刀绕刀盘中心轴公转,在滚刀公转的同时,由于掌子面对滚刀的摩擦力作用,使滚刀还绕各自的刀轴自转,这样就使得滚刀在岩面上连续滚压。刀盘施加给刀圈的推力和滚动力矩的结果是,推力使滚刀刀圈压入岩体,滚动力矩使滚刀刀圈滚压(剪切)岩体。通过滚刀刀圈对岩体的连续挤压和剪切,使安装在不同刀位的滚刀在岩面上滚切出一系列的同心圆槽。滚刀破岩原理参见图2-18。

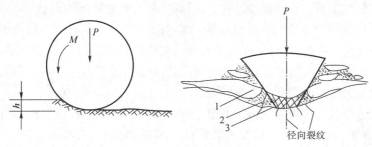

图2-18 滚刀滚压破岩示意图
1-断裂体;2-碎断体;3-密实承载

如图2-18所示轴力P使滚刀压入岩石,滚动力矩M使滚刀滚压岩石,两者的共同作用使岩石得到连续的破碎,这是滚压破碎所独有的特点。

h为贯入度,也称切深,是刀盘每转动一周,刀具切入岩石的深度。贯入度指标与岩石特性有关,如岩石类别、单轴抗压强度、裂隙发育、耐磨度、孔隙率等。贯入度极限还受开挖岩层的耐磨性、隧道直径及岩层厚度的影响。如果岩石的耐磨性较高,再加上贯入度较低,那么就会造成刀具更换频繁,这样除增加因更换刀具而占用的时间外,还会增加每开挖$1m^3$岩石的成本。如果贯入度小于$2 \sim 2.5mm/r$,那么就可认为在岩石的可钻掘性方面存在问题;如果贯入度大于$3 \sim 4mm/r$,那么硬岩掘进机(TBM)的开挖效率就会较高。

盘形滚刀及以上提到的与其他切削工具相比,对变化的地层条件更敏感。作用于滚刀周边切向力太小时或由于过载导致轴承损坏时,都会引起切削滚子卡住并很快地使其一侧磨损。

滚刀滚压岩石的破碎效果随推力的不同而不同。岩石的破碎一般分为三个阶段:研磨、疲劳破碎和有效体积破碎。参见图2-19。

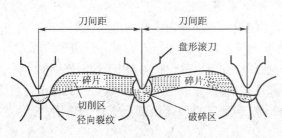

图2-19 滚刀破岩轨迹

研磨：当滚刀受到的推力很小时，刀圈对岩体的挤压力远小于岩体的极限强度，岩体破碎是在摩擦力作用下引起的表面磨损。破碎的颗粒小，刀圈磨损严重，对岩体的破碎速度慢。

疲劳破碎：当滚刀受到的推力逐渐增大，但刀圈对岩体的挤压力仍小于岩体的极限强度时，通过刀圈对岩体的多次碾压，岩层沿滚压方向会分布一定的压应力，岩体会沿压力线产生疲劳裂纹，进而发生破碎。

有效体积破碎：当滚刀受到的推力足够大，刀圈对岩体的挤压力大于岩体的极限强度时，刀刃贯入岩层使岩体产生内应力，迫使岩体产生跳跃式的裂纹直接破碎，破碎块度增大，破碎速度加快，并随刀盘轴压的增加而线性增加（但受其他条件的制约，轴压不能无限增大）。岩面被盘形滚刀挤压破裂而形成多道同心圆沟槽。随着沟槽深度的增加，岩体表面裂纹加深扩大，相邻同心圆沟槽间的岩石成片崩落，至此完成盘形滚刀的破岩过程。该工况下，破岩速度快、刀圈磨损小，岩石破碎过程所消耗的比能也小。实际掘进过程中，破岩效果和刀盘推力、滚刀刀圈间距、刀圈刃口形状、岩层特性等有关，很难完全达到最佳的体积破碎，往往是各个阶段都有。此外，在掘进过程中，盘形滚刀在刀盘上的运动除绕刀盘中心的切向圆周公转、滚刀自转和沿掘进方向的切深挤压运动外，还有沿刀盘径向的滑移运动，且在同样转速下半径越小滑移越大，因此正常情况下，滚刀磨损最严重的部位是滚刀靠近刀盘中心的内侧刀圈，滚刀受到岩层的侧滑力的方向是沿半径背离刀盘轴心方向。

滚刀的刀间距也是影响破岩能力的关键因素。刀间距过大，会在两滚刀之间出现破岩的盲区而形成"岩脊"。刀间距过小，会将岩体碾成小碎块，降低破岩功效。所以刀间距过大或过小都不利于破岩。

三、盾构掘进机刀具的选用

对于不同地层的掘进施工，应采用不同形式的刀具。在确定掘进刀具形式之前必须对施工地层进行勘察取样与试验，出具详细的地质报告。一般地层都是以组合地层条件出现的，也有单一地层的情况，然后根据地层的分布特性和岩石抗压强度选择刀具。

1. 软弱土地层

对于软土层来讲，是比较容易选择刀具的，只要耐磨性好、排渣好的刮削刀具一般都能满足需要；在软弱土地层，一般只需配置的切削型刀具有切刀、周边刮刀、中心刀等。

2. 砂层、砂卵石地层

砂性土一般摩擦阻力大，渗透性好，在盾构机的推进挤压下水分很快排出，土体强度提高，故不仅盾构机推进摩擦阻力大，而且开挖面土压力也较大。另外，盾构机土舱内刀具切削下来的砂土不易搅拌成均匀的流塑体。同时，砂性土中石英含量较大，刀具磨损较严重。再者，大粒径砂卵石不但切削或破碎困难，而且切削下来的渣土排出也十分困难。因此在刀盘设计时，应对刀盘形式、刀具形状及布置方式、加泥加泡沫系统等内容作为重点统筹考虑。

在砂层、砂卵石地层施工时，需设置切刀、周边刮刀、先行刀、鱼尾刀、仿形刀等刀具。切刀是主刀具，用于开挖面大部分断面的开挖；周边刮刀也称保径刀，用于切削外周的土体，保证开挖断面的直径；先行刀在开挖面沿径向分层切削，预先疏松土体，降低切刀的冲击荷载，减少切削力矩；鱼尾刀用于开挖面中心断面的开挖，起到定心和疏松部分土体的作用；仿形刀用于曲线开挖和纠偏。

对于砂卵石地层长距离掘进的情形来说，掘削刀具的磨耗破损、脱落等事故较多，因而提高刀具耐久性是实现长距离掘进的关键。采取的措施有：

（1）选硬度大、抗剪性好的超硬钢材制作刀刃，提高耐磨性；

（2）增加刀具数量，即增加刀具的行数及每一行刀具布设数量；

（3）采用长短刀具并用法，即长刀具磨损后，短刀具开始接替长刀具掘削，其长、短刀具的高低差一般选定在20~30mm之间；

（4）采用超硬重型刀具，刀具背面实施硬化堆焊。

3. 风化岩及软硬不均地层

除配置切削型刀具外，还需配置滚刀，因而刀盘结构相对复杂。对于岩层，首先通过滚刀进行破岩，且对于这种地层，滚刀的超前量应大于切刀的超前量，在滚刀磨损后仍能避免切刀进行破岩，确保切刀的使用寿命。在掘进曲线半径小的隧道时，为了保证盾构机的调向，需要有较大的开挖直径，因此刀盘上需配置滚刀型的仿形刀。为提高刀盘的寿命，刀盘面板及周边焊有耐磨条。

由于各种刀具的结构形式、破岩机理和破岩部位地质的不同，每一种刀具只能适应于一定的掘进地层。表2-1是美国瑞德公司推荐的几种刀具的使用范围。表2-2为各类刀具的主要破岩机理。

几种刀具的推荐使用范围　　　　　　　　　　　　表2-1

分　类	抗压强度（MPa）	典　型　岩　石	刀　具　形　式
软土层、软岩	<40	页岩、黏土、泥岩	刮刀、齿刀、楔齿滚刀
中软岩	40~85	石灰岩、砂岩、大理石 火山岩、凝灰岩	盘形滚刀、楔齿滚刀
中硬岩	85~180	白云石、片麻岩 花岗岩、片岩、长石	硬质合金楔齿滚刀、盘形滚刀、盘形球齿滚刀

各类刀具的主要破岩机理　　　　　　　　　　　　表2-2

刀具类型		刮刀	楔齿滚刀	球齿滚刀	盘形滚刀
主要破岩机理	刮削	☆			
	剪切		☆		☆
	龟裂				☆
	挤压	☆	☆	☆	☆
	研磨			☆	
运动形式		滑动	滚动+微滑	滚动	滚动
刀齿形状		刨刀状	楔状	球面状	楔状

四、正确使用刀具，减少消耗

除严格控制装机刀具质量，保证进洞的上机刀具都符合刀具相关标准外，做到正确使用刀具也是减少刀具消耗的重要因素之一。下面重点谈谈盘形滚刀的合理使用。

1. 合理使用刀圈

在掘进施工中，刀圈的使用量大，且价格比较贵，据统计，隧道掘进硬岩施工中，刀圈费用占刀具费用的30%左右。因此，合理使用刀圈，尽可能使每个刀圈的实际磨损量大于允许磨损量的90%以上,减少刀圈消耗。这就要求在掘进时充分保证每把滚刀的负荷平衡,不偏载,不偏磨,刀盘推力适宜,才能保证刀圈的充分利用。

2. 合理使用轴承

应充分发挥轴承的使用寿命。现在盘形滚刀使用的轴承大多是进口美国铁姆肯公司生产的锥面滚子轴承,价格昂贵,轴承消耗量大。在 TBM 硬岩掘进施工中,据统计,刀具轴承费用占刀具消耗费用的15%左右。按国外滚刀有关技术规程,刀具轴承的使用寿命为564h,适当减小轴承负荷,可以大大提高轴承寿命,因此要适当控制轴承负荷,使其与其他相关刀具零件处于相当的经济寿命,能够减少轴承的消耗。例如一个轴承在181kN 的压力下,转速为120r/min时,按设计理论计算轴承寿命为564h,而当荷载减少50%时,轴承寿命可延长至5 684h,提高到10倍以上。

3. 合理使用密封

滚刀内部的金属浮动密封,由于其结构特点是成对使用,工作过程中自动形成滑动密封副,具有不可重复拆装使用的特性,造成了浮动密封的消耗量大,并由于其价格相对较贵,其费用占刀具费用的比例也较大。据统计,在硬岩掘进施工中,刀具密封费用占到了刀具费用的10%左右。因此合理使用浮动密封,保证浮动密封的润滑效果,提高刀具装配维修质量,使刀盖给浮动密封施加的压力适当,都是充分发挥密封的使用寿命,降低刀具费用的重要途径。

4. 合理使用刀体、刀盖

刀体、刀盖在刀具使用中不能算易损件,但这几种零件体积相对较大,造价也较高,使用中往往发生不同程度的不正常变形损坏。这主要和工程地层条件关系较大,根据项目地质情况,由刀具提供厂家有针对性的改进这些零件的材料和热处理性能,提高其适应性,同时对这些损坏零件制订出正确的判定标准和检测方法,进行恢复性修理,也能减少这些零件的消耗。

5. 加强规范操作,减少事故性刀具损坏

经调查发现,有时为了提高效率赶工期,加大推进力和提高刀盘转速,特别是在不均匀地质段推进过快,或者是地层不稳,应采取防范措施而未采取,造成刀具的意外损坏的情况也时有发生。这时损坏的刀具往往不是一把,而是多把,有时甚至很严重,难于修复。加强规范操作和施工管理,也能减少事故性刀具的损坏。

五、刀具的磨损

盾构在向前推进时,推进油缸必须提供足够大的推力才能保证盾构前移。推进油缸的推力通过刀盘作用到地层,刀盘旋转时刀具正对地层的部分与地层之间将产生很大的摩擦力,磨料磨损是刀具正对地层部分的主要磨损形式。

刀盘通过旋转完成对地层的切削,刀盘旋转时中心点和边缘位置的线速度有很大的差异。滚刀安装位置距离刀盘中心的距离越远,线速度越大。相同掘进长度内滚刀走过的轨迹越长,越容易发生磨损,即刀具的均匀磨损量与滚刀距刀盘中心的距离成正比。边缘滚刀应比中心滚刀的均匀磨损量要大得多。但实际施工中,在相同掘进长度内,中心滚刀的最大磨损量经常与边缘滚刀的接近,这是由于中心滚刀处线速度小,难以滚动,易形成弦磨所致。

六、刀具常见失效形式

1. 刀具正常磨损

掘进时,掘进速度与滚刀刃口宽度有关。随着滚刀刀圈磨损量的增加,刃口宽度随之增加,达到一定范围时会影响掘进速度。由于受到刀圈加工工艺的限制,而且新装刀圈与齿刀之间有一定的高差(各刀盘设计的高差值不同),当正滚刀与中心刀最大磨损量达到与齿刀规定的高差时为正常磨损,而边缘滚刀则因隧道直径差及所处位置的要求,其磨损极限一般为15mm。正常磨损是刀具失效的主要形式,其磨损形状为在刃口宽度范围内磨损较均匀,不偏磨、不弦磨。参见图2-20a)。

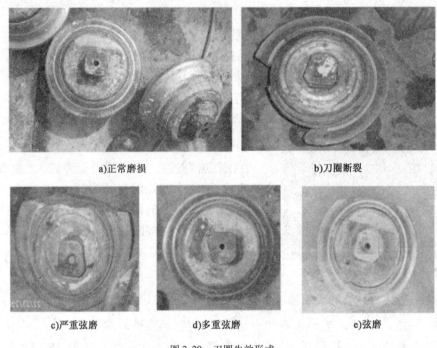

a)正常磨损 b)刀圈断裂

c)严重弦磨 d)多重弦磨 e)弦磨

图2-20 刀圈失效形式

2. 刀圈断裂

滚刀在砂卵石不均匀地层施工时,滚刀不易实现纯滚动,造成滚刀时转时不转现象,容易发生刀圈冲击使刀圈断裂;掘进过程中,由于地层突然变硬或刀盘某些部件脱落或其他铁件卡在刀刃与地层之间,会导致刀圈局部过载而使刀圈应力集中发生断裂,同时刀圈与刀体配合过盈量未达到要求也会造成刀圈断裂。参见图2-20b)。

3. 轴承损坏

施工过程中,有时会发现刀圈被磨成一条或几条弦,称之为偏磨,参见图2-20c)、d)、e)。这主要是由于刀具轴承损坏不能灵活转动造成的。在掘进过程中刀具出现偏磨而未及时发现是非常危险的,一把刀由于偏磨而失效会造成相邻两把刀过载而失效,从而迅速向外扩展,直至整个刀盘上的刀具全部失效。另外,滚刀启动扭矩过大也容易造成滚刀时转时不转现象,使刀圈发生偏磨,所以在掘进过程中应及时观察出渣情况,一旦出现长而宽的石渣时,应立即停机检查。造成轴承损坏的原因,主要是由于轴承过载或刀盘冷却系统不良而使轴承过热抱死,或因刀具密封损坏漏油而未及时发现,造成轴承润滑不良损坏也会使刀圈偏磨而失效。

4. 刀具漏油

绝大多数漏油刀具的轴承因无法润滑而失效,轴承外圈大多已点蚀成麻面或发蓝,同时刀具的浮动密封已失效,极个别的刀具为注油孔漏油。引起漏油的原因主要有以下几方面:

(1)由于岩石条件急剧变化(多为较发育的破碎岩层)或换刀不合理(相邻刀具的磨损量相差较多),造成个别刀具过载,使刀具轴承的承载面点蚀剥落,剥落的金属碎片及颗粒使密封失效。

(2)由于刀盘冷却系统不良而使轴承及润滑油温度过高,浮动密封面烧伤使密封失效。

(3)强度较高的大石块或崩断的正面齿刀、边缘刮刀刀齿挤卡在刀具端盖密封处,使其受挤压变形引起滑动密封失效。

(4)刀具轴承及浮动密封的寿命已达极限。

(5)刀具在装配或修理过程中,刀具内混有杂物引起浮动密封面划伤失效。

根据硬岩(TBM)的施工经验,刀具密封失效导致刀具损坏约占70%。刀具密封损坏与刀具的装配、刀具密封的耐压和耐高温能力有关。一般盘形滚刀密封能承受的最高温度为80℃,能承受的最高水压和气压能达到0.8MPa。

5. 刀圈剥落

在滚切岩石过程中,刀圈因受力较大,表面掉落整块的碎片,而整个刀圈没有断裂的现象,称之为刀圈剥落,参见图2-21。刀圈剥落是由于刀圈表面产生疲劳裂纹,逐步扩展导致微观断裂,因磨损而剥落。如果剥落块较小,一般不影响刀具的正常运转。

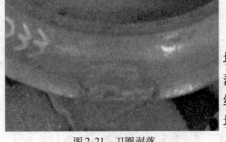

图2-21 刀圈剥落

6. 刀具安装螺栓松脱、断裂或挡圈断裂或脱落

由于在掘进施工过程中破碎岩石的力量较大,特别是在硬岩掘进时更大,振动也比较厉害,常会引起刀具连接螺栓松脱、断裂,引起刀具损坏以致无法掘进。刀具安装螺栓松脱、断裂会造成刀具掉刀和打刀。挡圈用于避免刀圈沿轴线方向的平行位移。如果挡圈断裂或脱落,会引起刀圈位移和严重损坏。

七、刀具的检查

刀具是盾构掘进系统的主要部件,必须根据地质条件对刀具的运转状况进行检查。在刀具严重磨损或损坏的情况下进行推进,会导致刀盘严重损坏。刀具在掘进施工过程中因地质条件的变化,其刀具的耐用度是不同的,在一项工程开工以后,应根据在初期掘进过程中制订的换刀计划和掘进参数,预测刀具的磨损状况。也就是利用掘进机上配备的数据采集装置采集与刀具磨损相关的参数进行分析,通过分析掘进速度或刀盘总扭矩的理论值与当前实际值之间的偏差值来判断刀具的磨损状况,在换刀计划之内统计找出一个能反映刀具变化的合理周期进行刀具检查(这个周期一般比换刀计划周期短,也应在施工整备期内进行),可以实现在施工过程中及时发现刀具的磨损状况,对还没有达到换刀计划周期,但已经磨损或失效的刀具及时进行更换。

1.刀具检查方法

在地质条件发生变化时,应检查刀盘及刀具。盾构掘进中,当推进油缸的推力逐渐增大,推进速度变慢,推进时间延长时,必须检查刀具。认真、准确、详细地进行刀具的检查,是了解刀具运转状况和进行刀具更换的基础。

(1)刀具外观检查

检查刀盘上所有刀具螺栓是否有脱落现象,刀圈是否完好,有无断裂及平刀圈(弦磨)现象,刀体是否漏油,挡圈是否断裂或脱落,刀圈是否移位。

(2)刀具螺栓检查

用手锤敲击螺栓垫,听其声音来辨别螺栓的紧固程度,或一边敲击一边用手感觉其振动情况来辨别螺栓的紧固程度。

(3)刀具磨损量测量

正确进行刀具磨损量的测量是更换刀具的基础。在掘进较硬的砂岩时,一般每掘进30环测一次;在掘进较软的泥岩时,一般每掘进50环测一次。

2.滚刀损坏的判断方法

盾构机运行时,刀盘上不同位置的滚刀磨损量不一样,可根据磨损程度的不同,进行位置更换,以节约施工成本。在施工中,可采用观、闻、嗅、测、析及其综合判断等方法来判别滚刀是否损坏。

(1)"观"

"观"最为确切,尤其是能进舱检查,观察刀具的损坏情况。当然,在掘进过程中或开挖面不稳定等进舱难以实现的状况下,对从舱内输送出来的渣土进行观察、总结、研究,也可作为一个有效的判别方法,并且这种方法实用性很强,准确性也较高。比如,可以根据切削出来的岩屑的形状、大小及其同级别的含量、岩屑的水痕迹、节理面等来判断开挖面的节理,断裂、含水率情况,继而进一步判断这些岩屑是否主要是滚刀碾压破碎而成。一般而言,渣土中片状岩屑超过50%,且直径大多在2~5cm之间,那么滚刀应该发挥了较好的作用,滚刀此时属均匀磨损。若岩屑以粉末为主,那么滚刀破碎岩石能力已降低,主要在碾磨。据此可推断,主要原因是有效推力不足或滚刀已严重磨损或刀间距太大(对于硬岩而言)等导致的。

(2)"闻"

刀盘转动时,可以在密封土舱背后听到滚刀与岩面切削摩擦的声音,如果正常掘进时突然发生异响,且掘进参数异常,就要尽快进行检查。在开挖面全部或局部断面有硬岩或软硬相间的情况下,如果盾构机纠偏过急或转速过快时,能听到或感觉到刀盘振动的声音;如果盾构机盾体被卡,还能听到盾壳脱困时"噼啪"的振晃响声。

(3)"嗅"

有的滚刀供应商在滚刀极限磨损的界面上预先设置含有特殊气味的包裹体,当磨损到此位置时,气味扩散出来,嗅之,即知某滚刀磨损到什么程度。

(4)"测"

将测滚刀或其他刀具磨损量的传感器设置在滚刀或其他刀具内,可及时测得磨损量。目前,特别是在穿越江河的盾构工程中,增加和普及了刀具破损监测装置,防止刀具过度磨损、损坏而损伤刀盘。自动磨损检测主要有三种方法:超声波探测法、液压法、电气法。后两种方法使用较为普遍,其中液压法与电气法成本相对较低,使用范围更广。超声波探测法通过测量或手摸(防止烫伤)渣土的温度,来辅助推断滚刀磨损情况。滚刀温度奇高,那么很有可能其正面已偏磨。

(5)"析"

析即通过跟踪分析盾构机的掘进参数,并结合地质条件来判断刀具的磨损情况。比如,在地质条件相同及密封土舱内,被动土压力和有效推力相同的情况下,若出现速度降低,刀盘扭矩增大迅速的工况,很有可能是刀盘、刀具严重磨损的结果。

扭矩很小,总推力很大,掘进速度也很小,并且密封土舱内积土较少或气压作业,造成这种情况的原因可能有两种:①总推力很大,但有效推力很小,意味着盾壳周边摩擦力很大或被卡住。②总推力很大,有效推力也很大,意味着周边滚刀磨损严重。

(6)综合判断

通过观、闻、嗅、测、析等综合研究,其判别方法更准确。

长距离施工时,刀具往往因磨耗脱落、缺损,必须进行更换,以免造成刀盘损坏,酿成事故。当地层条件发生变化时,为保证盾构施工安全和加快施工进度,也必须更换适应地层条件的刀具。

八、刀具的更换

1. 刀具更换的基本原则

(1)中心刀的最大磨损极限为25mm,双刃正滚刀的最大磨损极限为20mm,单刃正滚刀的最大磨损极限为20mm,单刃边刀的最大磨损极限为10mm。

更换标准:边滚刀磨损量为8mm(换下的边滚刀可用在正滚刀位置),正滚刀15mm,中心刀20mm。

(2)当刀具出现下列任一损坏情况时,必须更换:刀圈断裂、平刀圈、刀体漏油、刀圈剥落、挡圈断裂或脱落、刀具轴或刀座损伤。

(3)相邻刀具的磨损量高差不大于15mm。

(4)更换刀具后,将固定刀具轴的螺栓紧固至规定的扭矩,待掘进一环后,再开舱复紧刀具螺栓。

2. 刀具更换方法及要求

刀具的更换方法,通常选在地表对掘削面前方土体进行注浆加固后,入舱更换刀具。此外,也可利用旋转球体,封堵掘削面,随后使刀盘后退再进行更换的方法。

刀具更换是一项较复杂的工序。首先除去压力舱中的泥水、残土,清除刀头上黏附的泥沙,确认要更换的刀头,运入工具,设置脚手架,然后拆去旧刀具,换上新刀具。更换刀具停机时间比较长,容易造成盾构整体沉降,引起地层及地表沉降,损坏地表及地下建(构)筑物。因此,更换刀具时要按如下要求进行。

(1)更换前做好准备工作,尽量减少停机时间。

(2)更换作业尽量选择在中间竖井或地层条件较好、较稳定地段进行。

(3)在地层条件较差的地段进行更换作业时,必须带压更换或对地层进行预加固,确保开挖面及基底的稳定。

(4)更换刀具的人员必须系安全带,刀具的吊装和定位必须使用吊装工具。在更换滚刀时,要使用抓紧钳和吊装工具。所有用于吊装刀具的吊具和工具都必须经过严格检查,以确保人员和设备的安全。带压作业人员必须身体健康,并经过带压作业专业培训,制订并执行带压工作程序。

(5)做好更换记录。主要包括刀具编号、原刀具类型、刀具磨损量、修复刀具的运行记录、更换原因、更换刀具类型、更换时间和更换人等。

九、刀具的修理

刀具的修理主要是指滚刀的修理,刮削刀具一般不具备可重新修复条件,这里不再叙述。滚刀的修理主要有以下几个环节。

1. 刀具修理前的检查

修理前应将刀具清理干净,彻底进行冲洗,安放在专用工作台架上,应仔细检查刀具的损坏情况,确定出刀具修理部位和修理方案,制订出详细的修理工艺,根据各个项目的资源配备情况进行修理,必要时返回刀具厂家修理。

2. 刀具的解体

根据刀具的修理方案和修理工艺,仔细将刀具各件进行拆分解体,然后再对解体后的刀圈、刀体、刀盖、刀轴和轴承密封等进行仔细检查,确定各件的修理方案,能修则修,不能修的报废。

3. 刀具的装配

刀具在修理过程中,刀具的装配是关键环节,装配质量控制的好,其使用效果能像新刀一样;若装配质量控制不好,掘进施工中会很快出现问题,影响相邻刀具的正常使用。特别要注意以下几个关键装配环节。

(1)刀圈的更换

在更换刀圈时要注意清洁刀体安装面和刀圈安装面,并检查配合的过盈量,要保证各个配合尺寸的过盈量符合设计要求。刀圈的加热温度要控制好,温度过低刀圈胀量不够,装配困难;温度过高冷却后刀圈收缩量大,容易断裂。

(2)确定轴承内套隔圈的宽度

刀具在装配过程中,其轴承内套隔圈的宽度是保证所用轴承的预紧力的。宽了,无法调整轴承的预紧力,滚刀启动扭矩达不到合适的要求,轴承容易串动,无法正常工作;窄了,容易使轴承的预紧力过大,刀具使用中轴承容易抱死不转动,使刀圈偏磨。

使用中,根据地层条件调整滚刀的启动扭矩。滚刀的启动扭矩即保证滚刀刀圈转动的最小扭矩。启动扭矩过大,会造成滚刀无法正常转动而造成偏磨;启动扭矩过小,滚刀密封轴承质量难以保证,易导致滚刀轴承密封损坏。硬岩时启动扭矩要大一些,软岩时启动扭矩要小一些,以防止滚刀不转而出现弦磨,造成滚刀过早损坏。一般在 $30\sim70\text{N}\cdot\text{m}$ 之间。

(3)浮动密封的装配和试验

装配时,要特别仔细检查浮动密封的结合面,不能有任何的划伤缺陷存在,并进行密封试压检验,加足润滑油,进行压力试验后才能装配。这是因为浮动密封在使用中金属面对金属面滑动摩擦,全靠刀具内部罐装的润滑油形成油膜进行润滑,一旦浮动密封面有划伤存在,润滑油会很快漏掉,造成轴承和浮动密封干摩擦,刀具会很快失效报废。

(4)刀具的标记

装配修好的刀具要及时进行标记,在指定区域存放待用。

无论何时,盾构机刀具的安装都需严肃对待,做到清洁、紧固、正确。加强监督检查刀具安装质量。尤其在硬岩地段,不正确的刀具安装会带来盾构机刀盘刀具的损坏和出现掉刀、打刀等严重后果。

十、刀盘刀具的合理布局

针对不同的工程地质条件,应采用不同的刀盘结构形式和布刀方式及刀具组合类型。布刀是否合理将直接影响施工效果、掘进速度和项目效益。在设计刀盘时,刀具布置应考虑以下几方面:

1. 按施工技术特点布刀

为保证施工操作安全可靠,首先应考虑以下几点:
(1)使刀盘受力均衡、振动小、运转平稳;
(2)刀具覆盖整个断面;
(3)不得引起巷道偏斜;
(4)方便排除渣土;
(5)便于装拆和检查修理。

2. 按刀盘各区工作特点布刀

根据刀盘上三个性质不同的区域(中心区、正面区及边缘区)的工作特性,布刀时一定要充分考虑其分布特点。

(1)中心区布刀特点

该区是刀盘的中心,特点是位置小,滚刀的转弯半径小、曲率大,所以滚刀以扭转滑擦为主,滚刀径向受力和轴向受力都比较大,在小刀盘上常安装单支点中心刀以减少中心刀的滑动磨损。大刀盘的中心刀承受的刀盘推力较大,常用同规格的双刃盘形滚刀,内部安装四列轴承来满足其受力需要。

中心滚刀与正滚刀的主要差别是:

①安装方式不同。盘形正滚刀是单个安装在刀盘上的,其刀座固定在刀盘上;盘形中心滚刀一般安装在刀架上,成组安装,靠两端楔块轴向压紧和螺栓连接,对装配尺寸精度要求更高。

②结构形式不同。盘形中心滚刀在设计时受到空间限制(硬岩时刀间距不能太宽),又要承受较大的压力,一般常做成双刃滚刀,装配四列轴承来满足受力要求。

③密封形式不同。有的中心滚刀在刀体上留不出单独安放浮动密封环的位置,这时还须在刀体两端直接做成密封带,与两端刀盖上安置的金属浮动密封环配对实现密封。例如TBM880E所配的中心刀就是这种结构。

(2)正面区布刀特点

该区处于中心区和边沿区之间,工作时刀具正对着掌子面,有一定的转弯半径,大部分滚刀是以纯滚动工作为主,又有足够的布置空间,所以该区布刀容易,一般常把滚刀和刮刀配合布置,刀具使用寿命也长。在硬岩中掘进时,正面区布刀应尽量使各刀具磨损均匀,尽量使滚刀纯滚动,这时无论是轴承寿命还是刀圈寿命都会很高。

(3)边缘区布刀特点

该区位于刀盘的边沿,其刀具不仅承担的破岩量大,且刀具受力复杂,自转的速度也较高,还要保证开挖直径,所以边缘区布刀是刀盘布刀的关键,常常布刀量比较多。有些公司还对刀圈形状和刀体进行特殊设计,并做成专用边滚刀或边刮刀,以满足施工需要。

3. 布刀间距和数量

(1)布刀间距

在给定地质条件下,刀间距与刀具对掌子面的推力有关,刀具推力越大,相对刀具的切深就越大。在硬岩情况下,刀间距大约是刀具切深的10~20倍,一般刀间距在60~100mm之间,在靠近刀盘中心刀间距大一些,在靠近刀盘边缘刀间距小一些。试验表明,当减小刀间距时,获得一定掘进速度所需的刀具推力将下降。这意味着在岩石非常硬的情况下,维持每把刀推力不变,通过减小刀间距,可以增加掘进速度,但是相应要求增加掘进机总推力,并产生更小的碎石渣。而碎石渣越小,切削岩石要求的比能耗越大,开挖过程的经济性就越差。因此在刀盘布刀间距设计时,要综合考虑地质特性和效率的关系。

(2)布刀数量

布刀数量的设计基本上取决于以下几个因素:①钻孔直径;② 岩石性质;③刀盘总推力;④盘形滚刀尺寸。

盾构掘进机刀盘通常每圈布置一把滚刀,当刀盘直径(掘进孔的直径)较大时,在布刀半径较大的边沿区由于施于岩面上的滚压频次减少,刀间距应减小,并且每圈的布刀数量要增加,应尽量使各刀具切削岩石的负荷平衡,磨损均匀,如边滚刀在8m以上的大刀盘上以均匀布置3把以上为好。布刀数与开挖直径成正比,刀盘直径越大,布刀数量越多。

刀盘的回转速度在理论上是以边滚刀转速小于100r/min为计算基础的。刀盘回转速度n用以下近似公式表示:

$$n = 100d/D$$

式中:D——钻孔直径;

d——滚刀直径。

一般来讲,在给定地质条件和刀具推力的情况下,刀盘直径越小,刀盘转速可以相对提高;滚刀直径增大,刀盘转速可以相对提高;刀盘直径(掘进孔径)越大,所选盘形滚刀的直径也应越大。

另外,布刀数量还与岩石特性和刀盘推力有关,当岩石较硬且刀盘推力较大时,适当增加布刀数量,有利于避免瞬间岩石物理特性的差异而造成单个刀具荷载过大失效,并引起其相邻刀具的加速损坏。

第三节 盾构壳体

设置盾构机外壳(简称"盾构壳体"或"盾壳")的目的,是保护掘削、排土、推进、作衬等所有作业设备、装置的安全,故整个外壳用钢板制作,并用环形梁加固支承。盾构机的外壳沿纵向从前到后可分为前盾、中盾、后盾三段,通常又把这三段称为切口环、支承环、盾尾。

盾壳的作用主要是承受地层压力,起临时支护作用,保护设备及操作人员的安全;承受千斤顶水平推力,使盾构机在土层中顶进。同时,它也是盾构机各机构的骨架和基础。

一、切口环(前盾)

切口环为盾构机最前面的一个具有足够刚度和强度的铸钢或焊接环。

切口环位于盾构的最前端,切口部分装有掘削机械和挡土机械,故又称掘削挡土部。即起开挖和挡土作用，施工时最先切入地层并掩护开挖作业，部分盾构切口环前端还设有刃口以减少切入地层的扰动。

切口环形状和尺寸必须适应地层条件，如保证掌子面稳定、作业空间的安全等。因此，采用机械化开挖式、土压平衡式、泥水加压式盾构机时，应根据开挖下来土砂的状态，确定切口环的形状、尺寸。

一般情况下，都将开口环上顶做成前凸状。上顶前凸的目的，是为了防止塌方，保护作业空间。前凸长度一般为100~300mm，过长会增加盾构推进阻力，使盾构失去平衡，导致盾构发生蛇形扭曲。切口环前端常切成锐角，便于切入地层，减少顶进阻力。

切口的形状有阶梯形、斜承形、垂直形三种，参见图2-22。

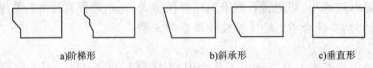

a)阶梯形　　　　b)斜承形　　　　c)垂直形

图2-22 切口形状

切口环的长度主要取决于盾构机正面支承、开挖的方法。就手掘式盾构机而言，考虑到正面施工人员、挖土机具有回旋的余地等，大部分手掘式盾构切口环的顶部比底部长，犹如帽檐，有的还设有千斤顶控制的活动前檐，以增加掩护长度；对于机械化盾构机，在切口环内按盾构机的种类安装各种机械设备。

如泥水加压式盾构机，在切口环内安置有切削刀盘、搅拌器和吸泥口；土压平衡式盾构机，安置有切削刀盘、搅拌器和螺旋输送机；网格式盾构机，安置有网格、提土转盘和运土机械的进口；棚式盾构机，安置有多层活络平台、储土箕斗；水力机械式盾构机，安置有水枪、吸口和搅拌器。

在局部气压、泥水加压、土压平衡等盾构机中，因切口内压力高于隧道内，所以在切口环处还需布设密封隔板及人行舱的进出闸门和物料闸门。切口环结构参见图2-23。

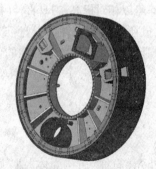

图2-23 切口环结构（前盾）

当人员需要进入土舱作业而开挖面无法自立时，就需要对土舱供入具有一定压力的空气，利用具有一定压力的空气保持开挖面的自立，此时，由于土舱内和隧道存在压力差，人员若要进入土舱进行作业，则必须利用气压过渡舱。

若工程在砂砾地层中掘进，不可避免地需要在掘进过程中更换刀具，砂砾地层开挖面的不稳定性就需要在换刀时对换刀处的地层进行加固，保证开挖面不会坍塌。因此，在盾构主机土舱壁部、主机前壳外周前端设有超前探测孔，可以通过注入管对开挖面土体进行加固及探测。

在盾构机上需要布置一些倾斜和水平的超前钻机管线。管线的数量依据在设计阶段研究超前钻机管线的布置情况确定。

二、支承环结构

支承环紧接于切口环。支承环与切口环相似,也是具有一定厚度的铸钢件。支承环位于盾构的中央部位,是盾构的主体构造。因为要支承盾构的全部荷载,所以该部位的前、后方均设有环状环形肋板和纵向加强筋。其上开有安装盾构千斤顶的圆孔,是一个刚性很好的圆形结构。在支承环外沿布置有盾构千斤顶,中间布置拼装机及部分液压设备、动力设备、操纵控制台。参见图2-24。

支承环与切口环间用螺栓连接,同样按盾构外径大小分成几块,块数较切口环多些,各块之间用螺栓连接。在支承环的每两条纵向加强筋之间,即是盾构千斤顶的安装位置。千斤顶的水平推力通过支承环传递至切口环。

对敞开式、半敞开式盾构机而言,该部位装有推动盾构机体前进的盾构千斤顶,其推力经过外壳传到切口。

对封闭式盾构而言,支承部空间装有刀盘驱动装置、排土装置、盾构千斤顶、中折机构、举重臂支承机构等诸多设备。

支承环的长度视千斤顶长度而定,一般取一块衬砌块的宽度再加上适当余量,应不小于固定盾构千斤顶所需的长度,对于有刀盘的盾构还要考虑安装切削刀盘的轴承装置、驱动装置和排土装置的空间。

在支承环内设有两根垂直立柱,它沿盾构轴向的宽度等于支承环长度,断面为工字形。其作用是支承盾构结构,提高盾构壳体的承压能力,并作为盾构内安装设备的支柱。立柱与支承环纵向加强筋间用螺栓连接。支承环内在水平方向有两条水平横梁与立柱垂直相交。通过强度计算,横梁受力比立柱大,而且横梁受拉,立柱受压,所以一般将横梁设计为两条直通梁,立柱在相交处断开,这样受力比较合理,提高了盾构强度。它与支承环的连接方式与立柱相同。

三、盾尾

盾尾在盾壳的尾部,由环状外壳与安装在内侧的密封装置构成,参见图2-25。其作用是支承坑道周边,防止地下水与注浆材料被挤入盾构隧道内。同时,它也是机械衬砌组装的地方。在盾尾部内留有管片拼装的空间,该空间内装有拼装管片的举重臂。盾尾的环状外壳大都用高强度的薄形钢板制作,以减小盾构向前推进后留下的环状间隙。

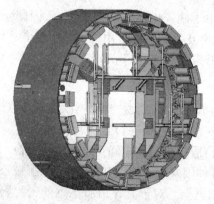

图2-24 支承环结构(中盾)

图2-25 盾尾(后盾)

盾尾厚度应尽量薄,可以减小地层与衬砌间形成的建筑空隙,从而减少压浆工作量,对地层扰动范围也小,有利于施工。但盾尾也需承担土压力,在遇到纠偏及隧道曲线施工时,还有一些难以估计的荷载出现,所以其厚度应综合上述因素来确定。盾尾的长度取决于衬砌形式。必须根据管片宽度及盾尾的道数来确定,对于机械化开挖式、土压平衡式、泥水加压式盾构机,还要根据盾尾密封的结构来确定,必须保证管片拼装工作的顺序进行,修理盾构千斤顶和在曲线段进行施工等因素,故必须有一些余量。

为防止泥水和水泥砂浆从盾构机外流入盾构机内和盾构机内压气向地层中漏泄,在盾壳内壁与衬砌之间设有密封装置即盾尾密封。对泥水加压式盾构机,盾尾密封装置尤为重要。因为盾构机外壁充满压力泥水,一旦密封装置损坏或密封不良,压力泥水便会从盾尾内与衬砌环结合处大量涌入盾构机内,无法操作盾构机。由于盾构机不断顶进,盾尾内壁与衬砌环外圈间摩擦力很大,极容易将密封损坏。

四、盾尾密封

盾尾密封是盾构机用于防止周围地层的土砂、地下水及背后的填充浆液、掘削面上的泥水、泥土从盾尾间隙流向盾构掘削舱而设置的密封措施,是盾构机内的重要组成部分。其由盾尾钢丝密封刷和盾尾油脂组成,参见图2-26。由于钢丝为优质弹簧钢丝,钢丝束内充满了油脂,使其成为一个既有塑性又有弹性的整体,油脂保护钢丝免于生锈损坏。采用专用的盾尾油脂泵加注油脂,随着盾构机的推进,盾尾油脂持续地打进每道盾尾钢丝密封刷和管片外周边所形成的空腔内,始终保持管片外周边与盾壳之间的间隙密封良好。可保证在0.5MPa的压力下,盾尾不会出现渗漏水和渗漏泥浆。

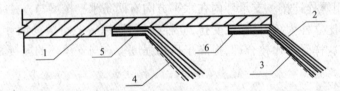

图2-26 盾尾密封示意图
1-盾壳;2-弹簧钢板;3-钢丝束;4-密封油脂;5-压板;6-螺栓

盾尾密封的形式有很多。盾尾密封通常使用钢丝刷、尿烷橡胶或者两者的组合。质尾密封性能的好坏对管片的拼装精度的影响较大,通常要求即使在错位和曲线部位等管片易发生偏心的场合下,也必须保证盾尾密封的质量。

盾尾密封装置要能适应盾尾与衬砌间的空隙。由于施工中纠偏的频率很高,因此要求密封材料富有弹性、耐磨、防撕裂等,其最终目的是要能够止水。目前常用的是采用多道、可更换的盾尾密封装置,盾尾的道数根据隧道埋深、水位高低来定,一般取2~3道。

1. 盾尾钢丝密封刷的更换

由于钢丝密封刷与泥水和浆液的接触,并在盾构机推进时与管片外周不断地发生摩擦,使得钢丝密封刷易于损坏并失效。一般来讲,对于1km左右的盾构隧道,盾尾钢丝密封刷正常使用时,可保证在整个掘进区间的长度下有效使用,待盾构机到达中间车站时进行更换。但由于盾构施工操作方法、施工参数控制和地质条件等各种因素的影响,有时盾构机只掘进数百米之后就使盾尾钢丝密封刷损坏,必须进行盾体内尾刷更换。对于有3道盾尾钢丝密封刷的盾构机来说,最多可以一次在盾体内更换两道盾尾密封刷,达到基本恢复盾尾密封效能的目的。

2. 对盾尾油脂的基本要求

盾尾油脂材料为专用,其成分有油脂、纤维、防水解材料等,其性能的基本要求如下。

(1)能在一定的地下水压和地层压力下有效工作,并且在外压作用较大的情况下不会分解,仍然能保持其有效参数指标及形态。

(2)具有良好的可泵送性。

(3)具有适宜的黏度,能与管片外表面产生良好的黏附性能。

(4)温度性能稳定,其参数不因施工环境温度的变化而产生较大的变化。

海瑞克盾构目前常用的盾尾油脂为 WR89/WR90 型油脂。

3. 盾尾油脂的加注方式

盾尾油脂的加注有手动与自动两种方式。

盾尾油脂注入系统,具有分路单独工作及压力、次数等的监控功能。设置电液动或气动油脂注入系统,在盾构机推进过程中根据需要向盾尾钢丝刷中注入油脂。在水压较高的情况下,盾构机在推进过程中需不间断地向盾尾钢丝刷中注入具有一定压力的油脂,防止盾尾钢丝刷反转。由于油脂的不断充填,可以获得充足的止水效果。盾尾油脂的注入,通过泵的间歇运转和注入阀的开关来实现。盾尾处的各个注脂分管路上安装电气控制的阀门,装有压力控制装置。

盾尾密封加注密封油脂的自动控制及加注压力监测装置,能在盾构掘进机操作室的操作面板上对密封油脂的加注作业进行控制。选择自动注入时可预先设定注脂次数、注脂时间、最大等待时间、注脂压力等参数。

自动注入有以下三种控制模式:

(1)行程控制模式,是指按掘进行程进行控制的方式。如可设定为每掘进400mm进行一次注脂。

(2)压力控制模式,是指以注脂点的油脂压力进行控制的方式。如可将注脂压力设定为0.4MPa。

(3)行程及压力控制模式,是指掘进行程参数及注脂压力都达到设定值时开启或关闭盾尾油脂注入系统进行控制的方式。

盾尾油脂需在掘进过程中及时补充,确保盾尾密封情况良好。油脂的消耗量取决于盾构机本身盾尾结构的情况和土体条件,以及外部泥水压力等,一般每次按密封面积计算为 $0.4 \sim 1.5 kg/m^2$。

五、铰接装置

切口环、支承环及盾尾通过焊接与螺栓连接而成圆形筒体,在内部焊有筋板、环板等一些加强板,具有耐土压、水压的强度。盾构机前部是旋转切削刀盘,工作时,在推进油缸的作用下可以对开挖面双向(顺时针、逆时针)切削。

盾构本体前后壳体间若采用铰接液压油缸连接成一个整体,则铰接部分需设有防水密封(铰接密封)装置。铰接的结构形式分主动铰接和被动铰接。铰接缸连接在前体与中体间,推进缸固定在中体上为主动铰接;铰接缸连接在盾尾与中体间,推进缸支撑在中休上为被动铰接形式。

通过调整铰接液压油缸的行程差来弯曲盾构本体的一种装置,即铰接装置。此装置可以通过液压油缸的动作,在上下、左右方向上调整盾构本体弯曲角度。

铰接装置是为顺利进行曲线施工的一种辅助手段,在进行曲线施工时,一定要与推进油缸的单侧推进、管片的使用、超挖的实施共同进行,以实现所定的曲率半径。

盾构机中间铰接装置的作用是:
(1)有利于盾构机转弯或修正蛇形;
(2)使盾体易于保证与管片环的同轴度,保护盾尾钢丝密封刷免受偏心荷载损坏;
(3)可防止盾构机主体挤压管片,致使管片碎裂损坏;
(4)当盾构机盾体被注浆体凝固"箍死"时帮助推进千斤顶松动盾构机脱困。

铰接密封一般有三种形式:一种是采用一道或多道橡胶唇口式密封;另一种是采用石墨石棉或橡胶材料的盘根加气囊式密封,参见图2-27;还有一种是双排气囊式密封,参见图2-28。

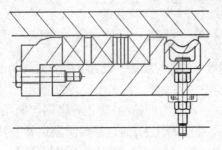
图2-27 盘根加气囊式密封

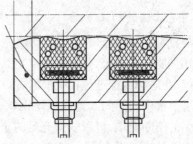
图2-28 双排气囊式密封

六、气压过渡舱

在盾构隧道工程的施工过程中,为了进行维修工作,以及进行地质调查,工作人员需要进入开挖舱和掌子面区域。在一定的地质水文条件下,开挖舱内可能具有高于大气压的压力。为了能够使工作人员进入开挖舱和掌子面区域,并且能保障人身安全,不发生施工事故,在盾构机中装配气压过渡舱。气压过渡舱根据使用功能不同,分为人员过渡舱(仅允许人员加、减压使用)、材料过渡舱(仅允许材料和设备加、减压使用)、混合过渡舱(允许人员、以及材料和设备加、减压使用)。通常将其统称为人舱。

当作业人员要进入到密封土舱内进行检查、更换刀具等带压作业时,要使用人舱。人舱装在前盾上,与密封土舱通过密封门相通。

1.气压过渡舱的构成

气压过渡舱是具有两个或多个舱室的压力容器,各舱室之间有通道门,各舱室之间相互封闭,能被压缩气体充压。人员过渡舱至少应由两个直接互相连接的舱室组成,一个是主舱室,另一个是易从常压下进入主舱室的入口舱室。参见图2-29。入口舱室可以作为紧急减压舱室。气压过渡舱不仅仅是能封闭的舱室,还具有多项安全保障控制系统,保障生命安全。

图2-29 人舱

海瑞克和维尔特盾构的人舱都是双室结构,人员容量为(3+2)人,工作压力为0.3MPa。作业人员在人舱内历经缓慢加压过程,直到人舱内气压与土舱内压力相等时,方能打开闸门进入土舱;同样,人员离开高压环境时也必须在人舱内经过减压过程。同时,为了保证土舱中的压力,配置了土舱自动压力调整装置。在进入开挖舱作业时,为了保证人员的健康和安全,一定要严格按照压缩空气规范实施操作。

2. 人员过渡舱的系统配置

为了满足安全需要,人员过渡舱应配置的功能控制系统(舱内外操控)有:

(1)供气、排气系统:提供加压和呼吸用压缩空气。在舱室内外能独立操作。舱内外均应设置机械式快速开启的应急排气阀,舱室外有限制最高压力的安全阀。

(2)通信系统:每个舱室内配备两套独立的通信电话,一套防爆电话,一套声能电话。

(3)消防系统:舱室内配备喷水系统,在舱室内外能独立操作。

(4)压力检测记录系统:实时测量记录舱室内压力变化情况。

(5)加热系统:防爆电加热器,在减压时,如果舱内人员感到寒冷,可以提高舱内气温。

(6)照明系统:每个舱室内配备带应急照明的防爆耐压照明系统。

(7)时钟:防水防爆耐压钟表,显示当前时间,便于舱内人员观察掌握工作时间。

(8)温度测量:耐压温度计,显示舱内当前温度。

(9)气体采样分析仪:对氧气、一氧化碳、二氧化碳、瓦斯、硫化氢等气体进行采样分析,保证环境气体的安全性。

人员过渡舱一般都配备双气路(正常供气和紧急供气)及自动保压系统,具有在人员过渡舱作业时的空气净化功能;双室人舱的中间被一个供人进出的压力门隔开。参见图2-30。

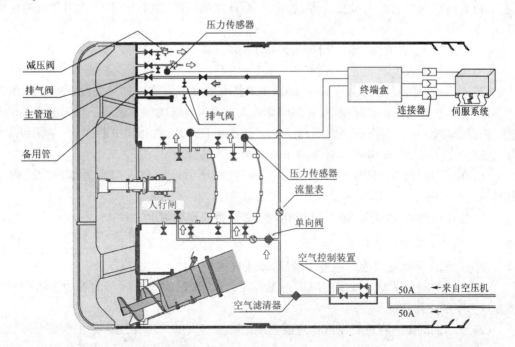

图2-30 人舱及土舱自动压力调整装置

3. 压气作业的一般要求

压气作业的设备主要有人舱和医疗舱,压气作业的一般要求如下:

(1)使用前应对人舱进行气密性试验,检验标准一般确定为使用压力的设计值。

(2)人舱操作人员必须接受系统培训,掌握减压病的防治方法。操作设备及显示设备安装在人舱的外边。

(3)只有通过在压缩空气中测试,且经过相关培训的工作人员才能进入人舱。所有人舱中应配有压力计、时钟、电话等设备。

(4)要保证压缩空气的足量供应,以便补偿气体泄露。

(5)必须配备备用柴油空压机,以便用于停电时的紧急减压撤离。

(6)对所有组件(显示设备、记录仪、钟表、温度计、密封及阀门等)的性能必须定期检查。

(7)将力传感器安装在密封土舱中,用来测定密封土舱中土压的实际值。压力调节器将实际的土压值与预设的参考压力值相比较,并调节供气空气阀使其达到正确的支撑压力。压缩空气调节系统仅仅调节供气,如果开挖舱中压力太高,可通过溢流阀排气。

(8)压气作业现场必须配备医疗舱。

4. 压气作业人员的基本守则

(1)压气作业开始时,在第一个人进入密封土舱前,人舱值班人员应持续充气 10min,以确保密封土舱内的空气新鲜。

(2)压气作业人员必须是经过培训,且工作前通过身体健康检查的工作人员,必须对其进行医学防治知识教育,使其了解减压病的发生原因及防治方法。

(3)要严格遵守压气作业工作时间,以 24h 为一个周期,每周期分 4 个班,每班总的工作时间不得超过 6h。

(4)进行压气作业的人员在作业前 8h 内不许饮酒,作业过程中不许饮用含有酒精的饮料,不许抽烟。

(5)在减压前,要更换干燥、洁净和暖和的衣服。

(6)患流感的人员不能进入人舱。

(7)当人舱中的温度超过 27℃ 时,必须采取特殊的充气方法。如果温度不能维持在 27℃ 以下,压气作业必须停止。高温下,必须向作业人员提供特殊的供水装置。根据温度情况来决定工作安全与否,一旦温度过高而不利于安全有效地工作时,就必须中断作业。减压时,人舱内的温度不允许在 5min 内降至 10℃ 以下或升至 27℃ 以上。

(8)在压力超过 0.1MPa 环境下作业的人员,减压后应留在人舱附近或医疗舱内一段时间。

(9)作业后的 24h 内,不允许飞行和潜水,必须留在现场附近。

5. 加压和减压的工作要求

在进行加压和减压时要严格遵守加压、减压规程。

(1)人舱加减压试验。该试验应进行无人压力试验,以检查主舱与前舱的各功能部件在试验压力下的工作情况。

(2)气压的确定。在进行压气作业前先确定需要多大的气压才能达到止水及土体稳定的效果。其具体方法为:①先把密封土舱的土出空一半(上部土压为零);②打开密封土舱壁中部的两个大球阀,要求在球阀位置上没有泥土;③做好上述两项工作后等待 1h,检查密封土舱的上部压力,确定所需气压值。

(3)油脂的准备。在准备进行压气前,一定要确保盾尾有足够的油脂注入量。

(4)密封土舱加压。在确定所需气压后,往前掘进1~2环,然后把密封土舱的土快速地部分或全部出空,随后加膨润土(在加膨润土的过程中需要不停地转动刀盘)和压气,直到气压升到所需气压值为止。

(5)主舱加压。主舱加压时,人舱管理人员缓慢地打开进气阀,使主舱的压力缓慢地升高,直至达到工作压力。当主舱内压力达到工作压力时,人舱管理人员关闭带式记录器。

第四节 驱动装置

一、主驱动系统

刀盘驱动系统的功用是指向刀盘提供必要的旋转扭矩,驱使掘削刀盘旋转。同时,还具有脱困功能,自锁保护功能,在紧急时能自动停机,驱动电机要同步,具备有效抑制变频器引起的高次谐波的功能等。

驱动系统主要由带减速机的液压马达或者电动机经过齿轮副传动,驱动安装掘削刀盘的主轴承齿圈来实现刀盘的旋转。

通常刀盘驱动部(包括密封、大轴承、小齿轮、减速机、液压马达或电动机等)作为一个整体组装调试后再用螺栓固接在盾构机壳体上,这样更能保证刀盘密封与传动的可靠性与安全性。

目前,盾构机常用的刀盘驱动机构主要有变频电机、一般电机和液压驱动三种。其工作性能比较参见表2-3。

刀盘驱动机构性能对比表　　表2-3

驱动形式	变频电机驱动	一般电机驱动	液压驱动
驱动部外形尺寸	中	大	小
后续设备	少	少	较多
效率	0.95	0.9	0.65
起动力矩	大	较小	较大
起动冲击	小	大	较小
转速微调控制	好	不能无级调速	好
噪声	小	小	大
盾构温度	低	较低	较高
维护保养	易	易	较复杂

液压驱动对启动和掘削砾石层等情形较为有利。电动机式的优点是噪声小,维护管理容易,后方台车的规模也可得到相应的缩减。有时为了得到大的旋转力,也有利用油缸驱

动刀盘旋转的方式。目前,大多数盾构机械采用电液混合动力源。随着液压技术的发展,采用全液压为动力的盾构机将会越来越多。目前盾构机所用的液压泵,液压压力高达 30～70MPa。

下面介绍一下直径为 6 250mm 的海瑞克土压平衡式盾构机的刀盘驱动机构,参见图 2-31。

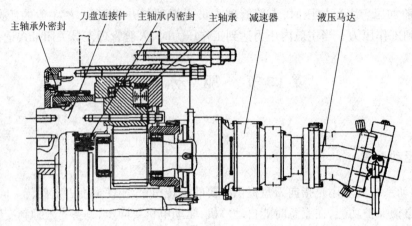

图 2-31　刀盘液压驱动示意图

该机型的盾构采用带减速机的液压马达驱动,刀盘驱动用螺栓固定在切削区域的压力舱壁上的可转动的法兰上。其主要部件有齿轮箱,主轴承,密封支承,安装刀盘的法兰环,密封接触环,内外密封系统,小齿轮、齿轮马达和轴承。

刀盘驱动是直接由液压马达操纵,可双向转动。

二、切削轮(刀盘)支承机构

切削轮支承机构支承切削轮和承受切削的反作用力。为了提高作业效率,在拼装衬砌时,切削轮可继续切削,这样的切削轮的支承机构上有单独的顶进机构,因此,支承机构还要承受顶进时的反力。这三种荷载都使支承机构承受一定的轴向和径向力。

常用的切削轮支承方式有以下三种:

1. 中心支承式(图 2-32a)

切削轮中心轴是心轴又是传动轴。在轴上有径向轴承,轴端有轴向止推轴承。这种支承方式的特点是支承简单,驱动方式简单,易于维修和保养。但是占据了盾构中心部分,导致作业空间减小,安装排渣装置困难。中心支承式以采用泥水加压式盾构机为宜,适用于中小直径的盾构机。

2. 中间支承式(图 2-32b)

它是中心支承和周边支承二者兼用的形式,因此兼具二者的优点。这种方式,径向荷载由中心轴承支承,轴向荷载则由圆周滚子轴承支承。中心轴承多采用滑动轴承和滚珠轴承,圆周轴承采用滚子和柱轴承。为防止泥砂侵入轴承,都需要采用密封装置。它适用于中大型直径盾构机。

3. 周边支承式(图 2-32c)

切削轮不是用主轴驱动,而是切削轮内侧与圆筒连接,在圆筒周围和后端面装有径向轴承和止推的轴向轴承。由于直径大,也有采用支承滚子代替一般的滚动轴承的。在滚子和轴承处设有密封装置,防止土沙流入。这种支承方式的特点是,径向、轴向荷载分散;盾构中心部分空间大,可保持一定的作业空间。但其缺点是由于支承部分与盾壳靠近,对轴承的保养、维修困难。适用于小型直径盾构机。

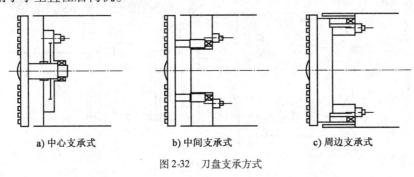

a) 中心支承式　　b) 中间支承式　　c) 周边支承式

图 2-32　刀盘支承方式

三、刀盘驱动装置的密封

刀盘驱动装置是盾构机的最关键部件,特别是刀盘密封与大轴承的可靠性、安全性、寿命是至关重要的。为了防止土沙、水进入驱动装置内,在旋转部与固定部中间设置有密封装置。

密封的布置包括外部密封和内部密封。它们都由数量足够多的密封所组成。密封为唇式。唇式密封因为有可伸展的柔性,工作范围广,因而寿命长。面向刀盘的密封形成的凹槽中有不断压入的油脂以进行清洁。现在已推出了一种具有高的附着性和拒水特性的生物可降解的特种油脂用于主轴承密封,以便对付水与泥渣的压力及温度。

自动油脂系统与主驱动是联锁的,它们的功能不断地被监控着。压入密封的油脂量可以被调节和记录。在密封与刀盘室之间有一迷宫密封,因此可增加一次保护。油脂泵是气压操纵的,它与油脂盘上的压缩气缸操纵的随动机做成一体。

密封的接触面要进行硬化处理并经过研磨,使它在正常情况下密封经久耐用。当表面显出磨损或者在更换密封时,密封能单个地换到一个新表面而不必更换有了一点磨损的密封圈。

小松公司刀盘驱动密封装置参见图2-33。刀盘驱动装置形式为减速电机驱动(变频调速控制)。刀盘驱动装置由安装在刀盘支撑(齿轮箱)上的8台减速电机及小齿轮,通过主轴承内周的大齿圈,驱动切削刀盘。回转方向可正可逆。回转速度采用 0.3~1.56r/min,5极变速。为了防止土沙、水进入驱动装置内,在旋转部与固定部中间设置3道密封装置,即机械式迷宫密封、唇形密封(四唇形见图2-34)、MY形密封(内、外各3道,见图2-35)。

刀盘驱动部作为一个整体组装调试后再用螺栓固接在盾构机壳体上,这样不仅能保证刀盘密封与传动的可靠性与安全性,而且转场、拆卸、安装方便。保护主轴承的唇式密封分别位于轴承的内圈和外圈。这种密封专门设计来阻止岩石类地层对轴承的磨损。

NFM采用了一种自动对密封进行注脂的系统确保了在掘进期间密封的性能。这种系统通过连续的油脂流来保护密封,同时提供了总体润滑的可靠性。

NFM主驱动密封保护通过三种注射实现(参见图2-36)。

腔室1:使用连续流量计注射HBW型油脂。由于迷宫密封中的压力损失,压力 p_1 比土压 p_0 高。

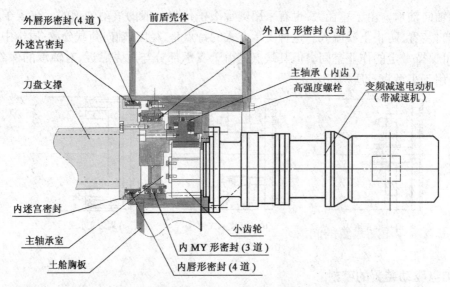

图 2-33 刀盘驱动密封装置结构示意图

图 2-34 唇形密封

图 2-35 MY 形密封

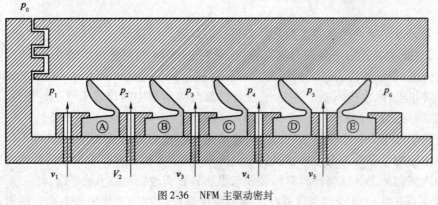

图 2-36 NFM 主驱动密封
p-压力；v-油流速

腔室 2：用传统方法注射油脂，压力调整保持在 0.3~0.4MPa。举例来说，如果外部压力为 0.6MPa，HBW 油脂压力应为 0.65MPa。密封 A 的压差在 0.25~0.35MPa 之间变化。由于密封唇上压力低，密封 A 的磨损也减小。油脂消耗量很低，因为腔室 1 里的压力比腔室 2 里的压力高。

腔室3：与腔室2同时采用传统方法注射油脂，但是流速较低。腔室3里的压力和腔室2的压力相关，注射时的最大压差为0.05MPa。如果压力平衡，油脂消耗量就很低，密封磨损也会很小。

腔室4：使用DT46液压油进行润滑，以获得很低压力和5m/min的平均循环速度。密封唇C的压差在0.3~0.45MPa之间变化。因此，此密封唇的磨损率最大。此密封唇的泄漏会立即通过润滑油中出现油脂而被发觉。该高速油循环也用作密封槽的冷却。

腔室5：定期使用液压油进行润滑。从排油量可以检测泄漏。如果密封C出现问题，应停止向腔室4注油而将油转注入腔室5。如果密封A出现问题（发现反常高油脂流量或高于最大的压力），应停止向腔室2注射油脂，以先处于被保护状态的密封B来承担密封作用。

四、主轴承和驱动装置的润滑

主轴承和驱动装置的润滑采用浸油式强制润滑方式。主轴承密封部分采用集中润滑注脂方式。

驱动装置的焊接框架构成了一个油池，在油池里，主轴承和齿圈及驱动小齿轮都被油浸泡着，油面高为驱动装置高度的2/3。这个闭式系统有一个窥测门，在底部有一个排油阀，还有油位指示，顶部有通气阀。

即使润滑系统停止了工作，这种设计也确保了设备安全地运行。

轴承的润滑是通过受刀盘驱动装置的运行来控制的自动循环回路连续不断地进行着的。润滑回路有两个功能：

（1）确保对主轴承的滚柱、滚道进行强制式润滑循环；

（2）确保油的过滤。

轴承和齿圈顶部的润滑使用喷淋润滑，有若干个喷嘴，每个喷嘴都有一个止回阀。流到喷嘴的油压是低压。对压力、温度和流量进行持久不间断的监控。在供油回路上有一个油压表，可检查其压力。

一个装备有磁性沉积杯的滤清器使油经过滤清后循环使用。如有任何故障发生，刀盘将立即停止回转。

安装在回路中的和焊接框架上的取样出口，允许进行定期的油质分析，因此有可能发现主轴承状况的细微变化（如磨损，有水或土）。这种监测既简单又可靠，还可以进行补充性的监测，以便对润滑系统的故障作出诊断。

五、刀盘的主轴承

主轴承承受切削刀盘的轴向、径向负荷和力矩，支撑刀盘的回转及传动。

刀盘的主轴承是刀盘切削系统的关键部件，在工作中要求承受重载、长时间工作和有较高的可靠性，一般要求主轴承的有效寿命在10 000h以上。主轴承是一个双轴向、径向式三排圆柱滚子组合轴承（图2-37），并和刀盘大齿轮结合成一体，能同时承受轴向、径向荷载及倾覆力矩。三排圆柱滚子轴承采用油浴强制润滑，将油池中的润滑油用泵输出，通过滤清器把清洁的润滑油润滑轴承和齿轮。主轴承油润滑系统安装在盾体内部，齿轮油室设置在驱动系统内部，系统包括油泵、过滤器、压力表等设备，起到循环润滑主轴承内齿轮和小齿轮啮合的作用，同时能对齿轮油进行过滤，保证油液的清洁度，减少设备磨损。

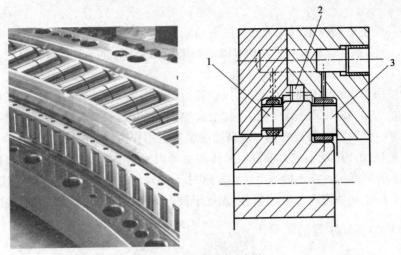

图 2-37 主轴承组成示意图
1-轴向辅助滚子轴承;2-径向滚子轴承;3-轴向主滚子轴承

六、切削轮的转速

盾构切削轮的转速,要视刀盘的直径大小而定。一般来说,刀盘直径大,转速就低,刀盘直径小,转速就高。其原因是,刀具切削土时,线速度要求低于 20m/min。如果线速度超过此极限值,切削阻力急剧增加,刀具磨损加剧,造成不断的更换刀具;此时,切削速度增加,还引起刀盘旋转扭矩增加,后方出土量大及设备的增加,从而造成极不经济的效果。

一般开挖直径在 3.0~7.0m,切削轮速度以小于 4.0r/min 为宜。

七、AVN2440DS 复合式盾构机刀盘驱动系统

1. 刀盘驱动液压系统的组成及特点

刀盘驱动液压系统的组成及特点见表 2-4。

刀盘驱动液压系统的组成及特点　　表 2-4

组成回路及其主要原件			性能与特点	
回路名称	主要元件	元件编号	元件功能	回路特点
双向闭式容积调速回路	双向变量柱塞泵	1	为主系统提供动力油	闭式容积调速回路损失小,效率高,对主泵自吸性能要求不高,用在外负载惯性大,且换向频繁的机构,但结构复杂
	双向变量柱塞马达	29	驱动马达旋转	
	变量伺服随动缸	2	主泵伺服机构控制油泵的供油方向和供油量	
	液压伺服滑阀	3		
	电磁换向阀	4		
	溢流阀(24MPa)	5	控制主系统最大压力	
	液动换向阀	6	排走主油路部分热油	
	单向阀	26	防止控制油倒流	
	液动换向阀	32	控制驱动马达速度	
	变量伺服随动缸	33		
	单向阀	31	防止控制油倒流	
	减速器	34	降低马达到刀盘的转速	

续上表

组成回路及其主要原件			性能与特点	
回路名称	主要元件	元件编号	元件功能	回路特点
控制系统供油回路	轴向柱塞变量泵	8	为控制系统提供动力油	控制方便,效率高,转速受负载影响小,具有流量自动适应特性
	变量差动缸	9	油泵的伺服机构	
	两位三通电磁阀	10	油路卸荷	
	液动滑阀	11	控制油泵恒压	
	溢流阀	12	对液动阀远程控制	
	带单向阀的滤清器	13	过滤系统压力油	
调速回路	可调节流阀	14	调节进控制油路的流量	可明显的简化系统,实现程序控制,提高机电一体化水平
	三通减压阀(6MPa)	15	调节调速油路的压力	
	电液比例溢流阀	16	比例调节油路油压	
	三通减压阀(6MPa)	38	调节马达伺服系统压力	
	二位四通电磁换向阀	37	对马达速度挡位控制	
	压力控制溢流阀	50	控制系统超压油卸荷	
	压力传感器	7	压力转变成数字信号	
安全保护回路	单向阀	44	防止压力油倒流	具有两挡安全控制功能,操作方便
	两位四通手动换向阀	45	安全压力转换	
	外控顺序阀	46	开启安全阀进油口	
	安全阀(25MPa)	47	安全保护	
	外控顺序阀	48	开启安全阀进油口	
	安全阀(30MPa)	49	安全保护	
制动回路	可调节流阀	42	调节制动系统的油量	工作安全可靠,制动动作快,压力稳定,冲击小
	三通减压阀(6MPa)	41	调节制动压力	
	两位三通电磁换向阀	40	制动控制阀	
	制动油缸	35	松开制动器	
	单向节流阀	39	单向控制流量	
	带卸荷阀的蓄能器	43	稳压	
补油回路	定量油泵	17	为补油系统提供压力油	系统有两个蓄能器使补油压力更稳定,效率高
	溢流阀	18	补油压力安全阀	
	两位三通电磁换向阀	19	补油系统卸荷	
	冷却器	25	冷却系统的压力油	
	带单向阀的滤清器	20	过滤进入主系统的油	
	单向阀	22	防止主系统油进补油路	
	带卸荷阀的蓄能器	21	稳压	
	单向阀	30	防止主系统进补油路	
	带卸荷阀的蓄能器	36	稳压	
	单向阀	27	防止排出去热的油倒流	
	低压溢流阀(2MPa)	23	调节补油压力	

2. 刀盘驱动系统工作原理

刀盘驱动系统是盾构机最重要的系统之一,提供盾构机掘进的动力,其性能直接关系到盾构机的整体性能。AVN2440DS盾构机,是从德国海瑞克公司引进的复合泥水平衡盾构。该盾构机总长67m,总重144t,装机总功率1 764kW,盾构直径3 201mm,安装管片直径2 940mm。盾构掘进控制,可以实现如推进力、刀盘扭矩、推进速度、同步注浆等关联系统之间的自动控制,并能够自动显示相关数据,具有很高的机—电—液自动化程度。刀盘驱动液压系统部分原理图参见2-38。

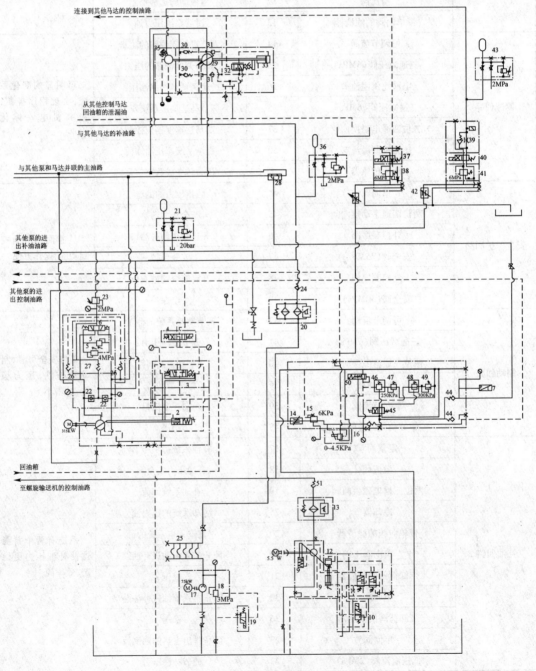

图2-38 刀盘驱动液压系统原理图

刀盘驱动系统是由两个先导式比例排量双向调节变量泵(A4VM500HD/65W)总功率为250kW和一个双向变量轴向柱塞式马达(AV210)组成的双向调速闭式回路系统。该闭路系统由功率为45kW的定量泵和一个蓄能器、卸荷阀组成的恒压供应油源,向主油路系统恒压双向补油。驱动总功率为250kW,驱动最大扭矩为2 800kN·m,脱困扭矩为3 450kN·m,旋转速度为0~6.7r/min。另有一套先导控制系统,对主油路工作压力和流量进行先导控制,该先导系统由一个单向变量轴向柱塞泵(A10V028DFVR/31R)功率为5.5kW,提供动力源,控制油路由以下三路构成:

(1)由调压阀、电液比例节流阀及双挡安全阀组成的调速回路和安全保护回路。
(2)由两位四通电磁阀和减压阀组成的刀盘挡位控制回路。
(3)由两位四通电磁阀、减压阀和蓄能器组成的刀盘制动回路。

刀盘驱动液压系统为双向容积调速闭路系统,其动力由并联的两个双向变量泵供给,驱动一个双向变量马达(图2-38),主泵和马达伺服系统由轴向柱塞变量泵8来供油。定量油泵17则向主油路补充液压油,保证主油路低压管内有一定油压。具体各回路的液压工作原理分析如下。

(1)掘进作业

工作时依次起动定量油泵17、轴向柱塞变量泵8和双向变量柱塞泵1。由于双向变量柱塞泵1的变量伺服随动缸2两边有保持中间平衡位置的弹簧,使双向变量柱塞泵1的斜盘处于中位,倾斜角为零,主泵处于卸荷状态。

盾构机需要掘进作业时,操作控制面板的控制按钮使电磁换向阀4通电。当电磁换向阀4左侧通电时,电磁换向阀4左位油路接通,来自轴向柱塞变量泵8的控制压力油进入液压伺服滑阀3的左侧,推动液压伺服滑阀3右移,使得双向变量柱塞1的变量伺服随动缸2左右腔接通,由于有杆腔和无杆腔压力差$P_无 > P_有$,使变量伺服随动缸2左移,带动斜盘摆动,主泵向系统供油,驱动开始。当电磁换向阀4右侧通电时,控制压力油经电磁换向阀4右侧,推动液压伺服滑阀3左移,使变量伺服随动缸2无杆腔卸荷,随动缸右移,主泵反向供油,刀盘反向旋转。主系统的最大掘进压力为24MPa,由两个溢流阀5进行双向控制。主回路系统通过液动换向阀6排出部分热油,再由补油系统供入经冷却的油,防止系统内油温过高。

(2)控制系统供油

控制系统是由斜盘式轴向柱塞泵8供油,变量是两个变量差动缸9推动斜盘实现的。两位三通电磁阀10,当控制泵不需要供油时,两位三通电磁阀10断电,差动缸9通过两位三通电磁阀10相互接通使泵8的斜盘复位。差动缸内的弹簧使差动缸建立初始的压力平衡,斜盘产生初始摆角,消除死区;当控制泵需要供油时,两位三通电磁阀10通电,变量差动缸9的右侧缸通过液动滑阀11与油箱相通,左侧缸在压力油的推力下带动斜盘偏转一定角度,轴向柱塞泵8开始供油,直至供油压力达到液动滑阀11的一定调整值,压力油推动液动滑阀11的左侧滑阀下移,接通变量差动缸9的两个油缸,使斜盘处于平衡位置,系统恒压供油。液动滑阀11右侧滑阀通过远程控制溢流阀12的调整,可以实现系统压力的远程调压控制。

(3)调速

本系统刀盘旋转速度可以在一挡(0~3.5r/min)、二挡(0~6.7r/min)内无级变速,挡位控制由三通减压阀38和二位四通电磁换向阀(挡位换向阀)37控制马达伺服机构完成。当操作人员选择一挡时,二位四通电磁换向阀37断电,液动换向阀32的控制油通过二位四通电磁换向阀37与油箱接通,二位四通电磁换向阀37的位置就由自身弹簧的推力控制,通过已调整好的预压弹簧,使马达能在0~3r/min范围内随油泵的供油调节和负载的反馈进行无级变化;当操作人员选择二挡时,二位四通电磁换向阀 37 通电,从控制油泵过来的压力油,经过三通减压阀 38 调压,经二位四通电磁换向阀 37 进入液动换向阀 32 左侧,产生与液动换向阀 32 右侧弹簧的平衡力,控制马达排量相对于一挡卸荷状态下减少一半,实现马达在 0~6r/min 范围内随油泵供油调节和负载的反馈进行无级变化。挡位范围内的无级调速,由电液比例溢流阀 16 调节主泵伺服机构的压力来实现。由轴向柱塞泵 8 供出的压力油经可调节流阀 14(控制流量),再通过三通减压阀 15 调压(保证主泵伺服系统进油油压恒定),进入伺服系统电磁换向阀 4,进入电磁换向阀 4 的油压在电液比例溢流阀 16 控制下,可在 0~4.5MPa 压力下无级调节,从而通过电磁换向阀 4 进入液压伺服滑阀 3 的控制油压,随电液比例溢流阀 16 调节压力的变化而改变。进入液压伺服滑阀 3 的压力油推动液动滑阀移动,接通变量伺服随动缸 2 油路,改变主泵斜盘角度,直至控制调整压力与液压伺服滑阀 3 的反馈弹簧力平衡,滑阀口关闭使得变量活塞定位在一个新的位置,油泵的排量也按调整后的排量供油。而泵的排量与调整压力成正比,调整压力又与控制电流成正比,从而完成变量油泵排量的比例控制,进行系统的无级调速。见图 2-39 所示,无级调速系统多余的油或压力超过调整压力时,经压力控制溢流阀 50 流回油箱。

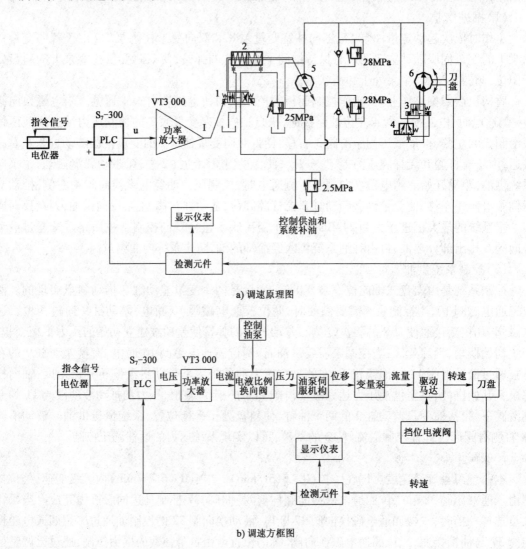

图 2-39 刀盘驱动无级调速原理及方框图

(4) 安全保护回路

外控顺序阀 46、安全阀 47、外控顺序阀 48、安全阀 49 在两位四通手动换向阀 45 的控制下，实现主系统两挡安全保护。当换向阀 45 推到左侧，从泵和马达反馈的高压油，经两位四通手动换向阀 45 左侧到外控顺序阀 48 把外控顺序阀 48 打开，安全阀 49 起作用，调整压力为 30MPa。当两位四通手动换向阀 45 推到右侧，从泵和马达反馈的高压油，经两位四通手动换向阀 45 右侧到外控顺序阀 46 把外控顺序阀 46 打开，安全阀 47 起作用，调整压力为 25MPa。

(5) 制动回路

在掘进作业时，两位三通电磁换向阀 40 通电，从控制泵来的压力油经过可调节流阀 42 节流，再经三通减压阀 41 的调压，通过两位三通电磁换向阀 40 的左侧和单向节流阀 39 进入制动装置，松开制动器，进行掘进。当停机时，两位三通电磁换向阀 40 断电并在弹簧的推力下左移，刹车装置的压力油，经单向节流阀 39 流回油箱，制动器进行制动。带卸荷阀的蓄能器 43，在制动油路中起稳压、减少冲击的作用。

(6) 补油回路

该补油系统由定量油泵 17 供油。溢流阀 18 限制补油最高压力为 3MPa，并带卸荷电磁阀，控制补油系统卸荷。低压溢流阀 23 调节补油压力。蓄能器和卸荷阀组成的阀 21、阀 36 保证补油系统的压力稳定。

第五节 推进装置

一、推进装置的组成及功用

盾构机的推进系统由推进千斤顶、液压泵、控制阀件和液压管路组成。

盾构推进是靠液压系统带动千斤顶的伸缩动作驱使盾构机在土层中向前掘进的。盾构千斤顶活塞的前端必须安装顶块，顶块必须采用球面接头，以便将推力均匀分布在管片的环面上。其次，还必须在顶块与管片的接触面上安装橡胶或柔性材料的垫板，对管片环面起到保护作用，同时还能够充分对应管片与盾构机的倾斜，保证撑靴平面与管片密贴。为了能使推进油缸的推力均匀地传递给管片，推进油缸撑靴面积要适当大些。撑靴表面的聚氨酯胶垫，可以使千斤顶撑靴在与管片接触时能保证推力缓和而均匀地作用在管片上，确保管片衬砌环面的完整。

推进千斤顶沿盾构机中盾壳体内侧均匀分布，油缸的布置在设计时考虑了避开管片接缝，封顶块（"K"块）在管片圆周的正常衬砌位置不会发生千斤顶靴板同时骑压在两块管片之间接缝上的情况，参见图 2-40。

推进系统除了推进开挖、防盾构机后退功能外，应具有纠偏和爬坡功能，推进油缸能分组和单独控制、能手动和自动控制，能够满足施工要求的最小转弯半径，应具有一定的爬坡能力。推进油缸在增加辅助装置后能满足掘进中更换盾尾刷的功能。分组推进油缸中装设行程、压力传感器，行程及速度传感器可靠，行程显示可逆并能准确、直观地显示盾构机千斤顶伸缩的数值及速度。在液压系统中设置可靠的液压闭锁系统，防止盾构机在施工过程中由于拼装管片等非推进情况下发生后退现象。

盾构推进装置在曲线段施工时，通过推进控制方式，把液压推进油缸进行分区操作，使盾构机按预期的方向进行调向运动。结合采用安装楔形环（转弯环）与伸出单侧千斤顶的方法，使推进轨迹符合设计线路的弯道要求。另配合盾构机的铰接装置使曲线施工更容易控制。

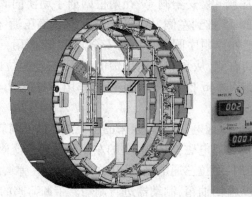

图 2-40　推进油及其控制面板

二、推进油缸的分区形式

盾构机的推进油缸布置形式有两种：一种是四组分区，如图 2-41 所示；一种是五组分区，如图 2-42 所示。油缸分组越多越容易调向，如果每个油缸都可调，那么理论上是最好的。但大部分盾构机采用的是四组分区形式，因为其布置比较简单，节约成本。

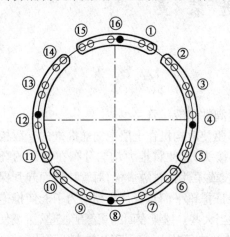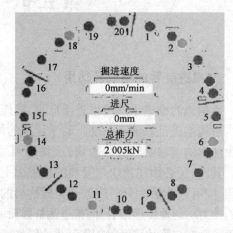

图 2-41　四组式推进油缸分组示意图　　　　图 2-42　五组式推进油缸分区示意图

1999 年从海瑞克公司采购的盾构机，推进油缸分成五组。2003 年采购的海瑞克盾构机，推进油缸已改为四组，分为上、下、左、右 4 个区域，在掘进时便于进行控制。通过改变各区油缸的伸出速度和伸出长度来控制盾构机掘进的方向。每组推进油缸中部配置一个行程传感器，用来实时测量油缸速度和行程，参见图 2-41 中涂黑部位。

海瑞克盾构机 30 个推进油缸中每个油缸均可产生 1 140kN 的推力，盾构机的总推力为 34 200kN，这是工作油压为 30MPa 时的总推力；若油压为 35MPa 时，最大总推力为 39 890kN，其油缸行程为 2 000mm。三菱泥水盾构机使用了 24 个推进油缸，每个油缸可产生 1 500kN 的推力，总推力为 36 000kN（工作油压为 35MPa），其油缸行程为 1 950mm。相对来讲，海瑞克盾构机使用了小缸径的推进油缸，在盾构壳体圆周上布置得更为均匀，使管片的受力状态更为合理。

三、推进油缸的布置原则

盾构机千斤顶的布置一定要使圆周上受力均匀。盾构机推进时,由于推进油缸直接作用于管片上,因此,推进油缸的布置主要考虑管片的结构形式、分布方位、受力点布置、管片组装施工方便性等方面的因素,应满足下列要求:

(1)径向分布使管片受力均衡;
(2)环向布置与管片的分块相匹配;
(3)考虑管片在整个衬砌环受力均匀,油缸布置应沿垂直轴线、水平轴线均匀对称布置。

四、推进油缸的布置方式

以30个油缸为例,推进油缸的布置方式可以有以下几种:

(1)单油缸均匀分布;
(2)双油缸布置;
(3)单双油缸间隔布置。

单双油缸按间隔布置,在封顶块位于正上方时,油缸的推力中心线与管片中心重合,并且每组油缸间有充分的空间布置铰接油缸和超前注浆管。

五、推进油缸的布置要求

盾构机千斤顶的条数及每只千斤顶的推力大小与盾构机的外径、总推力、管片的结构、隧道轴线的形状有关。对中小口径的盾构机,每只千斤顶的推力以 600～1 500kN 为好;对大口径盾构机,每只千斤顶的推力以 2 000～4 000kN 为好。

盾构机千斤顶伸缩杆的中心与撑挡中心的偏离允许值一般为 30～50mm,千斤顶的最大伸缩量可按管片宽度的 100～200mm 确定。

盾构机千斤顶的布置一定要使圆周上受力均匀。千斤顶行程是一环衬砌环宽度加上适当余量。另外,成环管片有一块封顶块,若采用纵向全插入封顶时,在相应的封顶块位置应布置双节千斤顶,其行程约为其他千斤顶的一倍,以满足拼装成环所需。

千斤顶在盾构机内的布置需要满足以下几点:

(1)千斤顶轴线与盾构机中心线要平行;
(2)布置在靠近盾壳的内圆周圈上,尽量少占盾构机空间,等距分布,并尽可能缩小千斤顶轴心线与砌块中心的偏心距;
(3)安装台数一般是双数。

六、推进装置对液压千斤顶的要求

盾构机在土层中掘进时,靠安装在支撑环内的液压千斤顶推动盾体向前顶进。由于盾构机内部空间狭窄,安装条件恶劣以及盾构机的工作情况与其他机械不同,所以对于液压千斤顶有其独特的要求:

(1)结构简单、体积小、质量轻、耐久性好、便于安装和布置且保养维修方便;
(2)各千斤顶之间同步性能要好;
(3)有必要的防护装置,避免灰尘、泥水、砂浆混入油内或千斤顶内。

盾构机千斤顶的推进速度必须根据地质条件和盾构形式来决定,推进速度的范围一般为

10~100mm/min。通常取50mm/min左右,且可无级调速。为了提高工作效率,千斤顶的回缩速度要求越快越好。

盾构机推进系统液压油的流量和压力调整均采用了比例调节方式,以方便操控。

七、AVN2440DS复合式盾构机主推进液压系统

1. 推进液压系统的组成及特点

推进液压系统的组成及特点见表2-5。

推进液压系统的组成及特点　　　　　　　　表2-5

组成回路及其主要原件			性能与特点	
回路名称	主要元件	元件编号	元件功能	回路特点
推进供油回路	单向变量比例泵	1	为推进系统提供动力	具有流量适应特性,消除了过剩流量,无需设置溢流阀
	随动油缸	2	根据供油压力及调整压力调节泵的斜盘	
	液压滑阀	3		
	电液比例液流阀	4	调节系统的设定压力	
	过滤组件	5	过滤进入系统的油	
	单向阀	6	防止压力油倒流	
调压、调速回路	电磁换向球阀	8	控制油缸快速移动	压力和速度调节精度高,冲击小,噪声低
	电液比例节流阀	9	调节油缸推进速度	
	电液比例溢流阀	10	调节每组油缸推进压力	
	压力传感器	7	模拟转变为数字显示	
推进执行回路	三位四通电磁换向阀	11	油缸换向控制	回油远控背压阀对油缸有锁紧作用,安全性高,有防冲击荷载和过载保护功能
	单向阀	12	防止压力油倒流	
	单向阀	13	无杆腔止回阀	
	远程控制三通溢流阀	14	产生背压防止冲击	
	单向阀	15	无杆腔止回阀	
	单向阀	16	控制油路单向进油	
	节流阀	17	调节背压阀卸流速度	
	位移传感器	18	测量油缸行程	

2. 推进液压系统工作原理

推进液压系统是由一个比例先导式压力调节变量泵组成的开式循环系统。推进油缸分5组,共30个油缸。推进油缸在掘进时,可以单独控制每组油缸的压力和所有油缸的速度。在装管片时每个油缸也可单独动作,并能快速移动。如图2-43所示,本图只画了一组油缸的液压原理图,其他四组油缸液压原理图相同。具体各回路的液压工作原理分析如下:

(1) 调压、调速

推进系统的调压、调速是电液比例节流阀9和电液比例溢流阀10组成的比例压力/流量(P/Q)复合阀来完成的。该P/Q复合阀调节系统的压力和流量调节偏差很小,精度高。具体原理下如图2-44所示。系统中的电磁换向球阀8控制油缸快速移动。当电磁换向球阀8通电时,系统调压、调速推进;断电时,系统压力油经电磁换向球阀8直接进入油缸而不经电液比例节流阀9、电液比例溢流阀10,从而实现油缸的快速移动。

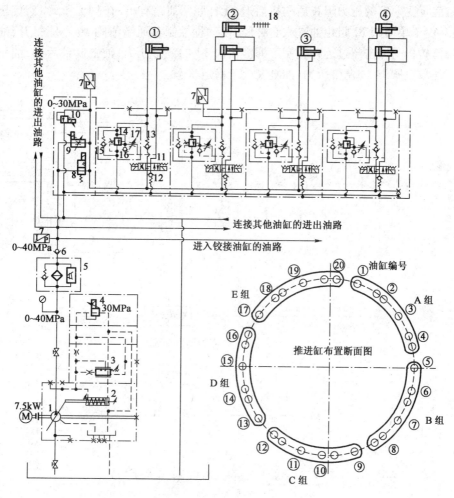

图 2-43 推进油缸液压系统

(2) 推进供油

推进时启动单向变量比例泵 1 向系统供油,当系统负载较小,低于电液比例液流阀 4 的调定压力,单向变量比例泵 1 像一个定量泵一样提供最大的流量。若系统压力达到电液比例液流阀 4 调定压力,单向变量比例泵 1 则按变量泵工作,流量随负载而变,出口压力与流量无关,与调定压力相等。若系统压力大于调定压力,压力油推动液压滑阀 3 右移,接通压力油与随动油缸 2 的无杆腔,克服弹簧力,随动油缸 2 活塞左移,减少泵 1 的斜盘角度,系统压力下降。系统压力低于调定压力,液压滑阀 3 在弹簧力的作用下左移,使随动油缸 2 无杆腔与油箱接通,随动缸在弹簧力的作用下复位,使泵的流量增加,系统压力升高至调定压力。

(3) 推进执行

推进时经过电液比例节流阀 9、电液比例溢流阀 10 调压、调速后,到三位四通电磁换向阀 11,当电磁阀右边通电,压力油经单向阀 13 进入推进油缸无杆腔,有杆腔油经电磁换向阀 11 和单向阀 12 回油箱,完成推进操作。当电磁换向阀 11 左边通电时,压力油到油缸有杆腔,同时压力油经单向阀 16 把远程控制三通溢流阀 14 打开,无杆腔的油回油箱,推进油缸缩回。

当油缸在不推进也不回缩时,推进缸支撑在管片上固定不动,电磁换向阀 11 处于中位,推进缸无缸腔承受一定的压力阻止盾构机后退,无杆腔回油路有单向阀 13 和阀 15,使压力油不能回油箱,由于单向阀 12 阻止油进入有杆腔,使远程控制三通溢流阀 14 不能打开,油缸不能后退。当盾构机受冲击超过远程控制三通溢流阀 14 的调整压力,油缸卸油后退,油压低于远程控制三通溢流阀 14 的调整压力,油缸又处于稳定状态。

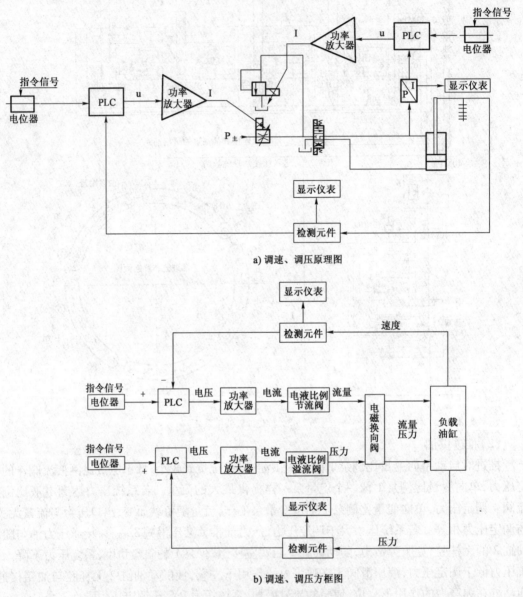

图 2-44　推进调压、调速原理及方框图

第六节　激光导向系统

随着科学技术的发展,激光导向技术已开始用于隧道掘进工程中。其原理就是利用有良好直线性光束的激光,投射到盾构机里,使操纵者及时地了解盾构机的偏离、偏转情况,并随时纠正顶进方向,保证施工质量,提高施工速度。

目前采用的导向系统主要有 VMT、PPS、日本演算工坊三种。

一、激光导向系统的主要作用

盾构机在掘进中,由于地层变化频繁,软硬交错,造成刀盘受力不均,从而使盾构机姿态发生偏转、抬头、低头的现象,导致掘进轴线与隧道设计轴线发生偏离,这在施工中是不允许的。盾构施工的激光导向系统的作用,是随时指出盾构机的顶进方向,使驾驶员能控制机器按预定的设计线路顶进,具体如下:

(1)可以通过隧道设计的几何元素计算出隧道的理论轴线;
(2)通过测倾仪测量盾构机的滚动和俯仰角度并予以显示;
(3)在显示屏上随时以图形直观显示盾构机轴线相对于隧道设计轴线的准确位置,便于操作者根据偏差随时调整盾构机掘进的姿态和位置,使盾构机的掘进轴线逼近隧道设计轴线;
(4)掘进一环后,从盾构机 PLC 自动控制系统获得推进油缸的伸长量数值,依此计算出上一环管片的管环平面位置,输入盾尾间隙数据后,计算出这一环适合拼装的管片类型;
(5)从数据库中可以查阅各环的掘进姿态及其他相关资料;
(6)通过调制解调器和电话线与地面办公室的电脑建立联系,将盾构机掘进数据传输到地面,便于工程管理人员实时监控盾构机的掘进情况。

二、激光导向系统的工作原理

将激光发生器固定在已成洞的洞壁上,利用激光导向技术发射出来的直线光束,投射到盾构机里的靶板上,再用某种支持系统,以一种简单易见的形式指出盾构机顶进的方向。激光测量线是一束容易看见的明亮的红光束,投射到盾构机内的塑料靶板上是一个红光点。用激光管的光学系统使激光束直径保持在 0.94cm。驾驶员根据激光投射的光点与靶上预先设计好的隧道中心线位置是否相符来调整盾构机上、下、左、右的位置。

三、激光导向系统的组成

激光导向系统由激光发射装置、检查和转换装置、控制装置组成。

1. 激光发射装置

激光发射装置包括两个部分,即激光器和光学仪器。

2. 检查和转换装置

检查和转换装置由在盾构机支撑环后端隔板上的接收靶、接收器、放大器和测量倾斜的摇摆倾斜计等组成。

接收激光的靶板有两种:一种仅在靶板上绘有掘进设计中心图线,以观察激光点与该设计中心线的差距,供盾构司机调整盾构机方向;另一种则具有光电转换功能的靶板。第二种靶板又有以下两种,一种是带有 X 轴和 Y 轴伺服随动机构——光电板。当激光光点射到光电板时,通过光敏元件转换成电量,经过放大器输入变换器。如果再接入电子计算机,就能形成全自动控制的导向、调向系统。另一种是激光靶板的受光板分为 A、B、C、D 四个区域,A、B、C、D 的受光面积和电量的输出率成比例。受光板靠伺服马达在水平、垂直两个方向移动,伺服马达用齿轮与同步马达啮合。伺服马达的移出量就是同步马达移动量,同步马达的输出作为电信号输出来显示偏差,并控制调向装置。

转换方式为差动转换式,它可调整盾构倾斜的位置,是依靠摇摆倾斜计的摆角信号,输入变换器中转换成角度来显示的。

3. 显示和控制装置

在盾构机后方台车上装有变换器、显示器、打印机,彼此以电路连接。从接收器传来的 X 轴、Y 轴和倾斜计的信号(电量),经变换器转换成数字显示在显示仪上。X、Y 以毫米表示,倾斜角以度、分表示。

目前,海瑞克自动测量系统采用的是 VMT 公司开发的 SLS-TAPD 自动测量系统,法马通自动测量系统采用 PPS 自动测量系统,两个系统的基本原理相似。

海瑞克盾构机采用的是德国 VMT 公司的 SLS-TAPD 隧道掘进激光导向系统,该系统主要有激光经纬仪、电子激光靶、控制盒、工业计算机及其他配套硬件和软件组成,参见图 2-45。

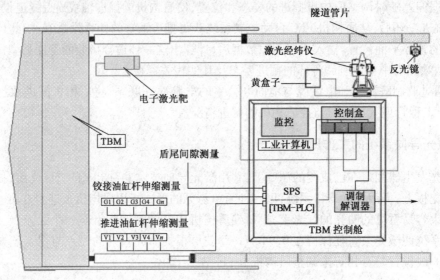

图 2-45　激光导向系统总图

隧道掘进软件是激光导向系统的核心。通过其附带的通信装置接收数据,由隧道掘进软件计算出盾构机的位置和姿态,并以图形和数字在屏幕上显示,使盾构机的位置一目了然。

海瑞克盾构机的掘进管理系统采用西门子公司的 S-7 型可编程控制器 PLC。该系统对全机掘进过程中发生的模拟信号、数字信号和开关信号进行采集和处理,并根据程序对相应的部件进行驱动、保护和报警。按掘进、管片拼装和停止掘进三个不同的盾构机运行状态段来进行数据记录、处理、存储和显示,监控盾构机运行过程中的相关关键参数,同时将相关数据传送到地面计算机中。该系统还可以查找盾构机以前掘进的数据信息,打印出各环掘进的情况,供施工管理人员分析使用。维尔特盾构机的屏幕显示画面更为直观,可以直接从屏幕上读出有关掘进数据。

四、VMT 激光导向系统工作原理及其组成

由激光经纬仪发射出一束可见红色激光束,激光束照射到 ELS 靶,光束相对于 ELS 靶的位置已精确测定,水平角是由激光经纬仪照射到 ELS 靶的入射角决定的,在 ELS 靶内部安装有一个监测 ELS 靶倾角和转角的双轴传感器,可以分别测 ELS 靶的上下倾角、左右倾角和入射点相对于 ELS 靶中心线的旋转角。激光照射到 ELS 靶的间距由 TCA 全站仪的 EMD 测定。

这样,当测站坐标和后视坐标确定后,ELS 靶的方位和坐标就确定下来了。根据 ELS 靶的中心和盾构机的主机轴线平面几何关系,就可以确定盾构机的轴线。

SLS-TAPD 隧道掘进激光导向系统软件主界面参见图 2-46。

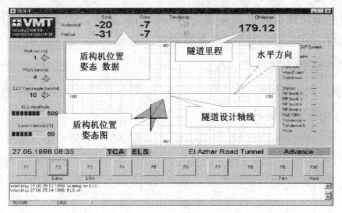

图 2-46　SLS-TAPD 隧道掘进激光导向系统软件主界面

SLS-TAPD 隧道掘进激光导向系统组成如下:

1. 激光全站仪

激光全站仪(Leica TCA1103/ART/GUS64)是同时测量角度(水平和垂直)和距离的测量仪器,并能发射出一束可见红色激光。激光经纬仪临时固定在安装好的管片上,随着盾构机的不断向前掘进,激光经纬仪也要不断地向前移动,称为移站。

Leica TCA1103 激光全站仪参数:测角精度为 3.3″,测距精度为 2mm + 2ppm。

2. 黄色盒

黄色盒主要为全站仪和激光器提供电源,也连接全站仪和主控室的 PC 机,进行通信数据传输。

3. 电缆鼓

当盾构机向前推进时,激光全站仪和安装在盾构机上的其他设备间的距离会增大,因此,需要用带有滚动装置的电缆鼓。

4. ELS 靶

激光靶被固定在盾构机机身内,用来接收激光束。ELS 靶参考平面上布满了传感元件,可以传递入射角的上下倾角、左右倾角和入射点对于 ELS 靶的中心线的旋转角。激光经纬仪发射出激光束照射在激光靶上,激光靶可以判定激光的入射角及折射角,另通过激光靶内测倾仪测量盾构机的滚动和倾斜角度。

5. 工业计算机

由隧道掘进软件计算所有的数据,并用图形和数字两种形式显示在监视器上,使盾构掘进机的位置一目了然。

6. 隧道掘进软件

隧道掘进软件是激光导向系统的核心。通过其附带的通信装置接收数据,由隧道掘进软件计算出盾构机的位置和姿态,并以图形和数字的形式显示出来。

7. 控制盒

控制盒用来组织隧道掘进激光导向系统电脑与激光经纬仪和激光靶之间的联络,并向黄盒子和激光靶供电。控制盒连接系统的各种传感器,并将这些输出信号转换输入到工业计算机内,来自工业计算机的控制信号也可以转换到传感器上。

8. 调制解调器

通过现场安装的电话线经调制解调器把盾构机的位置动态传递到主控室和地面办公室,形成一个小局域网,在地面上可以随时查看盾构机的状态。

9. TBM-PLC 程序逻辑控制器

盾构机的数据是从程序逻辑控制器(PLC)输入的。PLC 是独立于 SLS-TAPD 的自动定位系统。

10. 盾尾间隙自动测量控制器单元

最新安装管片和盾构机的盾尾之间的间隙,由安装在管片安装机区域的仪器测得。VMT 提供的控制器单元连接,由安装在安装机区域的仪器所测的测量结果和工业计算机内的管片选择软件组成。测量盾尾间隙的仪器是由 Leica 公司制造的手持式测距仪。当测距仪发射出的激光照射到管片和盾壳内侧时,就可以直接读出它的距离。

五、PPS 导向系统基本原理及其组成

在测量盾构机的位置和方向时,必须从三维空间量盾构机上的两个固定点,由 EDM 棱镜表示。它们相对于盾构机轴线和刀盘的确切位置必须在盾构机安装时确定。在掘进过程中,由于盾构机的滚动和移动会发生变化,因此必须要进行精确测量。这个测量过程将由安装在盾构机内部的两轴向倾斜仪电子化完成。一个马达经纬仪将自动测量盾构机上每个棱镜的两极位置,经纬仪的站点和方位已被预先确定。尽管如此,由于经纬仪的水平角度测量系统没有完整的基准点,用户在安装过程中必须要对经纬仪进行定位。该工作可以通过普通的测量方法来测量经纬仪到基准点来完成,基准点的坐标已预先确定。其次,可以通过测量从固定的经纬仪到这些点的倾斜距离、水平和垂直角度来确立盾构机上两个主要点的全球坐标。由于棱镜在盾构机坐标系统中的位置在盾构机设置时已经被确定,盾构机的滚动和移动的实际时间通过测量也知道,而隧道中线在全球坐标系统中也是已知的并已经被输入到电脑中,因此,盾构机相对于中线的位置及方位就可以被很容易的计算出来。

PPS 系统软件主界面参见图 2-47。

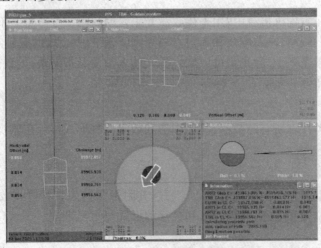

图 2-47 PPS 系统软件主界面

PPS 导向系统组成如下：

1. 激光全站仪

激光全站仪（Leica TCA1800/ART/GUS64）是同时测量角度（水平和垂直）和距离的测量仪器，并能发射出一束可见红色激光。

2. 黄色盒

主要是为全站仪和激光器提供电源，也连接全站仪和主控室的 PC 机的通信。

3. 无线电收发器

4. 棱镜

系统允许最多连接 4 个马达棱镜，棱镜 1 和 2 连接到倾斜仪上，使用一个可选择的棱镜驱动也可以连接另外两个棱镜 3 和 4。导向系统一次只使用 4 个可用棱镜中的两个，使用的棱镜被定义为逻辑棱镜 1 和 2，每个棱镜都可能被选择成为逻辑棱镜 1，剩余的棱镜中的一个被选择为逻辑棱镜 2。对于最高精确度，建议选择离刀盘最近的棱镜作为逻辑棱镜，同时，棱镜 1 和 2 应当接近垂直平面与盾构机中线平行。盾构机内部棱镜的局部坐标应在局部坐标系统中确立（水平、垂直和长度）。

5. 工业计算机

由隧道掘进软件计算所有的数据，并用图表和数字表格两种形式显示在监视器上，使 TBM 的位置一目了然。

6. 隧道掘进软件

隧道掘进软件是 PPS 的核心。通过其附带的通信装置接收数据。由隧道掘进软件计算盾构机的方位和坐标，并以图表和数字表格显示出来。

7. 调制解调器

通过现场安装的电话线经调制解调器可以把盾构机的位置动态的传递到主控室和地面办公室，形成一个小局域网，地面上可以随时知道盾构机的状态。

8. TBM-PLC

盾构机的数据是从程序逻辑控制器（PLC）输入的。

9. 盾尾间隙自动测量[SLUM]控制器单元

最新安装管片和盾构机的盾尾之间的间隙由安装在管片拼装机区域的仪器测得。

第七节 出渣装置

盾构机施工常用的主要出渣装置有皮带输送机出渣、螺旋输送机出渣、管道出渣及其混合搭配方式出渣。

一、皮带输送机出渣

采用连续皮带输送机出渣时，隧道内的轨道仅承担隧道支护材料、掘进机维修人员和器材等运输，可采用轻型钢轨。

皮带机随掘进机移动，从掘进机一直连接到洞门口出渣。皮带输送机主要由储带舱、主驱动装置、辅助驱动装置、被动轮、胶带、托辊等几部分构成。皮带输送机结构简单、运输效率高、便于维护管理，可减少洞内运输车辆，减少空气污染，有利于形成快速连续出渣系统。

使用皮带输送机连续出渣的关键，是皮带输送可随掘进机每次步进得到延长，且输送机能转向。皮带输送机尾部安装在后配套上。当后配套前进时，胶带逐段从储带舱中被拉出，使皮带输送机不间断地完成石渣输送。掘进机每次掘进完成一个循环行程步进时，后配套系统被向前拉动一个行程，此时皮带输送机也随之延伸，为此需要在皮带输送机尾部的前方，将皮带机架、托辊、槽形托辊进行安装，为胶带运输提供条件。

为了使掘进机在一定距离内不断向前延伸而不用随时延长胶带，设置了一个储带装置，由后配套皮带机运来的石渣卸到出渣皮带输送机上。当储存舱中的胶带用尽时，出渣皮带输送机需停止工作，进行接长胶带的硫化处理。

连续出渣皮带机主驱动装置由电机、减速器、驱动轮组成，采用变频调速电机。驱动轮与胶带的传动为摩擦传动。当水平输送距离增加时，要增加另一套结构相同的辅助驱动装置，由两套驱动装置对胶带进行驱动。为协调主、辅驱动装置的运行和在启动时能够自动调整皮带的张拉，连续皮带输送机由 PLC 进行控制，此控制系统与掘进机的控制相匹配，以保证由掘进机控制启动和停止的次序。

为了保持胶带的对中性，连续出渣皮带输送机具有液压驱动的纠偏能力，在液压缸的作用下，连续出渣皮带输送机尾部可以在隧道断面的 X 轴和 Y 轴两个方向移动，并可沿 Z 轴旋转，这些运动跟随着皮带的摆动，受安装在皮带机尾部的操作控制台控制。

二、螺旋输送机出渣

土压平衡盾构机出渣系统，包括螺旋输送机和皮带输送机。

1. 螺旋输送机

螺旋输送机的作用是出渣和调节土舱土压力，螺旋叶片从土舱下部伸入土舱中取土，通过出土闸门卸在出渣皮带输送机上。螺旋输送机配置了前、后端两个闸门，闸门的开启度通过千斤顶进行控制。通过控制后闸门的开启度可以控制螺旋输送机出土的快慢，用于建立和维持密封土舱内的土压力平衡。前端闸门可使盾构机内唯一的排土通道关闭，可用于紧急情况下的密封土舱和螺旋输送机隔断。为了使前端闸门能够自由关闭，采用了螺旋带可缩回的办法。当需要关闭密封土舱内螺旋输送机前端的闸门时，操作螺旋输送机使其螺旋带后退缩回，让出闸门关闭空间后再关闭闸门，参见图 2-48。用此办法解决了螺旋输送机封水和掘进时提高排土效率的问题。在盾构机断电的紧急情况下，闸门也可以由蓄能器储存的能量自动关闭，以防止开挖舱中的水及渣土在压力作用下进入盾构机和隧道。

螺旋输送机转速的控制有自动和手动操作两种。自动操作时，刀盘土舱中测出的土压与预先设定的掘进速度及土压进行比较，自动地调整螺旋输送机转速（排土量），将密封土舱中的土压保持在一定的管理值内，以最合适的土压进行掘进管理，保证隧道开挖面的稳定性和安全性。手动操作时，用操作台上的电位器控制螺旋输送机转速（排土量）。无论是自动还是手动控制，当土舱中的土压力高于或低于预先设定的土压力时，操作室中的操作触摸屏上都能报警显示。

螺旋输送机排土口由液压缸控制出土闸门，可以通过它控制螺旋输送机的排土量。在开启油缸上安装有行程传感器，可根据掘进速度在操作盘上任意控制闸门的开启度，随时调节排土量来实现土塞效应，形成良好的排土止水效果，在土压平衡模式掘进时，可起到调节土舱土压力的作用。

螺旋输送机能正、反旋转,且具有伸缩和脱困功能。

在螺旋输送机机体上开有维修门,方便工作人员对螺旋输送机的维修和障碍物的排除。螺旋输送机的筒体上开有添加剂注入孔,必要时可以往里注水或添加剂,降低渣土的黏性,减少出土阻力,提高出土效率,参见图2-49。

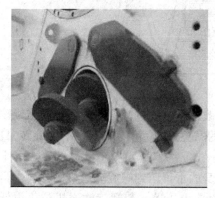

图2-48　螺旋输送机前闸门

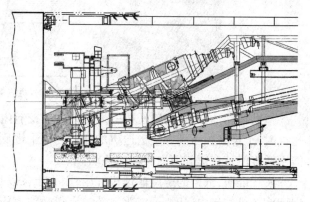

图2-49　土压平衡盾构出土装置

海瑞克盾构机在螺旋输送机的侧面开有一个维修门,方便工作人员对螺旋机的维修和障碍物排除,并在筒体上开有4个注水孔,必要时可以往筒体内注水。

海瑞克盾构机螺旋输送机的输送直径为900mm,导程为600mm,速度范围(可实现无级变速)为0~22.4r/min。由液压电动机驱动,最大扭矩为215kN·m,出土输送能力为300m^3/h。采用单出料闸门时,出料闸门的开口尺寸为500mm×600mm。维尔特盾构机螺旋输送机的直径略小,为700mm,但设计的最大出土能力基本相同,为270m^3/h左右。最大扭矩也基本相同,为225kN·m左右。

螺旋输送机的驱动装置可以在中间或边缘,用中心驱动装置时,土料经侧方闸门排出,而用边缘驱动装置时,土料可以从螺旋箱的端部直接排出,参见图2-50。

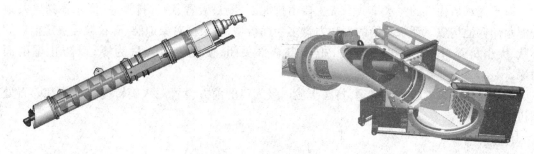

图2-50　螺旋输送机的驱动方式

在螺杆、螺旋叶片和外护筒内表面前端堆有耐磨焊条,螺旋深入土舱的长度能够适用于多种地层的掘进。由于螺旋轴取土端的外壳焊接有耐磨合金条,螺旋叶片边缘焊有耐磨焊条纹,叶片受渣土摩擦的一面堆焊有耐磨焊条纹,所以使得螺旋输送机具有较好的耐磨性能,参见图2-51。

螺旋输送机闸门具有紧急情况(如突然断电)时的闭锁(关闭,手动按钮)功能。螺旋输送机出土量可根据土舱内的压力自动进行调节。螺旋输送机排土口常采用双闸门,具备可靠的防喷涌功能。螺旋输送机的后闸门具有手动关闭的功能,当发生突然断电或者紧急事故时,螺旋输送机可依靠蓄能器的能量手动关闭螺旋输送机后闸门。紧急关闭装置的密封装置可靠，开关设在操作室操纵台上。

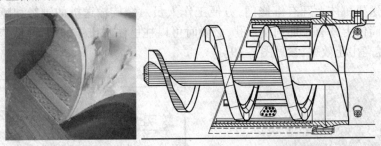

图2-51 螺旋输送机前端耐磨焊层

借助移动油缸，螺旋输送机一般能伸入开挖舱内，以改进土料的供应。使用缩进的螺旋输送机时，土浆必须压到螺旋输送机的开口。由于螺旋箱的摩擦，螺旋箱内的土料不能旋转，只能用螺旋使其在螺旋箱内做轴向移动。

实践证明，低位的螺旋输送机好用，因为土浆以其自身的重量压到螺旋输送机的开口。当螺旋输送机位于中部时，开挖舱下部的土料必须克服重力向上压送。若螺旋输送机位于更低的位置，在压缩空气作用下排空开挖舱不成问题，且可将土浆降低到尽可能低的位置。因此，气闸应尽可能地高一些。

2. 皮带输送机

皮带输送机用于将螺旋输送机送来的渣土转运到后部拖车的尾部装在渣土列车上，为了防止皮带机在输送含水量大的弃土时弃土向下滑，尽可能将皮带机倾斜角度设小，防止渣土回流落入隧道。在皮带输送机上设置有橡胶刮板，并设计有皮带张紧装置以及急停拉线装置。皮带机出渣口设计有橡胶防护板以防止渣土外溅。

三、排泥管出渣

对于泥水盾构机的泥水排放系统主要由排泥泵、测量装置、中继排泥泵、泥水输送管及地表泥水储存池构成。泥水盾构的掘削刀盘多为面板型，可根据对象地层、砾石粒径决定槽口的形状、大小及开口率。停止掘削时，把槽口全部关闭，使泥土吸入量为零，以防止掘削面坍塌。

为防止排泥泵的吸入口堵塞，特在土舱内吸入口的前方设置泥水旋转搅拌机构和碎石处理机构。

1. 搅拌器

泥水盾构机上装备的搅拌器是为了防止舱内泥水沉积和排泥管入口被砾石和大土块等堵塞而设置的装备，参见图2-52。搅拌器的转矩管理是掘进时掌握土砂取入状况的重要项目，排泥管入口堵塞时搅拌器的转矩异常上升。

为使搅拌器逆转容易，搅拌器多为油压式，当出现油压缓慢上升时说明土舱内掘削土砂可能存在堆积下沉。另外，油压急剧上升或者停止场合下，很可能有大砾石卡住刀盘，此时应使刀盘逆转解除。

2. 碎石器

碎石器是为保证泥浆循环的顺畅，而对大石块进行破碎的装备。在泥水盾构机的气舱底

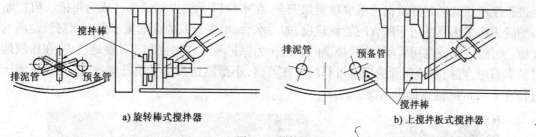

a) 旋转棒式搅拌器　　　　　　b) 上搅拌板式搅拌器

图 2-52　搅拌器

部排浆管的入口处,一般布置有碎石器和格栅。格栅前有一液力操作的碎石器,把大石头破碎到要求的尺寸,参见图 2-53。

碎石机的动作,海瑞克有两种模式,即破碎模式和摆动模式。破碎模式的主要目的是对岩石进行破碎,摆动模式主要是对底部渣土进行搅拌,避免淤塞进浆口。

为使掘削面稳定,排泥水机构中必须装备泥水量管理和掘削土量的测量仪器。通常靠调节泥水压送泵的转数调节泥水压力,由流量计和密度计测量结果推算出掘削排土量。

图 2-53　碎石处理机构

泥水盾构的场合下,掘削土砂通过排泥管输送到处理设备。砂层、砂砾层中长距离掘进的场合下,管壁磨耗严重的情形时有发生。为此,管道弯曲部位、盾构机内不好更换的部位必须使用厚壁管材。另外,施工中必须用超声波传感器对管壁的磨耗进行定期检查。

20 世纪 70 年代,出现了利用水力管道运输的方法,这种出渣方法便于设备在洞内布置,且可与其他材料的运输互不干扰。

第八节　隧道衬砌

隧道因其形状和应用不同,施工时对衬砌的要求也不尽相同。

隧道的应用情况决定其内部的空间尺寸和内壁的表面质量。公路及铁路隧道要求有"净空"以利通风,而过水隧道则要求有光滑的内壁。如果设计的隧道是一曲线,则隧道衬砌亦应如此。在隧道整个工作寿命期间,隧道衬砌应具有最小的变形。在此基础上,还必须满足以下两个要求。

(1) 能抵抗周围地层,保证隧道内的安全及任意方向的水密性。

(2) 能承受因设备及交通产生的永久及动态的荷载。

一、衬砌形式

1. 管道衬砌

管道衬砌采用预制的管道,由始发井推向前,构成最终的衬砌,参见图 2-54。当机器掘进时,单个管道在始发井中插入,把已经接长的管串,用推进油缸顶向前构成衬砌,一般用于掘进长度较长,延伸期间不允许设进人通道的地方。这种盾构没有尾壳及拼装器,结构很紧凑,开挖及安装管道一般不同时进行。近年来顶管法已普遍使用于微、小型盾构隧道施工衬砌中,在掘进长度增加的同时隧道掘进机变得更加安全,在水位以下掘进隧道亦已成为可能。可控制小型隧道施工法几乎用于所有的管线建设,如污水管、雨水管或综合的集水渠。而对长距离的能源、天然气、水或电用管等,这些被顶的管则作为保护管。在黏性和非黏性地层中,在松散地层及岩石中,可控制的顶管法都是可行的。在英国,小型隧道掘进系统已标准化,一般应用于直径在 1～2m 的隧道掘进系统中。

 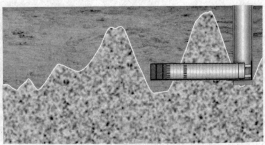

图 2-54　管道衬砌

2. 管片衬砌

管片衬砌环被分成许多管片,它在盾尾的防护下安装,衬砌的管片是预制的,并送到要安装的地点,参见图 2-55。

当盾构机掘进较大直径的隧道时,就需要大的预制管件衬砌。由于受制造、安装、运输等诸多因素的影响,管件采用分块形式,用螺栓把各块连成圆形衬砌,应用较为广泛。

管片制造费用占隧道工程总投资中比例约为 45%。管片单层衬砌的主要作用:①足够安全地承受隧道上的荷载;②具有适应于隧道使用的目的功能;③具有适合于隧道施工条件的结构形成。

(1) 管片的种类

①按材料分,大致有铸铁、钢材以及混凝土管片等。此外,使用复合材料制作的管片也日益凸现出其不可比拟的优越性,尤其在隧道的防水、受力和经济性能等方面。

②按结构形状分,大致有箱形、平板形等几类管片。此外,还可根据具体的结构要求开发出各种异形的管片。其中,矩形管片和楔形管片是较常用的形式,楔行管片用于曲线段的施工和修正蛇形,是具有锥度的管片环。当宽度特别小,呈窄板状时,称为楔行垫板环,参见图2-56。

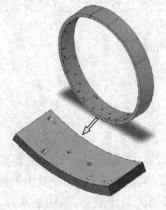 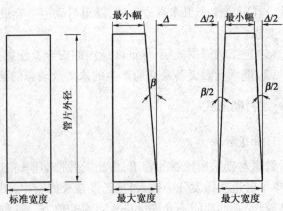

图 2-55　管片衬砌　　　　　　　　图 2-56　楔形管片环

蛇形修正型缓曲线用的楔形管片环的最大宽度,对于钢制管片,通常取等于或小于标准管片。对于球墨铸铁管片或钢筋混凝土管片,多取标准管片宽度加楔形量的一半为楔形环的宽度。对于平板形管片,虽然过去一直采用楔形环的最大宽度略小于标准宽度,但近来也常见采用标准管片宽度加楔形量的一半作为楔形环宽度。

另外,缓曲线以外的曲线用楔形管片环的最大宽度,对于钢制管片,按照曲线的程度,最大可采用 250mm,混凝土管片由于受到制作上的限制,最大可采用 750mm。

(2)楔形量的确定

楔形环采用单面楔形或双面楔形皆可,国内均有使用。

根据日本经验,楔形量除应根据管片种类、管片宽度、管片环外径、曲线半径、曲线区间楔形管片环使用比例、管片制作的方便性确定外,还应根据盾尾操作空隙而定。据经验,绝大多数混凝土类管片楔形量在 75mm 以内,对于口径大于 10m 或特殊形状的隧道,楔形量还需进一步计算校核。楔形量的确定应考虑以下因素:

①楔形量的确定除满足现状线路外,还应考虑满足盾构机的最小使用半径。

②楔形量的确定需要考虑错缝拼装条件下,由于管片扭转造成线路拟合的复杂性,需要有一定的余量。

③楔形量的确定最好能够较优地满足线路拟合需要,一般在多种曲线半径下,通过与标准环的组合实现错缝拼装为宜。

④由于管片拼装不能准确预测,楔形量的数值不是唯一的。

许多工程设计中采用了梯形管片而不用单独的楔块。对每一种环来说,管片应为偶数。安装时,先按正常方式装其他的管片,最后再插入有"楔"作用的管片。对于这样的环,内外弦长的差异是很大的,所以要求增加一些空间便于插入此"楔"。由于需要较长的推进油缸,因此会影响到盾构的长度。因为有斜的交叉接头,环的变形可能会增加。纵向接头对环向安装的精确度有影响,安装第一块管片时必须特别准确。

管片的设计受到结构及安装的影响。衬砌环至少需要采用 4 块管片,否则管片太大,无法从后配套的前方或上方将它们放到准备安装的位置。正常情况下采用 5 块或更多的管片,然而,块数越多,安装时间越长。

环的宽度对盾构的长度有影响(影响推进油缸的行程及长度),除非环的宽度已受到掘进曲线半径的限制。从运输位置转到横向安装位置所需要的空间是关键,如果环宽,则每米隧道接头的长度就小,掘进速度就高。当今,在大直径盾构中环的宽度可达 2m。

相对于金属管片、混凝土管片的模型能复原和重新使用。随着对管片不断增加的公差要求,现在的管片在高精度的单个模具中生产。对铸造的公差为 ±0.2mm,对用氯丁橡胶衬垫的混凝土管片的公差为 ±0.5mm。

日本盾构隧道大多采用单层衬砌结构,衬砌材料均采用预制钢筋混凝土管片,并进行错缝拼装以增强结构整体刚度。管片与管片之间多采用偏刚性的连接方式,双排直螺栓通过预埋的钢盒相连。衬砌环分块数量综合考虑结构尺寸、运输、起吊能力等方面因素,一般 10m 左右洞径分成 8~9 块,由 1 块 K 型管片、2 块 B 型管片和 5~6 块 A 型管片组成。K 型管片多采用小封顶并以纵向或径向插入方式进行施工,位置在隧道顶拱附近。衬砌环宽 0.9~1.2m,最大达 1.5m(东京湾海底隧道),相应单块最大起吊质量为 10t,参见图 2-57。

(3)衬砌环组合形式

方法:标准衬砌环、左转弯衬砌环和右转弯衬砌环组合。

特点：直线地段除施工纠偏外，多采用标准衬砌环；曲线地段可通过标准衬砌环与左、右转弯衬砌环组合使用以模拟曲线。施工方便，操作简单。

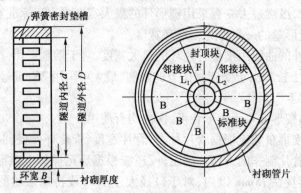

图 2-57　单层衬砌圆环

①左转弯衬砌环和右转弯衬砌环组合。通过左转弯环、右转弯环组合来拟合线路。由于每环均为楔形，拼装时施工操作相对麻烦一些。欧洲常采用这种组合形式。

②万能管片。通过一种楔形环管片模拟直线、曲线及施工纠偏。管片排版时，衬砌环需扭转多种角度，封顶块有时位于隧道下半部，管片拼装相对复杂，深圳地铁中有采用，参见图2-58。

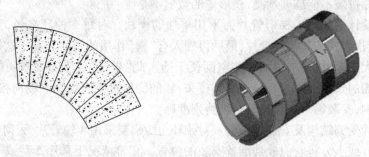

图 2-58　平面曲线拟合示意

3."现场浇的"衬砌

"现场浇的"衬砌在盾构区采用具有压力的混凝土浇筑而成。目前欧洲和日本开始采用ECL（挤压混凝土衬砌施工法）技术代替传统的管片衬砌系统，在节约施工成本和提高衬砌质量方面都取得了良好的效果。

用盾构机掘进隧道施工中，根据地质条件的不同，可采用单层衬砌或双层衬砌。在衬砌施工中，"单层"衬砌的工作循环不同于"双层"衬砌。预制管、防水混凝土衬砌或防水现浇混凝土都可认为是单层衬砌。用另外密封的混凝土管片衬砌或有防水现浇混凝土壳的，则被称为双层衬砌。

一般情况下采用单层衬砌，但对于污水隧道、有内压隧道，或管片衬砌里存在钢铁等易腐蚀材料、结构受力十分复杂或运营条件对结构腐蚀性较强等情况下，宜采用双层衬砌。

二、装配式衬砌（管片）的类型及其特点

管片可从结构层数、成环形式、制作材料、每环块数等划分为不同的类型，划分方法在这里不作细叙，现将着重讲述几种不同材料制成的管片特点。

1. 钢筋混凝土管片

钢筋混凝土管片有一定的强度,加工制作比较容易,耐腐蚀,造价低,是最为常见的管片形式。但较笨重,在运输、安装施工过程中边缘易损坏,特别像箱形管片在盾构机千斤顶作用下很容易被顶裂;拼装成环时,由于管片制作精度不高,端面不平,拧紧螺栓时,往往使管片局部产生较大的集中应力,导致管片开裂;尤其,接缝是管片衬砌中较关键的部位,从试验来看,结构破坏大部分都开始于薄弱的接缝处,当盾构机千斤顶施加在环缝面上,特别是偏心作用时,也会使管片顶裂、顶碎。

其改善方法是提高钢模筋的制作精度和管片混凝土强度,在拼装管片时提高拼装质量,采用错缝拼装等方法。同时也要求管片本身具有优良的不透水性。

2. 铸铁管片

铸铁管片的耐蚀性、延性和防水性能好、质量轻、强度高、易于制成薄壁结构、搬运方便、管片尺寸精度高、外形准确、安装速度快、但耗费金属、机械加工量大、造价高,特别是具有脆性破坏的特性,不宜承受冲击荷载,因此较少采用。

3. 钢管片

钢质管片主要用型钢或钢板加工而成,其强度高、延性好、运输安装方便,精度稍弱于球墨铸铁管片。但其刚度较小,在施工应力作用下易变形;耐蚀性差,在地层内也易腐蚀;造价高,仅在某特殊场合(如平行隧道的联络通道口部的临时衬砌)使用。

4. 复合管片

复合管片外层用钢板制成,在钢壳内浇筑钢筋混凝土组合成复合结构。其重量比钢筋混凝土小,刚度比钢管片大,金属消耗比钢管片少,但耐蚀性差,加工复杂。

(1)填充混凝土钢管片

它以钢管片的钢壳作为基本结构,在钢壳中用纵向肋板设置间隔,经填充混凝土后形成。与原有钢管片相比具有制作容易、经济性能好,可以省略二次衬砌等优点。

(2)扁钢加筋混凝土管片

此管片是控制矩形和椭圆形等特殊断面管片厚度和钢筋用量而开发的。由于使用扁钢作为主筋,所以和以往管片相比,可以增加主筋的有效高度,其结构性能好。

三、钢筋混凝土管片的制作

1. 钢模设计加工

要确保制作后管片有统一尺寸、误差在一定精度的范围内,关键是钢模的刚度、强度及精度,所以要设计加工高精度、拆装方便、刚度大、变形极小的钢模,来满足管片精度要求,参见图2-59。

2. 钢筋成形

这里指钢筋笼成形,要在专门的搭片、搭块架上进行单根成形后钢筋的组合。

3. 混凝土浇捣

将成形的钢筋骨架块放入钢模内浇捣混凝土,混凝土浇捣按钢模形式可有整环浇捣和分块浇捣。

①整环浇捣,即钢模是整环形式,这种方法制作的管片,环向螺栓易穿,管片厚度准确,但环面精度稍差。由于生产以环为单位,所以管片要成环使用。

图2-59　管片模具构成及管片制作

②分块浇捣,每块均为标准产品,当采用人工振捣时管片的外弧面为自由面,人工收水抹面,故管片厚度精度及外弧面质量较差。

4. 养护、脱模

管片一般采用蒸养后自然养护,蒸养混凝土强度要达到50%以上,主要为加快钢模的周转使用,脱模后,管片入水池养护。

5. 检漏

管片用于地下工程,要抗地下水的渗入,对成品管片除满足强度设计要求外,防水抗渗亦是一项主要指标,所以对成品管片按比例的做检漏试验,从而鉴定管片的抗渗能力。检漏标准按设计抗渗压力恒压2h,渗水深度不超过管片厚度的1/5为合格。

6. 混凝土管片外观质量检查

检查情况及评定参见表2-6。

混凝土管片外观质量缺陷等级　　　　　　　　　　表2-6

名　称	现　　象	缺陷等级
露筋	管片内钢筋未被混凝土包裹而外露	严重缺陷
蜂窝	混凝土表面缺少水泥砂浆而形成石子外露	严重缺陷
孔洞	混凝土内孔穴深度和长度均超过保护层厚度	严重缺陷
夹渣	混凝土内夹有杂物且深度超过保护层厚度	严重缺陷

续上表

名 称	现 象	缺陷等级
疏松	混凝土中局部不密实	严重缺陷
裂缝	可见的贯穿裂缝	严重缺陷
	长度超过密封槽且宽度大于0.1mm的裂缝	严重缺陷
	非贯穿性干缩裂缝	一般缺陷
外形缺陷	棱角磕碰、飞边等	一般缺陷
外表缺陷	密封槽部位在长度500mm的范围内存在直径5mm以上的气泡5个以上	严重缺陷
	管片表面麻面、掉皮、起砂、存在少量气泡等	一般缺陷

7. 管片的堆放

混凝土管片受碰撞易碎易裂,在搬运堆放过程中应特别注意,场地要平整,卧式堆放不得超过3块,管片端头用枕木垫实,不能驼放受力。

四、管片接头的种类

管片接头分为将管片沿圆周方向连接起来的管片接头和沿隧道轴线连接起来的管片环接头,基本接头结构有螺栓接头结构、铰接头结构、销插入式接头结构、楔接头结构、榫接头结构等。

五、管片的组装

隧道是由预制管片逐环连接形成的,管片在盾壳保护下并在其空间内进行拼装。

1. 技术名词解释

(1)纵向——隧道的轴线方向;
(2)径向——隧道圆环的直径方向;
(3)环向——隧道圆环的圆周方向;
(4)纵缝——同环管片块与块之间的接缝;
(5)环缝——管片环与环之间的接缝;
(6)通缝——拼装的一种形式,即后一环管片纵缝与前一环管片纵缝对齐的拼法;
(7)错缝——拼装的一种形式,与前后环纵缝错开的拼法;
(8)环面——管片圆环的环向面;
(9)内弧面——圆环的环向内面;
(10)外弧面——圆环的环向外面;
(11)管片端头——每块管片的两个纵向端面;
(12)张角——两块管片端面接头缝在径向的错误向外张开称外张角,反之称内张角;
(13)喇叭——两块管片端面接头缝在纵向的错误,向推进方向张开叫前喇叭,反之称后喇叭;
(14)踏步——前后两环管片内弧面的不平整度;
(15)纵向螺栓——螺栓方向为纵向,是环与环之间的连接件;
(16)环向螺栓——螺栓为管片圆环方向,是同一环管片块与块之间的连接件;
(17)端肋——管片中每块管片两端头的肋板;

(18)环肋——管片环向的肋板;

(19)纵肋——管片在纵向的加劲肋;

(20)椭圆度——圆环垂直、水平两直径之差值;

(21)超前——指圆环环面与推进设计轴线垂直度的误差,有上、下超前和左、右超前之分。

2. 管片的拼装工艺

管片拼装是建造隧道的重要工序之一,管片拼装后形成隧道,所以拼装质量好坏也就直接影响工程的质量。

管片拼装前应对粘贴的密封条进行检查,拼装时不得损坏密封条。粘贴管片防水密封条前应将管片密封条槽清理干净,粘贴后的防水密封条应牢固、平整、严密、位置正确,不得有起鼓、超长和缺口现象。管片防水密封条粘贴完毕并达到粘贴时间要求后方可拼装。

隧道的拼装工艺分类有以下几种。

(1)按整件组合方式分类

隧道管片拼装按其整体组合,可分为通缝拼装和错缝拼装。

①通缝拼装。所有衬砌的纵缝呈一直线的情况,称之为通缝拼装,即各环管片的纵缝对齐的拼装。这种拼法在拼装时定位容易,纵向螺栓容易穿,拼装施工应力小,但容易产生环面不平,并有较大累计误差而导致环向螺栓难穿、环缝压密量不够。相邻环之间没有剪切力及弯矩的相互传递,纵缝接头的变形没有受到相邻管片体的约束,仅靠本身的螺栓连接。因此,通缝拼装方式能够使衬砌结构获得较好的柔性,在良好的地层中能够充分调动周围土体的抗力。

②错缝拼装。相邻两环间纵缝相互错开的情况称之为错缝拼装,即前后环管片的纵缝错开不在一条直线上的拼装。一般错开 1/2 ~ 1/3 块管片弧长,用此法建造的隧道整体性较好,施工应力大易使管片产生裂缝,纵向穿螺栓困难,纵缝压密差,但环面较平整,环向螺栓比较容易穿。

错缝有两种形式:a. 采用矩形管片块。通过相互错开两相邻管片的环向接头而使隧道纵缝不在同一直线上,从而达到提高隧道空间刚度的目的。b. 采用非矩形管片块。由于非矩形管片块环向接头面不平行于隧道轴线,故用这种类型管片拼装而成的隧道衬砌缝自然就不会在一直线上,从而形成错缝,参见图 2-60。

 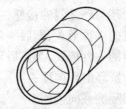

a) 通缝拼装方式　　b) 错缝拼装方式

图 2-60　管片的拼装方式

错缝拼装优点在于能够使环接缝刚度分布均匀,提高管片衬砌的纵向刚度,减少接缝及整个结构变形。在错缝拼装形式下,纵、环缝相交处仅有三缝交汇,相比通缝拼装时纵、环缝成十字形相交,在接缝防水上较易处理,而且错缝拼装形式下,接缝变形较小,也有利于防水。

(2)按盾构机有无后退分类

针对盾构机有无后退,可有先环后纵和先纵后环拼装工艺。

①先环后纵。采用敞开式或机械化切削开挖的盾构机,盾构机后退量较小,则可采用先环后纵的拼装工艺。即先将管片拼装成圆环,拧好所有环向螺栓,而穿进纵向螺栓后再用千斤顶

整环纵向靠拢,然后拧紧纵向螺栓,完成一环的拼装工序。

采用先环后纵的拼装,成环后环面平整,圆环的椭圆度易控制,纵缝密实度好,但如果前一环环面不平则在纵向靠拢时,对新成环所产生的施工应力大。

②先纵后环。当采用挤压或网格盾构机施工时,盾构机后退量较大,为不使盾构机后退,减少对地面的变形,则可采用先纵后环的拼装工艺。即缩回一块管片位置的千斤顶,使管片就位,立即伸出缩回的千斤顶,这样逐块拼装至最后成环的拼装方法。

此种方法拼装,其环缝压密好,纵缝压密差,圆环椭圆度较难控制,主要可防止盾构机后退,但对拼装操作带来较多的重复动作,拼装也较困难。

(3)按管片拼装顺序分类

按管片的拼装顺序可分先下后上及先上后下。

①先下后上。用举重臂拼装的方法,从下部管片开始拼装,逐块左右交叉向上拼,这样拼装安全,工艺简单,拼装所用设备少。

②先上后下。小盾构施工中,可采用拱托架拼装,则要先拼上部,使管片支撑于拱托架上,此方法拼装安全性差,工艺复杂,需有卷扬机等辅助设备。

目前我们管片拼装的工艺可归纳为先下后上、左右交叉、纵向插入、封顶成环。

3. 管片拼装施工通病

(1)环面不平整

环面不平整是指相邻两块管片环面不平,引起原因是环面清理不认真,有泥或杂物(包括已成环及新拼块上),或同一方向纠偏过多造成环缝压密量不一累计而成,这在通缝拼装中更为明显。

(2)纵缝质量不符合要求

表示纵缝质量的现象有前后喇叭、内外张角、内弧面平整度、两管片相对旋转及纵缝宽五项。这是由于在拼装时管片位置安放不正,管片弧长上单头有杂物压于环面内,过多的单向纠偏,管片内、外翻所导致。

(3)整个环面不正

这里是指整个环面与隧道轴线的垂直度,即上下超前及左右超前,环面不平整能直接影响盾构机推进轴线的控制。为了纠正盾构机轴线而形成环面的不正,在施工中发现有此现象时,可用楔子来纠正环面。

(4)螺栓拧紧程度不好

整条隧道有成千上万块管片组合而成,而其组合靠的是纵、环向螺栓,所以螺栓拧紧的程度是隧道整体性能优劣的衡量指标。由于螺栓未拧紧,管片成环后在千斤顶顶力作用下易产生错位,降低了成环质量,从而影响下一环拼装。

(5)管片旋转

由于管片旋转,施工车架同时伴随倾斜,同时对管片成环也带来不同程度困难。

(6)管片的缺角、掉边及断裂

管片的缺角、掉边直接影响了隧道外观质量,而断裂则反映了工程质量,这是隧道施工中最应防治的。这些均是由施工不当造成的,主要在以下三种情况下较易发生:

a. 在拼装纵向靠拢时,由于前一环环面不平,靠拢千斤顶选择位置不当或顶力过大;

b. 封顶块拼装是本环各块管片定位质量的综合反映,由于第一块管片落底不够,使封口尺寸较小,封顶块纵向插入时就需硬顶入,这对相邻管片的拼装质量影响最大;

c.盾构机推进纠偏时没有考虑管片圆环与盾构机的相对位置,盲目纠偏使盾壳硬卡管片而造成管片碎裂;

(7)圆环内、外接缝张开

这是圆环管片拼装后的综合症,因为圆环接缝张开即前后环面直径不一,则纵缝就有喇叭、张角、缝宽不一的现象,造成圆环接缝张开的原因如下:

a.管片拼装时纵向靠拢千斤顶选用位置不对;

b.盾构机与管片相对坡差过大;

c.前一环环面不正,拼装前环面清洗不净。

要解决这些质量问题除拼装时要合理选用千斤顶外,还要经常测量已成隧道的环面,并按环面误差值及时做楔子,来控制已成隧道环面质量。

(8)椭圆度的控制

当前采用封顶成环较普遍,一般为了封顶方便,管片预留封口留得较大一些,所以成环后横鸭蛋为多数,而隧道变形也是横向的,这对以后隧道变形发展带来不利。

管片拼装允许偏差见表2-7。

管片拼装允许偏差 表2-7

序号	项目	允许偏差(mm)			检验方法	检查频率
		地铁隧道	公路隧道	水工隧道		
1	衬砌环直径椭圆度	±0.5%D	±0.6%D	±0.8%D	尺量后计算	4点/环
2	隧道圆环平面位置	±50	±70	±80(适当放宽)	用经纬仪测中线	1点/环
3	隧道圆环高程	±50	±70	±80(适当放宽)	用水准仪测高程	1点/环
4	相邻管片的径向错台	5	6	8	用尺量	4点/环
5	相邻环片环面错台	6	7	9	用尺量	1点/环

注:D指隧道的外直径,单位:mm。

4.拼装作业施工规范

管片拼装是盾构法施工的一个重要工序,整个工序由盾构司机、管片拼装机操作工和拼装工3个特殊工种配合完成。在整个施工过程中必须由专人负责指挥,拼装前应全面检查拼装机械、工具和索具。

(1)管片拼装时,一般情况应先拼装底部管片,然后自下而上左右交叉拼装,每环相邻管片应均匀拼装并控制环面平整度和封口尺寸,最后插入封顶块成环。

管片拼装成环时,应逐片逐步拧紧连接螺栓,脱出盾尾后再次拧紧。当后续盾构机掘进至每环管片拼装之前,应对相邻已成环的3环范围内的连接螺栓进行全面检查并再次紧固。逐块拼装管片时,应注意确保相邻两管片接头的环面平整、内弧面平整、纵缝密贴。封顶块插入前,检查已拼管片的开口尺寸,要求略大于封顶块尺寸,拼装机把封顶块送到位,伸出相应的千斤顶将封顶块管片插入成环,作圆环校正,并全面检查所有纵向螺栓。

封顶成环后,进行测量,并按测得数据作圆环校正,再次测量并做好记录。最后拧紧所有纵、环向螺栓。

(2)按各块管片位置,缩回相应位置的千斤顶,形成拼装空间使管片到位,然后伸出推进千斤顶完成管片的拼装作业。盾构司机在反复伸缩推进油缸时必须做到保持盾构机不后退、不变坡、不变向,同时应与拼装操作人员密切配合。

(3)盾构机推进时,依次把将要脱离盾尾的环、纵向螺栓用扳手拧紧至设计要求。

(4)拼装过程中,遇有管片损坏,应及时使用规定材料修补。管片损坏超过标准时,应调换。在拼装过程中应保持成环管片的清洁。如后期发现损坏的管片也必须修补。

(5)平曲线段隧道是使用楔形环管片拼装后形成的曲线,拼装方法与直线段施工相同。保证隧道曲线的精度,主要靠控制楔形管片成环精度,要求第一环管片定位要准确。

5. 盾构机推进与管片拼装成环轴线的相互关系

(1)成环轴线的形成

在隧道施工中,管片拼装成环后,即对该环进行测量。测量是根据隧道的设计轴线来测出圆环中心的平面与高程偏离设计轴线的值。整条隧道的轴线是由各环管片中心实际位置连接而成,所以在施工中必须把管片拼装在允许偏离值范围内,确保隧道轴线符合使用要求。

(2)盾构机推进对管片成环轴线的影响

在施工中管片是在盾构机的盾尾内拼装的,而这两者之间的空间仅几厘米,拼装是由举重臂来完成,这就是说在盾构机推进后的测量报表中的举重臂中心偏离设计轴线量,已基本决定了管片成环的中心轴线,从而可认为盾构机推进轴线一定程度上控制着隧道轴线,拼装中纠偏量只限于上面所说的两者间有量的空间。实际上,管片成环后虽测有轴线报表,但在盾构机推进时对已成隧道轴线也有一定的影响,而这值在一般施工中不作过多考虑。

从上述分析来看,盾构机推进的运动轨迹对隧道管片轴线起到主导作用。务必要求控制好盾构轴线,特别是举重臂中心轴线,以确保隧道总体轴线能符合工程的使用要求。

(3)管片成环轴线对盾构轴线控制的影响

已成环管片是盾构机推进的后座,另一方面在盾构内有一定含接长度,对盾构机推进方向的控制也起到了导向作用。所以说,成环管片轴线将直接影响盾构机推进轴线的控制。

六、管片接缝防水

采用装配式预制钢筋混凝土管片时,管片本身具有良好的不透水性,而管片之间的接缝是隧道防水的薄弱环节,这是隧道防水的主要研究课题。

1. 管片接缝防水技术

解决隧道防水的关键是要把好管片拼装质量关,以使管片接缝达到密封防水作用。为了保证管片接缝防水性能的良好,管片制作精度也极为重要,一般管片几何尺寸的误差不应大于±1mm。

无论采用什么管片形式,其接缝防水技术均包括密封垫防水、嵌缝防水、螺栓孔防水三项内容,见图2-61 防水部位示意图。

(1)单层衬砌防水

单层衬砌防水的特点是,接缝防水构造是隧道衬砌构造永久组成部分。选用的防水材料要求有较高的耐老化性能,在承受接头紧固压力和千斤顶推力产生的接缝往复变形后仍有良好的弹性复原力和防水能力,且也能便于施工。单层衬砌防水的主要措施是:

①管片采用多道防线防水的结构形式,一般设1~2条防水槽。管片环面内弧设置嵌缝槽(见图2-62),并有接缝的堵漏技术措施,确保修补堵漏的可能性。密封垫视为主要防线,如果其防水效果优良,也可省掉嵌缝工序或进行部分嵌缝。

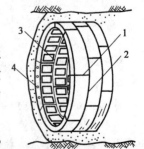

图2-61 防水部位示意图
1-纵缝防水密封垫;2-环缝防水密封垫;3-嵌缝槽;4-螺栓孔

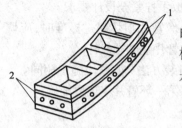

图2-62 单层衬砌防水示意图
1-环缝密封垫;2-纵缝密封垫

②防水槽内设防水密封垫,主要采用橡胶,依靠相邻管片的接触压力挤压密之后而产主防水效果。这种橡胶是用氯丁橡胶、三氨乙丙橡胶、丁苯橡胶等制造而成。管片的精确尺寸是确保密封垫应用的前提。

(2)双层衬砌防水(内衬)

双层衬砌的目的是解决管片的防水、防腐蚀和结构补强等问题。双层衬砌防水的特点是,由于隧道内衬起主要防水作用,对管片接缝的防水材料要求较低,只起临时止水作用。

制作内衬防水层有下列几种方法:

①粘贴卷材防水层。将热沥青胶结料用喷涂或辊涂的方法,涂敷在隧道内壁上,并立即粘贴沥青玻璃布油毡、聚异丁烯卷材或再生橡胶沥青油毡。

②喷涂或刷涂防水层。常用的材料有环氧沥青涂料、环氧呋喃涂料、焦油聚氨酯涂料等。

③无论是粘贴卷材还是喷刷防水涂料,都要求隧道内表面处于干燥状态时方可施工。但这一施工条件在隧道内较难实现,从而发展了在潮湿的内壁上喷涂聚合物水泥砂,可以与潮湿面粘结的防水涂料,如水环氧等。

④喷射混凝土防水层。内层衬砌当采用喷射混凝土时,可在混凝土拌和料中添加化学掺剂,以提高其防水性能。

⑤钢筋混凝土内衬,全面现浇钢筋混凝土,以起到隧道防水与补强的功能。

(3)衬砌螺孔防水

螺孔一般设于管片防水槽内侧,这是依赖于管片密封防水垫的作用,使水不漏入螺孔,从目前施工的多条隧道来看是有一定实效的。但当工程有特殊防水要求,则对螺孔也应采用沥青、橡胶、塑料等材料的专门环形垫圈来防水,垫圈如图2-63所示。

2. 接缝防水密封垫

图2-63 螺栓防水垫圈示意图

(1)密封垫的种类和特征

混凝土管片使用的防水密封垫大体可分为两大类,即未定型制品和定型制品。

未定型制品的主体材料:

①石油沥青生橡胶粉油膏;
②聚氧乙烯胶泥;
③焦油聚氨酯弹性体(两液型);
④焦油聚流弹性体(两液型);
⑤环氧聚硫弹性体(两液型);
⑥环氧煤焦油砂浆。

定型制品的主体材料:

①焦油合成树脂体系;
②天然橡胶或合成橡胶;
③泡沫橡胶复合密封垫;
④异型橡胶复合密封垫。

密封垫的密封性能表现为对管片拼装面的黏结力、弹性复原力、充填抗渗能力。

七、管片开裂的成因及防治措施

管片的开裂和破损最终会对隧道的质量造成损害并降低其使用寿命。相对于管片的破损来说,小于0.2mm的裂隙对隧道的结构和寿命影响较小。这些裂隙大多都能自愈,即在裂隙中由于新生成的碳酸钙而使裂隙重新"缝合",不会影响隧道的整体质量。这是因为,经化学试验和光学试验证明,裂隙的胶结物是碳酸钙和氢氧化钙的晶体,没有水泥的非晶体水化物。碳酸钙晶体的形成是由于水泥中的游离氧化钙和硅酸三钙在水化作用下产生的氢氧化钙与空气和水中的二氧化碳作用后生成的。对于已经愈合的裂缝无需进行修补,对于无法愈合的裂缝要进行必要的修补。造成管片开裂的因素很多,按时段可分为生产过程中造成的管片开裂、盾构施工过程中造成的管片开裂和盾构隧道使用过程中造成的管片开裂。

1. 生产过程中的管片开裂

(1)管片开裂的特征

生产过程中造成的管片开裂主要在两个阶段显示出来:①管片脱模以后的养护阶段。在此阶段,管片开裂以表面裂纹为主,能目测。②28天后在管片出厂、运输、吊卸及拼装阶段。在此阶段易产生微细裂纹,这种裂纹出厂检查时不易目测到,但管片一受集中应力的作用时裂纹就迅速扩展。

(2)管片开裂的成因及防治措施

在生产过程中造成管片开裂的原因主要是混凝土配合比不合理及施工工艺不科学等。其相应的措施如下:

①因地制宜调整配合比。各个城市的经济、地理位置不同,气候条件也有差异,所选用的混凝土材料诸如石、砂、水泥、添加剂、粉煤灰等组分和性能不完全相同。因此,即使使用同一种标号的混凝土管片(C50),配合比也不尽一样,应通过系列试验确定适应本地的混凝土配合比,特别是应根据气候条件(如季节性的温度变化和粉煤灰的取舍)及时调整配合比。

②改善施工工艺。管片生产的施工程序依次为混凝土搅拌、混凝土浇注、振捣、模内自养或蒸养、脱模、蓄水或喷淋养护等。其中,振捣工艺和养护工艺(包括蒸养)对管片质量控制尤其是混凝土的密实度影响最大。

a. 振捣工艺。目前国内现有的10多家管片生产厂使用的钢模有一半是欧洲进口的,采用整体振捣模;而另一半则是国产和日本进口的,采用人工振捣模式。整体振捣振动能量大,操作简易,同一水平面混凝土振捣均匀,但在垂直层面上不易均匀,并且在上弧面或外弧面易形成浮浆,在特殊位置(如螺栓孔、吊装孔)因构造筋或钢构件密集会出现过振离析现象;人工振捣受控于人,要求工人熟练掌握振捣技术,并且每一步必须认真操作,特殊位置振捣质量易控制,但能量小。对于整体振捣所产生的上层浮浆,必须额外增加混凝土进行补偿,否则管片的上弧面或外弧面会因浮浆厚而产生很多表面收缩裂缝,直接影响保护层的质量。

b. 养护工艺。混凝土管片养护可分为脱模前养护和脱模后养护。脱模前养护有的采取自然养护方式,有的则采取蒸汽养护方式,后者的优点是能加快钢模的周转速度,但必须对蒸养最高温度,内外温差,升温和降温梯度给以严格控制。目前,国内管片生产的经验表明,蒸养时间以控制在6~8h为宜,恒温时最高温度不宜超过60℃(有关规范为90℃),内外温差宜小于15℃,升温和降温梯度宜小于20℃/h。脱模后的养护有喷淋养护和蓄水养护两种方式,养护周期为7天。南京和上海多采用蓄水养护方式,管片开裂罕见。广州地铁一号线和二号线均采用喷淋养护,管片开裂较多。

实践经验表明,国内目前水泥含量大多超过 400kg/m³ 的 C50 混凝土管片,必须通过 7 天以上的蓄水养护,才能充分进行水化作用,增强混凝土的密实度,从而更有效的从源头防止开裂。

2．施工过程中的管片开裂

(1)管片开裂的特征

①正向裂缝。即裂缝的开口方向与盾构推进方向一致。开裂的管片主要位于隧道中部以上,拱顶占多数。这种裂缝占总裂缝数的 90% 以上。

②负向裂缝。即裂缝的开口方向与盾构推进方向相反,并且裂缝常见的位置在隧道中部和稍偏上位置。

③在开始掘进地段,管片拼装出盾尾后开裂。

(2)管片开裂的成因及防治措施

有关盾构施工造成管片开裂的具体因素主要有以下几种:

①总推力过大。作用于管片上的力是造成管片开裂的最基本因素,其中盾构机掘进过程中总推力过大是管片开裂的最直接原因。随着总推力的增大,开裂的频率也增大。

②注浆工艺不当。注浆液的配比、初凝时间、注浆量的多少等都会影响安装好的管片的稳定性,在管片约束条件不好的情况下易发生变形,此时必然会出现管片开裂。

③管片环面不平整和千斤顶撑靴重心偏位。

④盾构机姿态控制与曲线段不匹配。盾构机姿态控制与曲线段不匹配,致使盾壳挤压管片开裂、真圆保持器顶压管片开裂等,当然管片过宽也是一个不利因素。盾壳之所以挤压管片,还与盾尾刷结块硬化、盾尾壳体椭变和隧道旋转、管片连接螺栓未拧紧等因素有关。其相应的对策是正确控制好转弯地段的盾构机姿态,宜缓慢掘进,慎重纠偏,同时在过站时尽可能把损坏的盾尾刷全部更换。

⑤出盾尾管环的变形。这种开裂多由管环严重变形引发,而管环变形则是由盾尾填充物及填充工艺、盾壳内管环姿态、盾尾空隙量的大小及地层的偏压等因素造成的,其中盾尾填充物及填充工艺对管环变形影响最大。

3．使用过程中的管片开裂

盾构隧道使用过程中的管片开裂出现在广州地铁一号线长寿路站南盾构隧道。该段隧道基底为强风化砂岩,隧道洞身主要为砂层和淤泥质砂层。1998 年下半年邻近基坑开挖到地表下 5m 时,采用人工挖孔桩、抽水作业。随着地下水位的降低,首先是连续墙发生位移,最大达 40cm,接着是盾构隧道也产生不均匀移位,最大为 2cm,于是左线管片发生轴向通透性开裂。其相应的措施如下:

(1)停止挖孔桩施工,在孔内回灌水。

(2)加固反压土体。

(3)人工挖孔桩改成钻孔桩、冲孔桩。

(4)明挖顺作地下室改成暗挖逆作地下室。

采取如上措施后,隧道管片开裂得以有效抑制。

4．防止隧道管片开裂的原则

造成隧道管片开裂的原因很多又很复杂,预防管片开裂既要讲究综合治理,又要讲究有针

对性。基于我国盾构工程现状,为了进一步提高管片质量,防止隧道管片开裂的原则建议如下:

(1)胶凝成分含量大于 $400kg/m^3$ 的盾构管片生产,应采用水养 7 天以上的养护措施。

(2)曲线半径小或 S 形曲线的地段,对于盾构隧道外径为 6m 以下者,管片宽度不宜采用 1.5m,适宜选择 1.2m 或以下的管片。

(3)盾构施工要控制总推力过大的现象发生。

(4)管片尽可能居中拼装,并且要保证环面平整。

(5)盾尾密封要及时注油脂,进站时必须将损坏的盾尾刷更换掉。

(6)要根据地质条件,及时改善盾尾充填物(注浆液)的性能和充填工艺;应建立和完善充填物质量检验的指标。

(7)要监控隧道周围土压和水位的变化,并作为地铁保护的长期任务。

(8)管片配筋的设计应进行优化。

(9)防止隧道上浮。

通常,小于 0.2mm 的裂缝无需进行特殊处理,因为这些裂缝都会因随后形成的碳酸钙而自愈,但渗水裂缝特别是滴水裂缝必须进行"缝合"。广州地铁一号线采用的办法值得借鉴。其选用的是有逆止阀的特殊注浆头,在裂缝两侧以 45°方向穿过裂缝面钻斜孔,然后注浆堵漏修复管片。

八、管片破损、错台的成因及防治措施

在盾构施工过程中,出现不同程度的管片破损和错台是一种较为常见的现象。较严重的破损和较大错台往往是共生的一对"孪生兄弟"。防止管片受到此类伤害,对延长隧道永久结构使用寿命是有积极作用的。

1. 管片破损、错台的后果

管片的破损和错台将降低隧道结构的使用寿命和使用效果,主要表现在以下几方面:

(1)大多数管片的破损都会在不同程度上伤及钢筋,并将加快钢筋的锈蚀速度,尽管对这些损伤都进行了简单的修补,但修补后的"伤口"的防水性能、强度等都远不如破损前的原始状态,经过一段时间的使用之后,管片最先损坏的应该还是这些"伤口"部位。从这个意义上讲,管片的破损对隧道永久结构使用寿命的影响是显而易见的。

(2)管片的错台,它反映在隧道结构上是在这个错台位置上减少了结构的受力面积,使得该处成为隧道的最不利受力点之一,当错台比较大的时候,自然对永久结构危害就更大。

(3)管片的错台和破损常常是共生的,即发生大错台的时候,往往会造成管片的破损开裂,特别是在螺栓孔的部位。在这种情况下,对隧道管片的损害尤其严重。

(4)在管片的错台和破损部位,密封的止水带往往会受到一定程度的破损,因此常常发生漏水和渗水现象。对此如果修补不当,隧道将长期受到地下水渗漏的困扰。

2. 管片破损、错台的原因

无论是管片的破损还是管片之间的错台,都是由于受力不均匀造成的。当某一点的集中荷载超过了设计极限后,必然会导致管片的相对位移或结构的破坏。管片的损伤可能发生在施工之前或施工过程中(管片安装),也可能发生在施工之后。

(1)施工前管片发生破损和错台的原因

①管片在运输过程中发生的碰撞,特别是管片角部的碰撞,很容易造成管片的破损。

②管片的吊装孔是出现破损频率较高的部位。出现这种问题可能是由于吊装孔的套管安装不当或材料选择不当造成的,也可能是由于吊运过程中突然受到了集中应力(如发生碰撞、突然起吊等)造成的。

(2)施工过程中管片发生破损和错台的原因

①在掘进过程中,由于盾构机姿态控制不当,造成的错台在数量上所占的比例较大,特别是在线路的小曲线半径部位更容易出现这类问题。有些时候,是由于盾尾刷被注浆液固结了,造成盾隙"缩小",也很容易使管片出现错台和破损。这类错台和破损的一个比较明显的特点是形成管片间的"叠瓦式"错台,即连续几环或十几环,在同一部位发生同一方向的环间错台。

盾构机姿态控制不当造成管片错台还经常发生在盾构机进入到达井的瞬间,由于盾构机的"抬头"或者"低头",盾构机在垂直方向的瞬间位移会立即造成管片环间的位移。

②隧道管片上浮是造成管片错台和破损的另一大原因。隧道管片上浮特别容易发生在围岩很稳定的地层中,当盾构机掘进速度比较快的时候,如果没有立即采取防止隧道管片上浮的措施,那么隧道管片的上部也会发生连续的"叠瓦式"错台。

③在管片安装过程中,由于操作不当如相互碰撞,也易造成管片的错台和破损。

④注浆压力控制不当造成管片的错台。这种错台可以由水平同步注浆引起,也可以由垂直二次注浆造成。

(3)施工后管片发生破损和错台的原因

在管片安装后,由于隧道围岩条件发生变化引起的隧道变形也会造成管片的破损和错台。比如,广州地铁一号线黄沙至长寿路区间隧道已全部完成后,由于临近基坑的开挖出现隧道线路的偏压引起了隧道变形,造成管片的破损。其原因是隧道纵向变形引起的管片纵向破裂。

3. 管片破损、错台的防治措施

解决管片破损和错台的主要措施是从施工操作入手,即严格按照规定操作,尽可能地减少误操作。具体防治措施如下:

(1)无论出现什么问题,对盾构机的姿态都不应"急纠",要逐步校正。

(2)要防止管片施工过程中的排列错误,避免隧道轴线由于人为失误造成偏离设计轴线。

(3)要按相关的规范进行操作,包括管片进入隧道前的检查、注浆、盾构机推力和扭矩等参数的设定,管片的吊运和安装等。

(4)应采取及时有效的措施避免隧道管片上浮。

(5)要防止由于隧道围岩应力环境和地下水环境突然变化造成的隧道变形。

第九节 管片拼装机构

一、管片拼装机构的功能及构成

随着盾构的向前推进,隧道的永久支护需要同时间隙拼装。用盾构施工法时,隧道的永久支护通常是将在地面预制好的钢筋混凝土管片,运输到盾构尾部,然后用盾构拼装机构逐片间隙拼装。

管片拼装机构就是将管片按照隧道施工要求安装成环。它包括搬运管片的钳夹系统和上举、旋转、拼装系统。对其功能要求是能把管片上举、旋转及夹持管片向外侧移动。管片是通过管片运输机构经单、双轨梁上的电动环链葫芦将管片从管片运输车上吊起,把管片放在储存区,在拼装时,再将管片从管片储存区吊起运输到管片拼装机下部,通过拼装机完成管片的拼装。

管片拼装机构设置在盾构尾部,由真圆保持器和举重臂两部分构成。

1. 真圆保持器(图 2-64)

盾构向前推进时管片拼装环(管环)就从盾尾脱出,由于管片接头缝隙、自重和作用土压的原因,管环会产生横向变形,使横断面成为椭圆形。当发生形变时,前面装好的管环和现拼的管环连接有时会出现高低不平,给安装纵向螺柱带来困难。为避免此现象,需使用真圆保持器修正,保持拼装后的管环的正确位置。

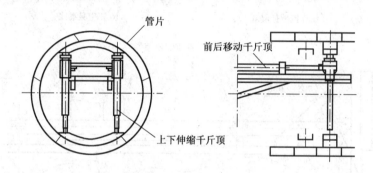

图 2-64　真圆保持器示意图

真圆保持器支柱上装有可伸缩的千斤顶,上下两端装有圆弧形支架,该支架可在动力车架的伸出梁上滑动。当一环管环拼装结束后,就把真圆保持器移到该管环内,当支柱上的千斤顶使支架紧贴管环后,盾构就可以推进。盾构推进后由于真圆保持器的作用,管环不产生形变,且一直保持真圆状态。

2. 举重臂(管片拼装机)

管片拼装机俗称举重臂,是盾构的主要设备之一,常以液压为动力。隧道的永久支护多为圆环形,由若干个弧形供片组成。举重臂是在盾尾内把管片按所定形状安全、迅速拼装成管环的装置,为此,拼装机需要具备以下三个动作,即提升管片、沿盾构轴向平行移动和绕盾构轴线回转。相应的拼装机构为提升装置、平移装置和回转装置。

举重臂为油压驱动方式,有环式、空心轴式和齿条齿轮式三种。因环式是空心圆形旋转,即使在驱动中也可以确保作用空间,同时土砂运作不受影响,故应用较多。

管片拼装机按抓取管片的方式有两种,即机械抓取式(图 2-65a)、真空吸盘式(图 2-65b)。

二、管片拼装机的组成

管片拼装机主要由平移机构、旋转机构、举升机构、抓举装置等构成。

1. 平移机构(图 2-66)

拼装机的行走梁通过法兰与中盾的 H 梁连接,盾构与拖车之间的所有管线连接均通过拼装机敞开的中心部位,行走梁与设备桥之间用油缸铰接。

平移机构通过两组滚轮安装在行走梁上,可通过两个平移油缸沿盾构轴线方向移动,实现平移动作。

拼装机的行程允许在隧道内更换前两排密封刷。

a) 机械抓取式　　b) 真空吸盘式

图 2-65　管片拼装机类型

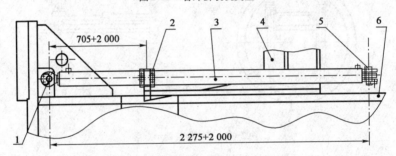

图 2-66　平移机构(尺寸单位:mm)

1-前端支座;2-中间支座;3-平移液压油缸;4-移动架;5-后端支座;6-行走梁

2. 回转机构(图2-67)

回转机架通过法兰与回转支撑的内齿圈连接,随平移机构一起平移,同时液压马达通过齿轮传动,使回转机架同回转支撑内齿圈一起实现回转动作。

角度限位开关确保回转角不超限。

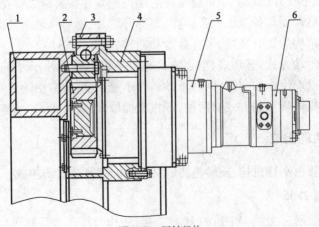

图 2-67　回转机构

1-回转架;2-小齿轮;3-回转支承;4-移动架;5-行星减速器;6-液压马达

3. 举升机构

举升机构有两个独立的油缸通过法兰与回转机构连接,油缸的升缩杆和举重钳铰接,能实现升降功能。

4. 抓举头(图2-68)

抓举头通过关节轴承安装在举重钳上,抓举头上的抓持系统为机械式抓举,通过位移和压力双重检测,确保抓持可靠,同时还具有联锁功能。

抓举头上的两个小油缸能实现抓举头的俯仰和偏转动作。

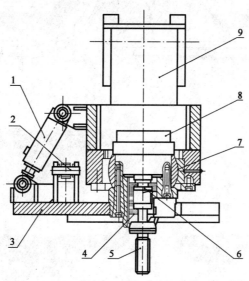

图 2-68 机械抓取式举重钳

1-仰俯油缸;2-偏转油缸;3-扣头持重座;4-扣头;5-扣头螺栓;6-扣头螺钉;7-关节轴承;8-扣头油缸;9-轭架

管路支架为拼装机的管路布置提供平台,所有管线布置能满足拼装机的回转、平移动作。

工作平台通过法兰固定在平移机构上,随平移机构一起动作,为观察管片拼装及管片螺栓的连接提供工作平台。

拼装机的操作有无线遥控器控制和有线控制两种。

拼装机上设有报警灯和报警喇叭,报警信号自动发出,当拼装机旋转时,报警灯亮。

日本小松盾构管片拼装机的结构形式参见图2-69。

小松管片拼装机为环式结构,在结构形式上大致可以分为回转机构、举升机构和举重钳(抓举头,见图2-70)三大部分。

小松拼装机的回转机构是一个大圆环,有8个支重轮支撑,固定在中盾尾部的支承环上,绕盾构轴线回转。

由两个安装在中盾H形门架上的驱动马达,与回转架上的内齿圈啮合,实现回转动作。驱动马达具有常闭制动装置。

左右两个悬臂梁通过法兰与回转架连接,穿过悬臂梁的两个导向杆及一端固定在悬臂梁上的提升油缸与举重钳连接,通过油缸的升缩实现升降动作。

小松拼装机的两个提升油缸与举重钳固定连接,仅能沿导向杆升降,实现升降动作,而海瑞克拼装机举升油缸是独立控制的,还能实现横摇动作。

拼装机的抓举头沿平移导向杆,通过两个平移油缸的升缩,在举重钳内做平移动作,通过安装辅助装置,可以实现盾尾刷的更换。

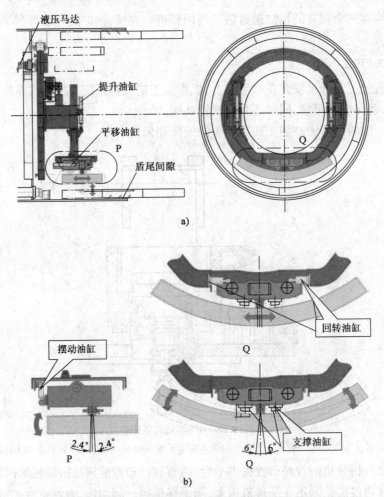

图 2-69 小松盾构机械抓取式管片拼装机

图 2-70 小松盾构机械式抓举头

抓举头抓持管片,由抓举头中间的两个支撑油缸固定,实现锁紧动作。

抓举头周边的 4 个小油缸联合动作实现俯仰和横摇动作。

抓举头上的两个偏转油缸升缩实现偏转动作。

配有携带式无线操作盒和有线操作盒,通过切换中间端子箱内的"有线—无线"选择开关,选择操作方式。拼装机操作盒可以进行拼装机的回转、升降、滚动、偏转操作。

拼装机控制板上有一个紧急制动器。当开动拼装机控制板上的紧急制动器时,安装机立即停止工作,并且只能用开动启动开关来重新启动。

拼装机应具有锁紧、升降、平移、回转、仰俯、横摇和偏转7种动作,各种动作进行专门的调节以使管片能精确就位。

海瑞克EPB盾构机的管片拼装机安装在尾盾上,用来拼装单层管片衬砌隧道。拼装机能将管片准确地放到恰当的位置上,可以确保其动作精确到位。能快速、精确、安全拼装管片,保证管片的圆度,并能有效防止盾构机推进油缸的顶推使管片端部产生裂纹。管片拼装机每环安装时间不大于30min。管片拼装机的泵站布置在后配套上。

管片拼装机由悬臂梁、移动机架、回转机架、安装头组成,参见图2-71。

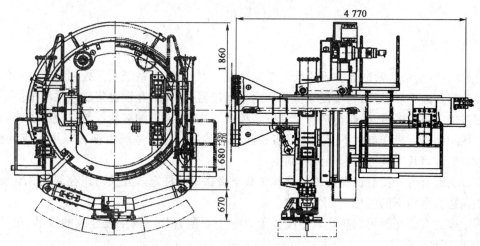

图2-71　海瑞克机械抓取式管片拼装机(尺寸单位:mm)

悬臂梁用于管片拼装机的纵向移动。它通过法兰与中盾H架连接。盾构与拖车之间的所有管线连接都穿过管片拼装机敞开的中心部位。管片拼装机悬臂梁与桥架用油缸铰接。

移动机架安装在悬臂梁上,可通过两个液压缸的伸缩作纵向移动。带内齿的滚动轴承用法兰连接在移动机架上,并以此带动回转机架。回转驱动马达安装在移动机架上。回转运动通过驱动马达上的齿轮驱动,该液压马达具有制动装置,齿轮全被封装。

回转机架用法兰安装在滚动轴承的内圈上,其侧向安装有伸缩臂。伸缩臂(由内外管构成)靠滑槽导向,由内部的伸缩油缸带动,伸缩油缸可以单独伸缩。

内部伸缩管两端固定在安装头的悬臂梁上,安装头带有机械夹持系统。安装头上可以实现安装头的旋转与倾侧动作。

管片拼装器旋转部件装有液压动力、阀的信号电压。动力通过组合供能系统供给。

拼装器为中空式,并带有管片夹持系统,有6个自由度。全液压驱动,速度可以按比例调节。

纵向移动:2 000mm;伸缩:1 000mm;安装头旋转:±2.5°;安装头倾侧:±2.5°。

真空吸盘式管片拼装机与机械抓取式管片拼装机的主要区别在于抓取头形式不同,参见图2-72。管片使用真空吸盘吸取,在正常工作状态真空度为95%~98%。即使真空度低至80%,其产生的吸取力仍然大于要求设计的安全系数。即使所有设备单元均出现故障,真空吸

图2-72 真空吸盘式抓取头

盘也可以把持住管片30min以上,主要取决于吸盘密封的状况。安装头的中心有抗剪销,它们可以吸收放置管片时产生的剪切力以防止真空失效。

海瑞克公司的管片拼装机的真空系统利用安装机回转机架中间的空间作为真空储蓄,从而给系统提供最大的安全保护。拼装机所有的功能都是通过一个无线遥控面板实现电—液比例控制,还有一个有线遥控作为备用控制器。这套系统可以让操作员优化定位的过程——速度、精确度和安全性。在管片拼装时,推进油缸通过一个拼装在管片拼装区域附近的固定控制面板控制,这一面板也包含对喂片机的控制。

三、互锁/安全

在盾构机上,最危险的地方就是管片拼装区域。因此,整个系统及其控制都经过专门的设计把风险降到最小。另外,为了便于操作和携带遥控器,下面的互锁也集成在系统里:

掘进机完成掘进后,操作员选择管片安装模式。这样,推进油缸的控制权交给了前面提到的固定控制面板。操作员就不能推进或者控制推进油缸。液压系统也换为低压大流量模式。控制权只能由管片安装区域返还到控制室。

安装头装有管片接近识别开关。这些在真空吸盘里的柱塞式开关可以在起动真空泵之前识别当前在真空板下的管片。

真空度的互锁功能可以防止真空度低于80%时抓取管片。真空度连续的显示,在真空度低于75%时发出警报。

所有的安装机控制均装有支撑互锁或弹回中间挡位控制。

真空释放只能在同时按住两个按钮时才能进行(必须用两双手操作),以防止误操作而放松管片。

管片拼装机安装有声光信号指示装置。信号是自动发出的。如果管片拼装机旋转,红色警报灯将启动。

四、自动管片拼装作业

圆形断面螺栓紧固管片自动拼装机的功能,是把位于后方的自动供给装置运入的管片夹持到既定位置,并自动进行拼装成环的一系列作业。

自动管片拼装机由管片供给装置、管片夹持装置、管片定位装置及螺栓连接装置构成。

(1) 管片供给装置

将装有管片的台车用吊车放在自动供给装置上。自动供给装置位于自动组装机后方的下部,装有管片的台车沿着导架向前方(掘削面侧)移动,直至夹持管片的位置。

(2) 管片夹持装置

自动拼装机上的传感器确认管片到位后便开始夹持管片。

(3) 管片定位装置

管片定位大体分为粗定位和微调定位两个阶段。粗定位是把管片粗略移动到预先计算确定的位置上,微调定位是指使得待装管片的螺栓孔与已装管片的螺栓孔对齐。此时,管片的自由度共计 6 个,可以完成旋转、升降、滑移、俯仰、横摇、偏转等各种基本动作,进行最终定位,参见图 2-73。

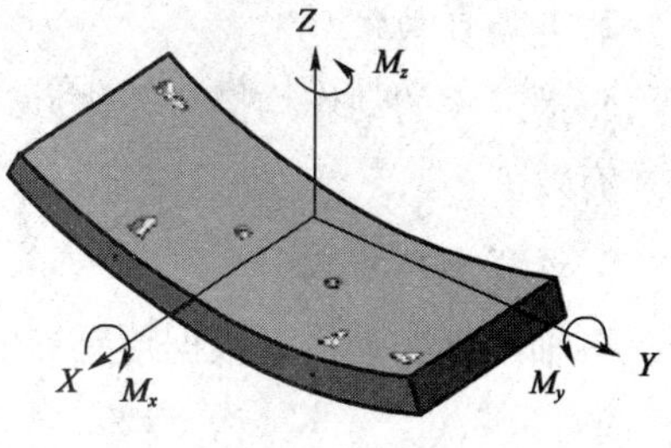

定位时最重要的是遥感精度和自动组装的驱动装置(油缸)的控制精度。因此,传感器为非接触式的超声波传感器、激光传感器以及接触式传感器的组合体。油缸控制方法以数字控制为主。为缩短定位时间,还采用了在管片上设置凸起和沟槽等方式。

图 2-73 管片自由度
X-滑移;Y-旋转;Z-升降;M_x-横摇;M_y-俯仰;M_z-偏移

(4) 螺栓连接装置

螺栓连接装置是把定位后的管片用螺栓、螺母加以连接的装置,具体又分为环向连接装置和轴向连接装置两种。该装置包括螺母供给装置,螺栓插入装置,螺栓、螺母连接紧固装置。

① 螺母供给装置。该装置储存了一环管片接触用的所有螺母(包括垫圈在内),随着供给操作指令的发出,螺母依次逐个供给螺栓连接装置。

② 螺栓推入装置。该装置可把连接螺栓自动推入已对齐的两管片的连接孔中。

③ 螺栓紧固装置。待一块管片的螺孔全部对齐后,即开始螺栓连接。自动组装机上设有螺栓紧固机,数量与螺栓数相同,故紧固作业是同时按原定的力矩进行的。即实现一块管片的组装,随后反复这一作业,直到一环管环组装完毕。

五、管片自动组装工序

管片自动组装时需 10 道工序。该工序仅为一块管片的组装工序。若将该工序重复 N 次(管环分割块数)即可组装一环。

(1) 供给移动:来自管片供给装置的管片供向组装器。

(2) 夹持管片:将管片固定在组装器夹持件上。

(3) 拼装移动:将管片移动到要组装的位置上。

(4) 回缩千斤顶:将处在要组装位置上的盾构千斤顶缩回。

(5) 粗调整:在设定要组装位置上作粗调整。

(6) 微调整:用光传感器测出待组管片和已装管片的高差、张开量,作真圆保持调整,确定管片的正确位置。

(7) 螺栓连接:送上连接螺栓,连接两端螺母后紧固牢靠。

(8) 推出千斤顶:用两台盾构千斤顶对密封材料作压密封堵。

(9) 张开夹持夹:松开组装器对管片的夹持力。

(10) 原来位置:交接管片后回归到原来位置。

六、管片拼装操作方式

为了提高操作性能的可靠性及确保操作人员检修、维护时的安全,可采用以下几种操作方式:

1. 自动连接方式

从供给管片开始到螺栓紧固连接为止的一系列动作,完全按自动化方式进行。

2. 工序自动化

每道工序的动作均按自动化方式进行,当移向下道工序时,只有经过操作人员确认后,操作才有效。

3. 过程手控方式

各轴的操作动作是根据传感器的信息和显示电视图像,由操作员在控制室内作出判断后进行的。

4. 机旁手控方式

操作员在机旁手持操作箱,按目视现场实况进行操作的方式。这种方式主要用于系统保养维护。

上述"自动连接方式"和"手控方式"可自由选择。此外,由于组装工序中会碰到各种各样的状况,状况不同,操作也不同,所以把开关全部汇集在一个视屏画面上,对操作员选择操作起指导作用,故系统中还设置可触摸操作控制板。

为了掌握自动拼装系统工作状态,特设置了监控系统。组装监控系统可配合工程的进展,通过记录仪的信息,视屏上给出拼装器和管片状态的画面及传感器测出的位置信息,结合监视管片组装的工业电视,便可进行组装工序的遥控操作。同时,还有异常监视系统。因系统中设置有相当多的传感器、电磁阀等部件,只要其中一个部件出现故障,即会使整个系统工作不正常。为了便于查找故障,系统中设置了组合报警信号,各控制器的异常信号会详细显示在CRT画面上,可使操作员迅速地作出判断。

七、自动组装注意事项

(1) 自动拼装管片的真圆度直接关系到组装时间的长短,所以必须经常对组装状态进行检测管理和修正。另外,确保隧道的竣工精度,对提高止水性及减少地层沉降也很重要。

(2) 拼装管片时如果出现管片错位和存在缝隙,则管片和原管片的弯角部位必为点接触或线接触,故千斤顶推力作用时易使管片损伤和产生裂纹,所以必须经常检查自动举重臂上的传感器的工作状态是否正常。

(3) 拼装管片时,按规定的扭矩拧固螺栓很重要,所以必须定期检查紧固机的压力和扳手扭矩。

(4) 管片间密封的存在,可使举重臂压力和螺栓紧固力组装的管环为真圆,必须定期检查举重臂的压力和管片缝隙,特别是更换其他厂家的止水材时,更应重视上述检查。

(5) 因为确保尾隙极为重要,所以对盾构机的方向控制要求较高,在自动拼装管片的情形下,也可使用楔形管片进行调整。

(6) 轴向K形管片插入时,必须做到管片不受损伤和封材不脱落。

第十节 隧道衬砌背后注浆

由于盾构机刀盘的开挖直径大于管片外径,管片拼装完毕并脱出盾尾后,与土体间形成一环形间隙,简称施工间隙。为了避免或减少盾构后部的沉降,在掘进隧道期间,必须回填此环状空隙。施工间隙如果不及时得到填充,势必造成地层变形,使相邻地表的建筑物、构筑物沉降或隧道本身偏移。因此,衬砌背后注浆是盾构法中必不可少的关键性辅助工法,合理的施工工艺选择是盾构掘进施工安全顺利的保证,参见图2-74。

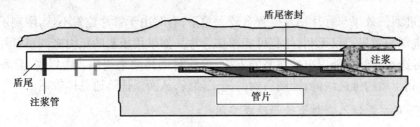

图2-74 衬砌背后注浆

为防止地表沉降的发生,在施工间隙中注入压力灰浆,能在很大程度上保持地层的自然应力状态。应力变化越少,则引起的地层变化和地面沉降也越少。

如果对刚形成的空隙没有立即填充,盾壳的锥形、曲线掘进中土层的位移及超挖等因素都可能导致环状空隙增加。由于不能避免的衬砌对盾尾的偏心及衬砌和盾构可能的变形等,会导致衬砌环宽度的变化。

尾壳密封的设计厚度及其支撑结构和尾壳的厚度确定了环状空隙的宽度。对当前制造的密封,理论上环状空隙的宽度约为 70~120mm,其密封区为 ±20~±40mm。必须注意此值与盾构直径无关。即对较大隧道衬砌施工公差的要求高于对小隧道衬砌的要求。当环状空隙大于 250mm 时则要灌浆。

一、衬砌背后注(压)浆的目的

1. 控制地表沉降

衬砌背后注浆的最重要目的,就是及时填充施工间隙,防止因间隙的存在导致地层发生较大变形或坍塌。盾构直径大于隧道衬砌外径,当盾构向前推进,脱出盾尾的衬砌与土层之间形成的环形间隙,过一定的时间土层会变形来填充这一空隙,使地表产生沉降,如果用合适的材料及时填充空隙,使地层有了支撑就不易产生沉降变形,所以说压浆可有效控制地表沉降。

2. 减少隧道的沉降量

如上所述,管片出盾尾,管片与土体之间产生空隙,使管片下部失去支撑,由于管片的自重,就产生了下沉,这将使原来成环良好的轴线受到影响,用具备一定早期强度的浆液及时填充施工间隙,可确保管片衬砌早期和后期的稳定。而压浆后能使管片卧在压浆的材料上,就好像隧道有了一个垫层,也就防止或减少了隧道的沉降,保证了隧道轴线的质量,满足工程使用要求。

3. 增加衬砌接缝的防水性能(即提高隧道的抗渗性)

隧道是由预制管片拼装而成的,所以有众多的纵、环向缝隙,而这些缝隙正是防水的薄弱环节,设想如果在衬砌外壁均匀地铺设一定厚度能防水的材料,对提高整条隧道的防水效果是可想而知的,压浆正起到了这一作用。盾尾注浆液凝固后,一般有一定抗渗性能,可作为隧道的第一道止水防线,提高隧道抗渗性能。

4. 改善衬砌的受力状况

压浆后,地层变形和地层压力的增加得以遏制,浆体便附在衬砌圆环的外周,使两者共同变形,从而改善了衬砌的受力状况。盾构隧道是一种管片衬砌与围岩共同作用的结构稳定的构造物,均匀、密实地注入和充填管片背面空隙是确保土压均匀作用的前提条件。

5. 有利于盾构推进纠偏

盾构推进纠偏效果与管片相对位置有较大关系,有时由于管片位置不佳,限制了盾构纠偏运动,对推进纠偏效果不仅无利,还有可能损伤管片。如果用压浆的压力来调整管片与盾构的相对位置,可选择在管片外周单侧注浆的方法,迫使衬砌移动来纠偏。所以说,合理地选择压浆位置可有利于盾构推进纠偏,控制盾构的施工轴线,从而保证隧道总体轴线。

6. 预防盾尾水源流入密封土舱而造成喷涌

在复合地层施工时,如果施工间隙没有得到良好填充,在很长的一段距离内与地下水系连成一体,该水系通过盾壳与土体之间的缝隙流至开挖面,将对开挖面形成一股较大的水压,造成喷涌。良好的衬砌背后注浆可以截断盾尾水源,减少喷涌发生的机会。

二、衬砌背后注浆浆液的选择

1. 浆液的种类

衬砌背后注浆浆液一般分为单液浆和双液浆两大类。

(1)单液浆是指多由粉煤灰、砂、水泥、水、外加剂等在搅拌机等搅拌器中一次拌和而成的浆液。这种浆液又可分为惰性浆液和硬性浆液。惰性浆液即浆液中没有掺加水泥等凝胶物质,是早期强度和后期强度均很低的浆液。硬性浆液即在浆液中掺加了水泥等凝胶物质,具备一定早期强度和后期强度的浆液。

(2)双液浆是指由水泥砂浆等搅拌成的 A 液与由水玻璃等组成的 B 液混合而成的浆液。如图 2-75 所示日本小松盾构双液同步注浆管路。双液浆又可根据初凝时间的不同分为缓结型(初凝时间为 30~60s)和瞬凝型(初凝时间小于 20s)。胶凝时间越长,越容易发生浆液向密封土舱泄漏和向土体内流失的情况,限定范围的填充越困难。而且在没有初凝前,容易被地下水稀释,产生材料分离。因此,目前多采用瞬凝型浆液注浆。但胶凝时间过短,也会造成注入还没结束,浆液便失去了流动性,导致填充效果不佳。

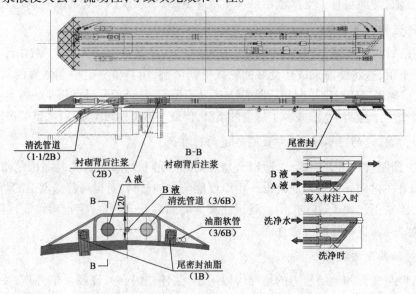

图 2-75 双液同步注浆管路

2. 浆液的应用

(1)作为盾构衬背注浆浆液,必须具备以下特性:
①良好的和易性,不易离析,不易被地下水稀释;
②要有一定的早期强度,浆液硬化后收缩率和渗透系数小;
③流动性好,满足泵送要求;
④无公害。

浆液的主要原材料为水泥、砂、粉煤灰、膨润土、水及外掺剂。材料要求见表2-8。

浆液主要原材料要求　　　　　　　表2-8

水泥	普通硅酸盐水泥42.5	砂	细砂,通过5mm筛孔
粉煤灰	一般二级	水	生活用水
膨润土	95%通过200目筛,膨胀率18~20mL/g	外掺剂	泵送剂(ND-105)

同步注浆浆液的典型配比见表2-9。

同步注浆浆液的典型配比(单位:kg)　　　　表2-9

水 泥	粉煤灰	膨润土	砂	水
134	326	69	862	433

浆液性能见表2-10。

浆　液　性　能　　　　　　　表2-10

项　目	性能标准	项　目	性能标准
稠度	10.5~11.5cm	抗压强度	$R_7 \geq 0.1$MPa, $R_{28} = 0.5 \sim 1$MPa
初凝值	16~24h	相对密度	1.75±0.5
泌水率	≤3%		

(2)单液浆和双液浆的优缺点如表2-11所示。

单液浆和双液浆的优缺点比较表　　　　表2-11

浆液类型	单　液　浆	双　液　浆
优点	1. 工艺简单,易于施工控制; 2. 不易堵管; 3. 浆液扩散较为均匀; 4. 造价低,尤其是惰性浆液	1. 迅速凝结,保证管片衬砌的早期稳定; 2. 地下水较大时,可有效阻截水流
缺点	1. 易被地下水稀释,产生材料分离; 2. 管片脱出盾尾后上浮; 3. 惰性浆液后期隧道下沉; 4. 在盾构进出洞处易渗漏,发生事故	1. 工艺复杂; 2. 易堵管,难以完全实现真正意义上的同步注浆; 3. 注浆的均匀度难以保证; 4. 安全文明施工环境差,影响隧道外观质量

惰性浆液制备成本低,初凝时间长。硬性浆液制备成本相对较高,初凝时间为12~16h,早期具有一定强度,对于隧道衬砌的稳定较为有利。

单液浆由于其施工工艺简单,易于控制,且不易堵管等优点,较广泛地应用于衬砌背后注浆系统。

初凝时间的选择在注浆施工中至关重要,胶凝时间较长的浆液一般早期强度较低,而过短的胶凝时间极易使注浆管堵塞,或填充效果不佳。

三、注(压)浆工艺

注浆工艺的选择主要取决于隧道所处地层的土质,在土质条件好、建筑空隙有一定稳定时间时,则一般先压骨料来支护土体及填充空隙,然后注水泥浆,形成一种压浆工艺。若遇软土层,地下水位高,土质的含水量基本饱和,易采用一次注压浆体材料,以防土体流失。

盾尾后空隙形成时,应立即进行压浆,并保持一定的压力。压浆工艺对盾尾密封要求较高,因此,要有一个不易漏浆的盾尾密封装置,并准备有堵浆的措施、设备和材料等。

衬砌背后注浆时,应防止注入的浆液从尾部、工作面、管片接头等部位泄漏到其他无需注浆的部位,因此设置盾尾密封装置。特别是泥水加压式盾构机中还设置了三层钢丝刷,所以尾部泄漏泥水的现象极少。盾尾密封材料可以使用橡胶、钢、不锈钢、聚氨酯橡胶或这四种材料的任意一种组合。盾尾密封层的形状有板状、带状、刷状、管状等。

为防止浆液的泄露,可采取如下预防措施:
(1)加强姿态管理,防止盾尾间隙过大;
(2)加强盾尾油脂的压入;
(3)粘贴海绵条;
(4)用碎布、碎纱等堵塞;
(5)更换盾尾刷。

压浆量的多少,将直接影响到地表变形量的大小。根据以往的施工经验,一般压浆量为理论建筑空隙的150%~250%,而实际施工应通过监测地表变形情况而定。压浆采用的控制压力可根据地面建筑物的特点及隧道埋深而定。另外,还可采取多次压浆或增补压浆,以有效地控制地表变形。

注浆量可根据下式计算:

$$Q = V \times \lambda$$

式中:Q——注入量(m^3);
λ——注浆率;
V——盾尾施工间隙(m^3),$V = \pi(D-d)L/4$;
D——盾构切削土体直径(即刀盘直径)(m);
d——管片外径(m)。

1. 同步注浆、及时注浆和二次注浆

根据衬砌背后注浆与盾构机掘进的关系,从时效性上可将衬背注浆分为同步注浆、及时注浆和二次注浆。

(1)同步注浆

同步注浆是指盾构机向前推进时在施工间隙形成的同时立即注浆的方式。同步注浆使浆液同步填充施工间隙,从而使周围土体获得及时的补偿,有效地防止土体的塌陷,控制地表的沉降。

(2)及时注浆

及时注浆是指盾构机掘进了一环或数环后,向已存在的大量施工间隙进行注浆的方式。这种注浆方式由于不能迅速对施工间隙进行填充,增大了对土体的扰动性,不利于地面沉降的控制,而且由于早期管片脱出盾尾后处于悬空状态,受力状态较差,管片不能得到及时稳定,容易发生错台。

(3)二次注浆

二次注浆是指在同步注浆或及时注浆效果不理想时,对前期注浆进行补充注浆的方式。

一般在隧道发生偏移、地表沉降异常、渗漏水严重、盾尾漏浆严重或喷涌时使用二次注浆。在一些特殊地段,如盾构机机进出站地段和联络通道附近,也需要进行二次注浆。二次注浆可以反复进行,即多次注浆。

2. 水平衬砌背后注浆和垂直衬砌背后注浆

根据衬砌背后注浆的位置和方向不同,可将衬砌背后注浆方式分为水平衬砌背后注浆和垂直衬砌背后注浆两类。

(1)水平衬砌背后注浆

大多采用盾构机本身配置的注浆系统,其构造形式为注浆管平行于盾壳埋设,浆液水平方向注出,参见图2-76。大多数水平衬砌背后注浆为单液浆,但一些盾构机也配备了便于清洗的水平双液注浆系统。根据其与盾壳的相对位置关系,注浆管可分为外凸式和内凹式两种。外凸式注浆管减小了盾尾内部的占用空间,可以减小盾构机外径,从而减小盾尾间隙,有利于减小土体扰动和控制掘进过程的地面沉降,但由于盾壳的非圆性,不利于盾构机机进出站,且在较硬土层中容易磨损,一旦磨损将无法修复。而内凹式注浆管则在一定程度上增大了盾构机外径和盾尾间隙,从而增加了盾构机掘进过程中对周围土体的扰动,但有利于管片拼装,且由于不易磨损,其地层适应性更为广泛。

施工中应特别注意,注入管不能被堵塞。注入结束后应立即清洗注入管,不能留有多余浆液。因为背后注入浆液的凝胶过快、可塑性的保持时间过短等,均会造成注入管的内阻力上升,进而导致注入压力上升,使管子堵塞。

(2)垂直衬砌背后注浆

该注浆方式是通过管片上的注浆孔注浆,注浆管垂直于管片内表面,浆液注入方向与管片垂直,参见图2-77。这种注浆方式既可进行同步注浆,也可进行及时注浆和二次注浆。当进行同步注浆时,一般为多点注入。该注浆方式注浆路径较短,可注入初凝时间很短的浆液,充填的及时性更有保障。

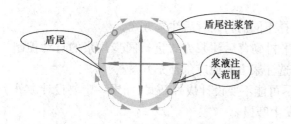

图2-76 水平衬砌背后注浆示意图

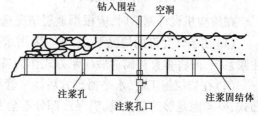

图2-77 垂直衬砌背后注浆

(3)两种注浆方式的优缺点

水平衬砌背后注浆和垂直衬砌背后注浆两种注浆方式各有其优缺点。

水平衬砌背后注浆的优点:

①自动化程度高,施工控制相对简单;

②可以通过调整不同注浆管的压力和注浆量使浆液均匀地分布于地层中。

水平衬砌背后注浆的缺点:

①浆液的可选性低,多使用单液浆,使用双液浆时易堵管;

②对于裂隙丰富的岩层、断裂带、极软地层,填充效果会受到限制;
③一旦堵管,清洗较困难。

垂直衬砌背后注浆的优点:
①应用广泛,适用于各种地层和地段;
②浆液的可选性高,既可选用单液浆,也可选用双液浆,甚至聚合物等;
③可以通过二次注浆对盾构机进出洞、联络通道地段补充加固,以及对隧道偏移、地表建筑物变形等特殊情况进行处理;
④可以系统地截断盾尾地下水,防止喷涌。

垂直衬砌背后注浆的缺点:
①工艺相对复杂,在实际施工中,若没有严格的工序控制,往往做不到真正意义上的同步注浆;
②浆液不易分布均匀,充填的均质性难以保障;
③采用双液浆时,容易发生堵管现象,而且浆液较难充分混合。

四、衬砌背后注浆的控制方法及措施

(一)衬砌背后注浆控制方法

注浆控制方法有手动控制和自动控制两种。

自动控制方法即预先设定注浆压力,由控制程序自动调整注浆速度,当注浆压力达到设定值时,自行停止注浆。

手动控制方法则由人工根据掘进情况随时调整注浆流量,以防注浆速度过快,而影响注浆效果。

根据盾构机推进速度,同步注浆以每循环达到总注浆量而均匀对称注入,盾构机推进开始注浆开始,推进完毕注浆结束。

(二)衬砌背后注浆的控制措施

1. 合理选择衬砌背后注浆方式

在盾构机设计制造时,应根据地层情况选择不同的衬砌背后注浆方式。

(1)在条件允许的情况下,尽可能采用水平衬砌背后注浆方式进行同步注浆的自动控制注浆系统,而将垂直衬砌背后注浆方式作为备选注浆方案或应急补充方案。

(2)在岩层施工时,水平衬砌背后注浆管尽可能不要设计成外凸式;如果一定要设计成外凸式,要考虑足够的超挖量,确保该部分不会发生磨损。

(3)在盾构机尾壳的水平衬砌背后注浆管上设置疏通口,以便堵塞时疏通。

(4)每套注浆管路设置备用管,一旦出现堵塞而无法疏通的情况,可以立即启用备用管路。

2. 合理选择注浆浆液类型

(1)根据浆液的性能差异合理选择浆液。惰性浆液初凝时间长,制备成本低,在以软地层为主的地区应用较为广泛,但由于其强度较低,抗渗性能差,不利于隧道衬砌的早期稳定和隧道防渗效果。硬性浆液制备成本相对较高,初凝时间较长,早期具有一定强度,对于隧道衬砌的稳定较为有利。双液浆初凝时间很短、强度高,相对另外两种浆液而言,注入量

少,沉降量少,注浆效果较好,广泛地适用于各种地层,但其施工工艺较为复杂,施工过程控制要求较高。

(2)根据隧道区段变化调整浆液种类和浆液配比。在曲率半径小的区段,应采用早强快凝型浆液;在靠近洞门和联络通道前后,应提高浆液强度和抗渗性能;在洞门结构和联络通道施工前,采用双液浆等进行二次注浆补强;在盾构机长时间停机前,应采用惰性浆液注浆,防止盾壳被卡。

(3)根据地质情况变化调整浆液配比。在正式掘进前,应根据地质勘探和补充地质勘探和补充地质勘探成果,进行浆液配合比试验,最好是每种地层准备单液浆和双液浆配比各两组以上;浆液初凝时间、早期强度和28天强度均应满足与围岩共同作用的要求;在液化地层,还应进行浆液抗液化试验。

(4)根据盾尾渗漏情况调整浆液类型。在掘进过程中要严格控制盾尾油脂的注入压力和注入量,尽可能保护盾尾不发生渗漏,一旦出现局部渗漏,可采用手动和自动结合的油脂注入方式。如果渗漏量较大,衬砌背后注浆应调整为初凝时间很短的双液浆。

(5)根据盾构机种类改变注浆液类型。在采用泥水盾构时,多采用双液浆。

(6)根据浆液运输方式选择浆液类型。

3. 合理选择注浆参数

在正常施工阶段,以注浆压力控制注浆量。在沉降控制要求相当高的地段,采用注浆压力和注浆量双重控制标准。为防止盾尾被击穿,注浆压力不能大于盾尾密封所能承受的设计压力。

同步注浆时,要求在地层中的浆液压力大于该点的静止水压及土压力之和,做到尽量填补同时又不产生劈裂。注浆压力过大,管片周围土层将会被浆液扰动而造成后期地层沉降及隧道本身的沉降,并易造成跑浆;而注浆压力过小,浆液填充速度过慢,填充不充足,会使地表变形增大。

通常,同步注浆压力为静止水土压力 $+0.1 \sim 0.2$ MPa,一般为 $0.2 \sim 0.4$ MPa。

4. 合理选择注浆位置

(1)为控制管片上浮,并防止因浆液流动性好而造成隧道顶部出现无浆液填充现象,在通过水平衬砌背后注浆方式进行同步注浆过程中,顶部注浆管压力不宜低于底部注浆管压力;在通过垂直衬砌背后注浆方式操作中,除非纠偏的需要,否则注浆点应选择在隧道上半断面。

(2)在地下水丰富的岩层施工时,每隔数环应采用双液注浆的方式全环二次注浆,将盾尾后方的水源截断,减小喷涌发生的机会。

5. 合理调整注浆参数

加强管片沉浮的监测,摸清盾构机通过不同地质断面的沉浮规律,相应调节盾构机姿态和注浆参数。

6. 合理选择管片外弧面接缝的构造形式

管片外弧面接缝的构造形式选择合理,可以防止因管片构造不合理而造成的浆液流失及盾尾渗漏。

7. 合理增加衬砌背后注浆量

通过地面沉降监测结果指导衬砌背后注浆施工,当在盾构机某环掘进过程中发现出土量远远超出理论方量时,则有可能前方地层发生坍塌,应增加衬砌背后注浆量。

8. 制订详细的施工方案

在注浆时,要制订详细的注浆施工设计和工艺流程及注浆质量控制程序,严格按要求实施注浆、检查、记录、分析,及时作出 P(注浆压力)-Q(注浆量)-t(时间)曲线,分析注浆效果,反馈指导下次注浆。

9. 注意指令的配合

盾构机掘进指令要和浆液拌制指令相配合,避免过早拌制浆液后发生堵管。盾构机停机前应用膨润土等将注浆管充满,以防浆液回流而堵塞注浆管。同时,配备专用的高压疏通器具,制订有效的疏通措施,使注浆管堵塞时能得以及时疏通。使用双液浆时,还应注意 A、B 液混合形式的选择,A、B 液压力差应较小。

10. 注意逆止阀的埋设

在砂层或透水性高的地层掘进时,若通过管片注浆孔进行注浆,应在管片制造过程中就考虑在注浆孔位置埋设逆止阀。

五、衬砌背后注浆施工中的常见问题

1. 地表沉降超限

(1)造成地表沉降过大的原因

造成地表沉降过大的原因是:

①注浆工艺的选择或使用不当。比如,在软土地层中应进行同步注浆,但在注浆施工过程中,如果没有严格的过程控制,或者注浆液初凝时间设定不合理,造成了堵管,就做不到真正意义上的同步注浆。又如,在岩层中进行及时注浆时,间隔距离过远,使岩层失稳等,都会造成围岩变形加剧。

②掘进过程仅以注浆量为控制指标,限定每环的注浆量范围,而不能依据实际情况的改变而调整注浆量,这将导致注浆量偏少,不能有效地对施工间隙进行填充。这种情况大多发生在以下情况:a. 某些特殊地段或较小的转弯半径上,土层损失加大;b. 由于地质条件或其他特殊原因,掘进过程某环出土量剧增,而没有相应增大注浆量;c. 地层特性变化,如从黏土变为砂土、从黏土变为裂隙水丰富的风化岩层等情况,却没有相应调整注浆量;d. 盾构机在黏性较高的黏土层掘进时,盾壳外壁会附着一层较厚的固结土体,与盾构机同步前进,无形中增大了施工间隙。

③浆液强度过低或浆液和易性差、易离析而渗透到地层中发生浆液损失。浆液拌和时的投料顺序也可能对浆液强度造成较大影响。

④某些浆液凝结后,自身收缩量较大;或者双液浆过早初凝,未能有效地填充施工间隙。

⑤浆液流动性太好,隧道管片最重要的顶部出现无浆液填充;或者双液浆混合不充分,在土中逐渐流失。

⑥没有与监测紧密结合,以监测结果指导施工。从盾构机掘进过程的地表沉降规律来看,一般盾构机前方地表沉降量在 5mm 以内时,盾尾穿越这个位置时沉降不会超出规范允许的 30mm。因此,当监测结果显示前方沉降量超过 5mm,又没有及时采取有效注浆措施时,沉降量超出规范允许范围的可能性相当大。

(2)造成地表隆起的原因

造成地表隆起的原因为：

①注浆压力过大,注浆量偏高。这主要在土质软弱的地层出现。比如,在南京地铁施工中,某盾构机掘进过程中经过建筑物时,增大了盾尾注浆压力,盾尾脱出建筑物下方后,没有及时调整压力,地表出现隆起,甚至有少量浆液沿地层裂隙冒出,污染地表。又如,某盾构机在流沙地层始发时,因端头加固质量和洞门密封效果均较差,掘进过程前方有大量流沙涌入,由于其位于一条重要道路的正上方,为防止地表下沉,采用了二次注浆进行补充注浆,但因为没有控制好注浆压力和注浆量,注浆结束后发现道路中间鼓起近1m高的小山包,造成交通堵塞,花费了大量财力和时间进行处理。

②隧道顶部有渗水通道连至地表。比如,原地质勘探孔,如果没有封堵或封堵效果不佳,浆液会沿着该孔喷出或渗出,不仅严重污染地面环境,还可能造成地表隆起。

2. 注浆浆液流失

造成注浆浆液流失的原因有：

(1)注浆压力过大时,浆液会沿着盾壳流入密封土舱中,进而由螺旋输送器输出。

(2)注浆压力一旦大于盾尾密封的承压能力,将击穿盾尾密封。如果没有及时对盾尾密封注入油脂,浆液在盾尾密封刷中凝固后,会使盾尾密封失效,严重影响施工安全。

(3)当盾构机掘进一段距离后,盾尾密封刷局部损坏,注浆浆液流入并在其中凝固,进一步扩大了渗漏范围,使浆液大量流失。

(4)浆液配比不当,易离析或被地下水稀释。

(5)管片构造不合理。比如,某盾构管片设计时,过多地考虑了管片拼装过程中可能发生混凝土面碰撞而破损的问题,将外弧面接缝处设计成斜角,当注浆压力稍高时,浆液就会沿着盾壳与管片之间的间隙流入。

在富水砂层掘进时,外部水土也会沿接缝流入。在施工过程中除了要提前采取措施将缝隙填充外,还必须加大盾尾油脂的自动注入压力,同时密切注意掘进过程中发生渗漏的部位,及时用手动注入方式在相应位置补充油脂。这种管片构造形式导致盾构掘进过程的盾尾油脂消耗量增加1/2以上。

3. 注浆系统管路堵塞

管路堵塞是注浆过程中最常见、最易发生的问题。注浆系统管路堵塞包括注浆管路堵塞、输浆管路堵塞等,主要是由于浆液初凝时间偏短、强度高、工序衔接不合理等原因造成的。采用长距离管路输送的,尤其容易发生管路堵塞现象,浆液在管路中的损失量较大。

4. 管片注浆孔渗漏

从管片注浆孔进行注浆时,如果隧道处于砂层、流塑状淤泥质地层或地下承压水较高的地层,外部的水土很可能涌入而造成隧道偏移、地表沉降。

5. 盾构机壳体被卡

当盾构机长时间停机时,浆液将盾壳裹住,与围岩形成很大的摩擦力,导致盾构机壳体被卡。

6. 管片破裂、隧道变形

当注浆压力和注浆量没有得到控制时,在很高的注浆压力下,会使管片发生破损,甚至断裂。这种情况多发生于二次注浆过程中。

7. 管片上浮、错台

地质条件不同、浆液选型不当、注浆位置选择不当、浆液初凝时间控制不当、在小曲率半径施工时，管片脱离盾尾后，如果没有立即和土体产生作用力，将无法抵抗盾构机前进的反推力，易造成管片变形、错台，隧道位移。

六、隧道管片上浮的原因及防治措施

通常情况下，由于盾构机在掘进过程中都进行了同步注浆，当浆液固结之后，隧道管片就会受到很好的约束。好的注浆效果不仅将盾构机的超挖空间都充填饱满，而且对隧道管片的防水和结构都起到加强作用。但是有施工资料显示，凡隧道在中风化或微风化的地层中通过，只要采用了单液同步注浆法的，隧道管片都有不同程度的上浮。

1. 隧道管片上浮的原因

(1) 单液浆的初凝时间太长。单液浆的初凝时间一般都超过10h，特别是当日掘进距离较长时，这一段隧道有较充裕的上浮时间。

(2) 浆液的稠度不能有效地抑制和约束隧道上浮。

(3) 超挖空间大。

(4) 同步注浆不充分。

(5) 围岩地层中水量丰富，地下动水携带着浆液流到前方的密封土舱，隧道上浮的空间没有被有效充填。

(6) 盾构机主体、后配套设备和蓄电池车的动(振动)静荷载不仅造成浆液离析，而且使盾构机主体与后配套设备之间的过渡段同时存在垂直受力和水平分力作用的工况。

(7) 隧道坡度的转换。

2. 隧道管片上浮的防治措施

为防止隧道管片上浮或设法校正隧道中线以避免施工侵限，可采用以下措施：

(1) 对同步注浆进行多配比试验，尽可能地提高注浆液的稠度及其固体物质的含量，增加水泥的含量等，以提高浆液与隧道之间的黏结力，从而抵御隧道管片上浮。但这样做的效果并不十分明显。因为浆液的稠度太高会造成注浆管路的堵塞，这也是在调整浆液配比时应注意的问题。

(2) 在施工过程中，事先降低盾构机的轴线到一适当限度，当管片退出盾壳之后，尽管隧道整体上浮了，但仍可保证隧道中线不至于侵入限界。

由于采用的方法都没有约束到隧道的向上移动，而这种移动总体都是向上的，但各环管片由于其周围的约束条件可能不相同，必然会造成环间的错台，以及管片的破损、开裂等，对管片和隧道质量造成不利影响。

(3) 在隧道管片发生上浮的地方，大多数情况下都会伴生螺旋输送器的喷涌。这种喷涌现象在工作面地下水比较少的情况下也会发生。这是因为已完成的管片与围岩之间存在着空隙，形成了汇水通道，并将这些地下水聚集到了密封土舱内，当螺旋输送器开舱出土时，造成了喷涌。

鉴于此，为了避免隧道管片上浮和喷涌现象的发生，在调整注浆液无效的情况下，采用双液垂直同步注浆是一种比较好的选择。由于加快注浆液的初凝时间，基本上在管片一出盾尾，

就能将管片约束住,从而达到防止隧道管片上浮的目的。通过二次注浆,在管片背后又形成了一个止水环,将隧道背后的积水与工作面和密封土舱隔离开来,达到缓解螺旋输送器喷涌的目的。当然,在采用隧道上部垂直同步双液注浆的同时,仍可继续使用水平同步注浆系统进行注浆。

盾尾同步注浆系统参见图2-78。

七、背后注浆方式及设备

注浆设备基本上由材料储存设备、计量设备、拌浆机、储浆槽(料斗、搅拌器)、注浆泵、注入管、注入控制装置、记录装置等构成。选用的设备应保证浆液流动畅通,接点连接牢固,防止漏浆。

浆液拌制机宜用强制式搅拌机,其容量要与施工用浆量相适应。拌浆站必须配有浆液质量测定的稠度仪,随时测定浆液流动性能。

1. 背后注浆方式

(1)直接压送式

直接压送式,即由洞外搅拌设备直接把浆液压送到管片等注入口处的注入方法。盾构直径较小和推进距离较短的条件下多使用这种方法。

(2)中继设备式

中继设备式,即由洞外搅拌设备把浆液压送到放置在后方台车上的中继设备上,由装在台车上的注浆泵注入的方式。多用于推进距离长、盾构直径较大的情况。它也是目前使用较多的一种方式。

(3)洞外运输式

洞外运输式,即由洞外搅拌设备压入放置在台车上的罐中,经洞内运输,用洞内的注浆泵注入的方式。其优点是不必担心输浆管的堵塞和水清洗问题,适于定量注入。

(4)洞内搅拌式

洞内搅拌式,即把各种浆液材料搬到装在洞内后方台车的拌浆设备上,然后混拌注入。该方式可在大口径的隧道中应用,但是由于材料运入操作麻烦、机械复杂,工作不便,故使用不多。

2. 注浆设备

(1)注浆泵

注浆泵分为适于压送浆液的泵和适于注浆的泵两种。用于隧道衬砌背后注浆的注浆泵,有往复式活塞泵、柱塞泵、单轴螺杆泵和挤压泵等,其特点分别如下:

①往复式活塞泵:

a. 最具有通用性;

b. 可适用于普通砂浆和冲气砂浆的长距离压送;

c. 双液泵主要用于化学注浆。

②柱塞泵(图2-79):

a. 高压注浆;

b. 由于是两个泵体以上的多联式泵,而且行程也多,所以很少出现波动;

c. 机械磨损少。

③单轴螺杆泵:

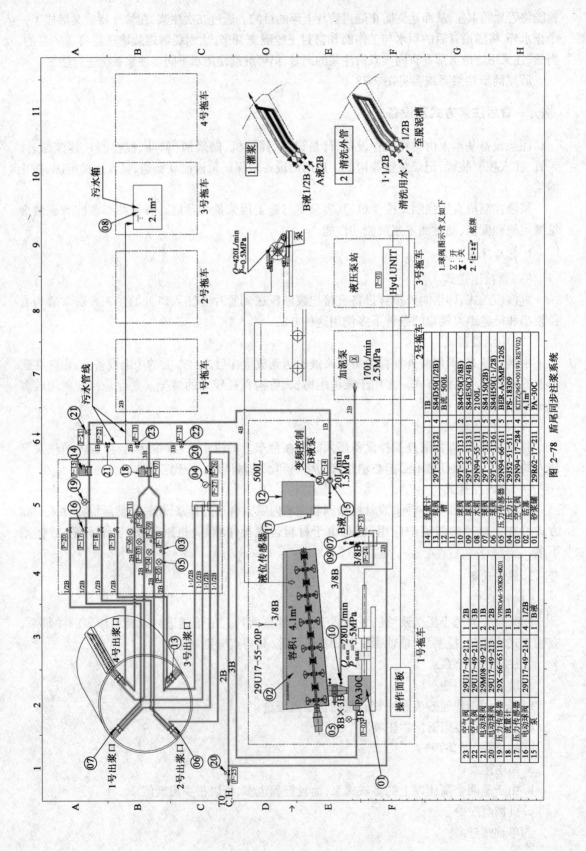

图 2-78 盾尾同步注浆系统

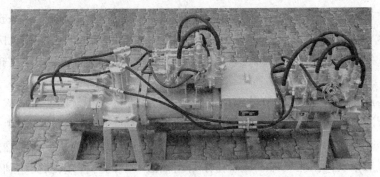

图 2-79 双柱塞式砂浆泵

a. 适用于普通砂浆和加气砂浆等的短距离压送；

b. 因是二冲程形式，所以无波动；

c. 适用于自动同步注浆；

d. 比较耐用，使用硬砂浆时为 $150m^3$。

④挤压泵：

a. 适用于普通砂浆和加气砂浆的短距离压送；

b. 压送时会产生波动；

c. 容易保养。

目前施工压浆泵一般采用活塞式压浆泵或自吸式压浆泵。

(2) 注入管与注入控制、记录装置

①注入输浆管：输浆管的口径不同，管的阻力也不同，同时泵的功能也受影响，通常按施工经验而定。

②注入管：对于从管片注浆孔注入的场合，必须使用注入旋塞。最好在注入旋塞上安装减压球阀和压力表。

③注入控制、记录装置：背后注入操作盘应设置在靠近注入口的地方，用来控制泵的流量、压力、注入量等诸多操作指令。

注浆时，随时观察注浆状况，控制好注浆压力并记录注浆点位置、压力、注浆量，形成的内业资料包含拌浆记录、注浆记录、拌浆质量抽查记录。

当注浆作业发生故障时，应立即通知停止盾构掘进施工，及时排除故障。

注浆结束应在一定压力下关闭浆液分配系统，同时打开回路管停止注浆。注浆管路内压力降至零后拆下管路并清洗干净。每个作业班组应清洗一次注浆管路，防止长时间砂浆凝结在管壁四周堵塞管路。每天对砂浆运输罐和储存罐进行彻底清洗。

第十一节 盾构机的姿态控制及纠偏技术

一、盾构机的姿态控制

盾构机的姿态控制是盾构施工中的一个重要环节。盾构机姿态控制的基本原则是以隧道设计轴线为目标，根据自动测量系统显示的轴线偏差和偏差趋势，把偏差控制在设计范围内，同时在掘进过程中进行盾构姿态调整,确保不破坏管片。通俗地说,就是"保头护尾"。

盾构机姿态控制与管片拼装应以隧道设计轴线控制为目标,同时两者相互协调,保证管片拼装质量,避免管片产生破损。总体来说,是盾构机跟着设计轴线走,管片拼装跟着盾构机走。

盾构机的方向控制是通过调节分组油缸的推进力和推进行程从而实现盾构左转、右转、抬头、低头或直行的。盾构机环绕盾壳内侧周围布置推进油缸,其压力在液压与电气控制上被分为多组,单组油缸压力由一个调节旋扭控制,由一个推进速度控制旋扭使所有油缸进油流量相同,由于调节旋扭控制的溢流压力不同产生了每组油缸不同的行程差,从而达到使盾构机向压力最低的一组油缸方向转向的目的。

通常,盾构机的方向按以上所谈到的原理进行控制是没有问题的,但有时也存在以下两种特殊情况:

其一是方向控制并未按所希望的控制方向进行,如地质出现单侧岩石较硬,这时,如果盾构机掘进速度选择较快,即掘进速度已超过盾构机在该种硬岩所能达到的速度,即使在硬岩侧的推进油缸选择压力大于软岩侧的掘进压力,盾构机仍会向硬岩侧方向偏转。此时应降低掘进速度,按硬岩掘进速度掘进,如果盾构机希望向软岩方向掘进,还应将掘进速度再降低,同时增大硬岩侧推进缸压力。

另外一种特殊情形为盾构机出现故障时,这里所说的故障并非设备故障,而是因为在强风化岩层中刀具检查不及时而且未留意到地层中存在的中风化或微风化岩层的存在。因为在全风化岩层中,刀具检查不可能随时进行,有可能在周边边刀已磨损致使前体切入岩层,但因处于全风化层而掘进速度变化不明显。此时,如果在断面的某处存在中风化或微风化岩,即便单侧油缸推力增加,盾构机仍往大推力油缸侧偏转,则很大的可能是掌子面断面某侧存在中风化或微风化岩。当然,最后的结局是盾构机推力很大、扭矩很小、掘进速度低下而皮带机上未见有岩块出现(即硬岩掘进征兆)。

好的隧道线形的控制需要微小而循序渐进的调节,盾构机位置的突然变化必然对盾构机后部管片拼装及盾构机的向前行进带来不利影响,严重者会出现管片挤裂或盾构机在掘进隧道内卡住的情形。所以,对盾构机方向控制的操作应做到以下几点:

1. 控制基点

盾构机位置控制应以测量显示的盾尾位置为控制基准,即以盾尾位置的最终控制为方向调节的目标。

2. 调节量的控制

对控制基点的位置调节量,实践认为,一环掘进调节 10mm 是较为合理的,线形最佳。

3. 趋势的调节

即使盾构机相对于设计轴线位置已偏离超出要求,在盾构机掘进方向的趋势的调节也不能变化太大,急于纠偏,大的趋势变化必然由大的方位变化而来。

4. 铰接的操作

铰接油缸的位置应总处于最大伸出与最小缩回的油缸行程之和为油缸最大允许伸出行程,以满足盾尾与中体间的铰接弯曲。

二、盾构机姿态控制技术

掘进过程中,盾构机操作人员根据激光自动导向系统在电脑屏幕上显示的数据,通过合理调整各分区千斤顶的推力及刀盘转向等来进行盾构机体滚转控制和前进方向控制。

1. 盾构机滚动控制

盾构机在推进及管片拼装施工时,为了减少因其自转所产生的施工困难,应控制盾构机旋转量在规定的范围内。施工中可采取如下措施以防止过量的旋转:

(1) 改变刀盘的旋转方向。
(2) 改变管片拼装左、右交叉的先后次序。
(3) 调整两腰推进油缸轴线,使其与盾构机轴线不平行。
(4) 当旋转量较大时,可在盾构机支承环或切口环内单边加压重。

施工中允许盾构有滚动偏差,当超过规定偏差时,盾构机会报警。此时应采用盾构刀盘反转的方法纠正滚动偏差。提示操纵者必须切换刀盘旋转方向,进行反转纠偏。

2. 盾构机上下倾斜与水平倾斜

盾构机掘进过程中可能存在盾构机轴线与隧道设计轴线方向的偏差,为了保持盾构机良好姿态,避免因管片衬砌环的中心和盾构机的中心偏移过大,使管片局部因受力过大引起管片破损,盾构机上下倾斜与水平倾斜应控制在2%以内,通过应用盾构机千斤顶逐步进行纠正。如果盾构机水平向右偏,则需要提高右侧千斤顶分区的推力;反之,则需要提高左侧千斤顶分区的推力。如果盾构机机头向下偏,则需要提高下部千斤顶的推力;反之,亦然。

三、盾构机姿态控制的一般细则

在一般情况下,盾构机的方向偏差应控制在±20mm以内,在缓和曲线段及圆曲线段,盾构机的方向偏差控制在±30mm以内,曲线半径越小,控制难度越大。这将受到设备状况、地质条件和施工操作等方面原因的影响。当开挖面土体较均匀或上下软硬相差不大时,保持盾构机轴线与隧道设计轴线平行比较容易。一般情况下,方向偏角控制在±5mm/m以内,特殊情况下不宜超±10mm/m;否则,会因盾构机转弯过急造成盾尾间隙过小和管片错台破裂。

当盾构机遇到上硬下软土层时,为防止盾构机机头下垂,要保持上仰姿态(即倾角为正);反之,则保持下俯姿态(即倾角为负)。掘进时要注意上下两端或左右两侧的千斤顶行程不能相差太大,一般控制在±20mm以内,特殊情况下不能超过60mm。

当开挖面内的地层左、右软硬相差很大而且又是处在曲线段时,盾构机的方向控制将比较困难。此时,可降低掘进速度,合理调节各分区的千斤顶推力,必要时,可将水平偏角放宽到±10mm/m以加大盾构机的调向力度。当以上操作仍无法将盾构机的姿态调到合理位置时,可考虑在硬岩区使用仿形刀进行超挖。

在曲线段掘进时,管片易往曲线外侧偏移,因此,一般情况下让盾构机向曲线内侧偏移一定量。根据曲线半径不同,偏移量通常取10~30mm。当掘进进入缓和曲线前,应将盾构机水平位置偏离调整至±0mm,右转弯掘进逐步增加至+20mm,左转弯则调整至-20mm,以保证隧道成型后与设计轴线基本一致。

在盾构机姿态控制中，推进油缸的行程控制是重点。对于1.5m宽的管片，原则上推进油缸的行程控制在1700~1800mm之间，行程差控制在0~50mm之间。行程过大，则盾尾容易露出，管片脱离盾尾较多，变形较大，易导致管片姿态变差；行程差过大，易使盾体与盾尾之间的夹角增大，铰接油缸行程差加大，盾构机推力增大，同时造成管片的选型困难。

铰接油缸的控制是盾构姿态控制中的另一个问题，铰接油缸伸出的长度，直接影响到掘进时盾构机的姿态。应减少铰接油缸的长度差，尽量将长度差控制在30mm以内，将铰接油缸的行程控制在40~80mm之间为宜。

四、盾构机的纠偏措施

盾构机在掘进时总会偏离设计轴线，按规定必须进行纠偏。纠偏必须有计划、有步骤地进行，切忌一出现偏差就猛纠猛调。盾构机的纠偏措施如下：

(1)盾构机在每环推进的过程中，应尽量将盾构机姿态变化控制在±5mm以内。

(2)应根据各段地质情况对各项掘进参数进行调整。对于含水量较大的地层，管片很容易上浮，如果对盾构机的姿态控制不好，将使管片的上浮加剧，并造成管片的破损。因此，在这种地层推进时对盾构机姿态的控制更显重要，应对各项掘进参数进行调整。

(3)尽量选择合理的管片类型，避免人为因素对盾构机姿态造成过大的影响。严格控制管片拼装质量，避免因此而引起的对盾构机姿态的调整。

(4)在掘进过程中随时注意滚角的变化，及时根据盾构机的滚角值调整刀盘的转动方向，使其值减小。

(5)在纠偏过程中，掘进速度要放慢，并且要注意避免纠偏时由于单侧千斤顶受力过大对管片造成的破损。

(6)当盾构机偏离理论轴线较大时，纠偏和俯仰角的调整力度控制在5mm/m，不得猛纠猛调。

(7)当盾构机的姿态处在轴线左边时，在纠偏时首先要提高盾构机左侧分区千斤顶的推力。使盾构机机头向右侧偏移，然后相应再逐渐减小左侧分区千斤顶的推力，加大右侧分区千斤顶的推力，逐渐使盾构机逼近设计轴线。当盾构机姿态处在轴线右侧、上面及下面时，也应如此控制。

(8)在纠偏时，要密切注意盾构机的姿态、管片的选型及盾尾的间隙等，把盾构机姿态控制在设计轴线中心±20mm以内，盾尾与管片四周的间隙要均匀、平衡。

第十二节 后配套及辅助装置

盾构后配套系统由设备桥和拖车平台构成。其上装有保证盾构正常工作的各系统装置，具体包括冷却水系统、压缩空气、呼吸空气、液压泵站、注浆系统、润滑系统及供配电系统，还包括皮带输送机出渣系统及管片转运系统等。拖车通过设备桥连接在管片安装机的托架梁上，沿盾构的掘进方向前进。在隧道内，拖车在铺设的拖车轨道上前行，在设备桥下部留有空间用来铺设拖车前行所需轨道。拖车为门架式结构，中间可供运输物料的服务列车通过，服务列车将管片、砂浆、油脂、轨道等运入，同时将掘进的渣土运出。

一、设备桥及后配套

1. 功能

(1)安装盾构各系统的设备及管线。拖车车上安放了电器、液压及各辅助设备,并安放了各系统的管路及电缆。

(2)暂存施工用材料,如钢轨,水管等。

2. 主要结构形式

(1)行走方式。行走多采用钢制轮,轨道行走。有些盾构采用在管片内壁上行走的方式。

(2)主体结构。设备桥为桁架结构,它架在处在管片安装机轨道梁和1号拖车之上。拖车结构多采用门式,主要有框形门式和∏形门式两种。拖车两侧用于安放设备及管路。门框中部用于停放服务列车。参见图2-80。

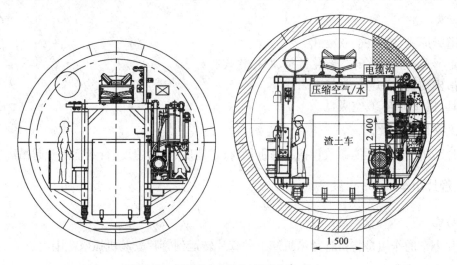

图2-80 后配套主体结构(尺寸单位:mm)

(3)牵引方式。牵引方式,有上部牵引和下部牵引两种。上部牵引,在中间设置一个拉杆或在上部两侧各设1个拉杆;下部牵引,在下部两侧各设1个拉杆。当采用两个拉杆时,通常做成螺旋扣(左右旋螺纹)的形式,以便在曲线段时调整两侧牵引杆的长度以调节转弯。

3. 拖车及设备桥布置要点

(1)设备布置紧凑,便于维保;

(2)人行通道方便,安装方便;

(3)运输方便。

二、盾构机主控室

可通过盾构机操作室内的操作控制台和盾构机内某些可移动装置旁边的现场控制台(如管片拼装机、管片吊车、管片运送小车等)用来操作盾构机,实现各种功能。操作控制台上有控制系统电脑显示器、实现各种功能的按钮、调整压力和速度的旋钮、显示压力或油缸伸长长度的显示模块及各种钥匙开关等。

例如盾构机要掘进时,盾构机驾驶员按下操作控制台上的掘进按钮,一个电信号就被传到

PLC控制系统,控制系统首先分析推进的条件是否具备(如推进油缸液压油泵是否打开,润滑脂系统是否工作正常等)。如果推进的条件不具备,就不能推进,如果条件具备,控制系统就会使推进按钮指示灯变亮,同时控制系统也会给推进油缸控制阀的电磁阀供电,电磁阀通电打开推进油缸控制阀,盾构机开始向前推进。PLC安装于控制室,在配电柜里装有远程接口,PLC系统也与操作控制台的控制电脑及隧道激光导向系统电脑相连。

三、管片吊机

1. 功能

管片吊机的作用是,从服务列车上转运管片至管片安装机范围内或设备桥下暂存。

2. 结构

其典型结构包括轨道梁、行走机构、起吊机构、吊具。

3. 分类

轨道梁形式:单梁式,双梁式。
行走形式:齿轮齿条式、链轮链条、摩擦轮式。
起吊机构:葫芦提升、卷扬牵引式。
吊具:机械机构、真空吸盘。

4. 主要性能参数

管片吊机的主要性能参数包括起吊重量、行走速度、起吊速度、行走范围及起吊高度。

四、管片小车

1. 功能

管片小车的作用是将由管片吊机卸下的管片转运到管片安装机抓取范围内。

2. 主要性能参数

管片小车的主要性能参数包括一次输送距离、承载管片数量及承载重量。

3. 结构

管片小车的基本结构包括固定支架、滑移支架(滑移油缸)、顶升支架(顶升油缸)。

五、皮带输送机

1. 功能

盾构掘进挖出的渣土,使用螺旋输送机从开挖舱内输出,然后通过皮带输送机将螺旋输送机运出的渣土运到后配套服务列车的渣车上。皮带输送机布置从设备桥到后部拖车的尾部,张紧装置和主驱动装置安装在后部拖车上。皮带的旋转由电动齿轮马达驱动。旋转速度是固定的并且旋转仅仅是一个方向的(反向是为了维护)。皮带张紧由两个液压缸来保证。为了使废料均匀的散布在服务车上,储料器装有一个气动单闸板。

2. 主要性能参数

皮带输送机的主要性能参数包括带宽、带速、输送量、输送距离、输送倾斜角度及驱动功率。

3. 基本结构

皮带输送机的基本结构包括尾部改向滚筒、尾部集料、头部驱动滚筒、主驱动头部落料、各式托辊、张紧装置、刮板及急停。

六、油桶提升系统

装备有链条起重机的两个手动小车是为了把油脂桶从连接桥的中心提升到泵的高度。手动油桶起重机能力 2×2.5 kN，提升高度 3m。

盾构流体传动系统比较复杂，在回路中采用了大量的电磁、电液比例控制方向和流量压力阀、行程开关以及各种参数传感器。各个系统有些是同时或协同工作，有些是互锁的，要使全部系统协调的工作，需要合理的电器控制系统。

七、压缩空气供应

压缩空气是通过两个安装在后配套拖车上的空气压缩机来供应的。系统包括空气压缩机、压缩空气罐、滤清器和保养装置。

八、工业空气

工业空气用于操作下列组件：
(1)驱动气动油脂泵/盾尾密封；
(2)驱动气动油脂泵/迷宫密封；
(3)驱动气动驱动油脂泵/油脂润滑；
(4)泡沫系统；
(5)盾尾注脂装置的气动球阀；
(6)盾尾紧急气囊密封；
(7)污水泵。

九、消防系统

在工作过程中必须防止火灾的发生，避免产生火灾隐患，在盾构及拖车上布置有一定数量的二氧化碳灭火器和水喷射系统。

二氧化碳灭火剂是一种液化低温气体，可降低空气中的含氧量及燃烧表面温度，使之燃烧中断，并有灭火不留痕迹的特点。此类灭火器可以扑救可燃液体、气体以及电器设备、机械设备的初起火灾，对人体无害。使用二氧化碳类灭火器应注意：
(1)灭火时，人员应站在上风处；
(2)持喷筒的手应握在胶质喷管处，防止冻伤；
(3)使用后，应加强通风。

水喷射系统在每节拖车端部及主机内均留有接口，水源由洞外直接输入。当发生火灾时，直接接上水管即可进行灭火。

十、工业水和冷却水

工作时，盾构供应的是工业水，工业水以规定的水质和最高温度 25℃ 的状态一直送到后配套系统。水质一定要严格符合要求,以保持冷却管线的正常运转和避免损坏动力单元。

工业水用于冷却下列组件:空气压缩机、液压油冷却器、齿轮油冷却器、刀盘驱动传动装置。

另外,工业水从支线中取出用于下列区域:盾壳内工业用水的连接和每个拖车上水的预留口、人舱、泡沫站、膨润土站、盾壳膨润土站。

十一、气体测定

盾构配置有便携式气体检测仪,可检测隧洞内 O_2、CO_2、CH_4 的浓度,当所测气体浓度超出规定范围时,进行声光报警。举例来说,瓦斯体积浓度达到 0.5% 时,检测器就会发出警报;如果达到 0.7%,除应急照明灯、增压风机和涤气风机以外,掘进机系统停止工作。警报/停机标准可根据当地标准来设置。

十二、二次通风

盾构机的前盾工作部和管片安装区是通风效果最差的位置,由于盾构机本身结构复杂,纵横交错的各种设备影响通风效果。为此,采取合理的通风方式对保障作业人员的身体健康,提高生产率非常重要。

盾构施工通风的目的,是为了供给洞内所需要的新鲜空气和降低机电设备所散发出的热量,应选择合适的通风机械,满足施工作业环境的要求。由于盾构机的机电设备都设有冷却水辅助降温方式,所以通风机的选择应由满足洞内所需新鲜空气来确定。

第三章　泥水盾构

第一节　泥水盾构概述

泥水盾构也称泥水加压平衡式盾构(slurry pressure balance shield),简称 SPB 盾构。

泥水加压式盾构工作面土体是依靠泥水压力对工作面上的水压力发挥平衡作用以求得稳定。泥水压力主要是在掘进中起支护作用。工作面任何一点的泥水压力总是大于地下水压力,从而形成了一个向外的水力梯度,保持工作面稳定。

在泥水平衡理论中,泥膜的形成是至关重要的,当泥水压力大于地下水压力时,泥水渗入土壤,形成与土壤间隙成一定比例的悬浮颗粒,被捕获并集聚于泥水的接触表面,泥膜就此形成。随着时间的推移,泥膜的厚度不断增加,渗透抵抗力逐渐增强。当泥膜抵抗力远大于正面土压时,产生泥水平衡效果。因为是泥水压力使掘削面稳定平衡,故得名泥水加压平衡盾构,简称泥水盾构。

泥水盾构由以下五大系统构成:
(1)一边利用刀盘挖掘整个开挖面,一边推进的盾构掘进系统;
(2)可调整泥浆物性,并将其送至开挖面,保持开挖面稳定的泥水循环系统;
(3)综合管理送排泥状态、泥水压力及泥水处理设备运转状况的综合管理系统;
(4)泥水分离处理系统;
(5)壁后同步注浆系统。

一、泥水盾构的工作原理

泥水盾构是在机械掘削式盾构的前部刀盘后侧设置隔板,它与刀盘之间形成泥水压力室,把水、黏土及添加剂混合制成泥水加压后送入泥水压力室。当泥水压力室充满加压的泥水后,通过加压作用和压力保持机构,来寻求开挖面的稳定。盾构推进时由旋转刀盘掘削下来的土砂进入泥水舱,经搅拌装置搅拌后含掘削土砂的高浓度泥水,用流体输送方式送到地面。经泥浆泵泵送到地表的泥水分离系统,待土、水分离后,再把滤除了掘削土砂的泥水重新压送回泥水舱。如此不断循环完成掘削、排土、推进工作过程。

盾构机推进系统的推进力经舱内的泥水传递到掘削面土体上,即泥水对掘削面上的土体作用有一定的压力(与推进力对应),该压力称泥水压力。为使掘削面稳定,通常泥水压力按下式设定:

$$泥水压力 = 地下水压力 + 土压力 + 预压$$

式中：地下水压力——掘削面地层中的孔隙水压力，对黏土层而言，通常是把地下水压力计在土压力中；

土压力——掘削面上的水平方向的作用土压力；

预压——是考虑地下水压力和土压力的设定误差及送、排泥设备中的泥水压变动等因素，根据经验设定，通常取值为 $20 \sim 30 kN/m^2$，泥水盾构工作原理示意图参见图3-1。

泥水盾构工法最适宜在难以稳定的、滞水砂层、含水量高的松软黏性土层及隧道上方有水体的场合开挖。

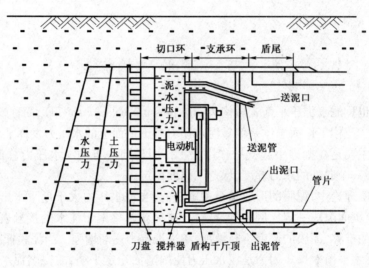

图3-1 泥水盾构工作原理示意图

二、泥水盾构的优缺点

1. 优点

1）对地层的扰动小，沉降小

由于泥水盾构利用泥水压力对抗掘削地层的地下水压力、土压力，同时泥水渗入地层形成不透水的泥膜，所以掘削土体对地层扰动小，故地表沉降小。另需要化学注浆加固部位的注入量小，故利于降低成本及减少环境污染。

2）适于高地下水压力

在江底、河底、海底隧道施工场合，泥水盾构可选用面板型刀盘，所以增加了掘削的稳定性，加上泥水压力对抗地下水压力的作用，故掘削的稳定性最可靠。

3）适用于大直径盾构

由于泥水渗入地层的浸泡作用，致使掘削地层多少有些松软，故盾构的刀盘掘削扭矩变小，所以同样扭矩驱动设备的情形下，泥水盾构的直径可以做的大些。目前大直径的盾构（$\phi 14 \sim 15m$）均为泥水盾构。

4）适用于高速化施工

除组装管片期间停止掘进外，其他工序均可连续进行。

5）适用的土质范围宽

适用的土质范围为软黏土层、带水细砂层、砂砾层、漂砾层、固结淤泥层及含甲烷气体的特殊地层等,其中,最适于在洪积层砂性土中掘进。

6）掘进中盾构机体摆动小

由于泥水的浸泡作用,地层对刀盘掘削阻力小,故盾构机的水平、竖直摆动小。

7）施工安全

因采用管路排泥,井下施工作业环境能保持清洁良好,提高了作业人员的施工安全性。

2. 缺点

1）成本高

由于需设置泥水管理系统、泥水处理系统,致使工序、设备复杂,成本高。

2）排土效率低

由于通过泥水运出掘削土砂,故出土效率不高。

3）地表施工占地面积大并影响交通、市容

由于泥水配置系统、泥水处理系统的存在,致使地表占地面积大增。有时受施工现场条件限制,无法满足该占地需求。征地费用大,影响交通、市容。

4）不适于在硬黏土层中掘进

在黏度大的硬黏土层中掘进时,易出现黏土粘附面板、槽口及出土管道,致使刀盘空转,槽口及出土管道堵塞,导致地层隆起、沉降。

5）不适于在松散卵石层中掘进

对于松散卵石层（孔隙率大、孔隙有效直径大）而言,因无法形成泥膜,泥水损失量大,致使泥水压低且不稳定,即掘削面不稳定。

三、泥水盾构的分类

根据泥水盾构中对泥水系统的压力控制方式的不同,泥水盾构可划分为两种基本类型。

1. 直接控制型

直接控制型泥水系统流程是供泥泵从地面泥水调整槽将压力泥水输入盾构泥水室,供入泥水相对密度在 1.05~1.25 之间,在泥水室与开挖泥砂混合后形成厚泥浆由排泥泵输送到地面泥水处理场,排出泥水相对密度在 1.1~1.4 之间。排出泥水通常要经过振动筛、旋流器和压滤机或离心机三级分离处理,将弃土排除,清泥水回到调整槽重复循环使用。

控制泥水室的泥水压力,通常有两种方法:若供泥泵为变速泵,即可通过控制泵的转速来实现压力控制;若供泥泵为恒速泵,则通过调节节流阀的开口比值来实现压力控制。

泥水管路中的泥水流速,必须保持在临界值以上,因为低于临界值时,泥水中的颗粒会产生沉淀而堵塞管路,尤其是排出泥水产生堵塞更为严重。

在盾构推进过程中,进排泥水管路需不断伸长,管道阻力亦随之增大。为了保证管道中恒定的流速（大于临界流速）,排泥泵转速应随时作相应改变,因而,排泥泵必须能自动调整。当排泥泵到达最大扬程时,再加中继接力泵。

要直接观察开挖面工况是十分困难的。为保证盾构掘进质量,应在进排泥水管路上分别装设流量计和比重计,通过检测的数据,即可算出盾构排土量。

2. 间接控制型

德国采用的间接控制型泥水盾构，其泥水系统的工作特征是由泥浆和空气双重回路组成，因此也称为"D"模式或气压复合模式。

间接控制型泥水系统是由空气和泥水双重系统组成。在盾构泥水室内，装有一道半隔板，将泥水室分隔成两部分，在半隔板的前面充满压力泥浆，在半隔板后面及盾构轴线以上部分加入压缩空气，形成气压缓冲层，气压作用在隔板后面的泥浆接触面上。由于在接触面上的气、液具有相同的压力，因此只要调节空气压力，就可以确定开挖面上相应的支护压力。当盾构掘进时，由于泥浆的流失或盾构推进速度变化，进出泥浆量将会失去平衡，空气和泥浆接触面位置就会出现上下波动现象。通过液位传感器，可以根据液位的变化控制供泥泵的转速，使液位恢复到设定位置，以保持开挖面支护压力的稳定。当液位达到最高极限位置时，供泥泵可自动停止；当液位到达最低极限位置时，排泥泵可自动停止。

空气室的压力是根据开挖面需要的支护泥浆压力而确定的，空气压力可通过空气控制阀使压力保持恒定。同时由于空气缓冲层的弹性作用，使液位波动时对支护也无明显影响。因此间接控制型泥水平衡盾构与直接控制型相比，控制系统更为简化，对开挖面土层支护更为稳定，对地表沉陷的控制更为方便。

第二节 泥水盾构的主要构造

现以德国体系的泥水盾构为例，简要介绍泥水盾构构造。泥水盾构主要由主机、后配套拖车结构以及在拖车上布置的设备构成。主机结构主要包括刀盘、刀盘驱动、推进装置、盾壳、人舱、铰接装置、管片安装机等。泥水盾构主机结构部分参见图3-2。

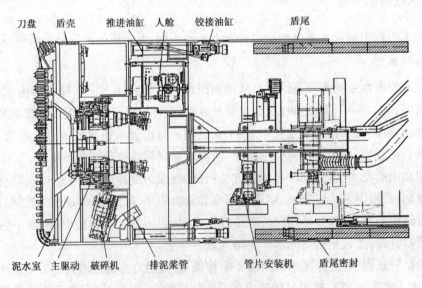

图3-2 泥水盾构结构简图

1. 刀盘结构

现以用于武汉地铁的海瑞克刀盘为例，其刀盘采用较大开口率，尤其是在中心的地方。该刀盘设计对于在软土和软岩的地质状况中掘进是最佳的。刀盘设计有8根辐臂,中心块为焊接,后面有4根支撑臂与主驱动和宽阔进料通道相连。刀盘上配备有刮刀、铲刀、滚刀、齿刀、耐磨保护层和用于刮刀的液压磨损检测器等。磨损检测器可提供刮刀磨损程度的资料,可在气压情况下检查刀具而无需进入开挖舱。拥有液压环的液压系统在液压环的压力转变时检测刮刀磨损的深度。所有的刮刀、铲刀、滚刀及撕裂刀都可以在隧道内从刀盘后部更换。在刀盘中心,装有冲刷管路,以防止物料结块,便于物料流动。旋转的冲刷产生高度的扰动,产生的效果比中心搅拌器更好。中心冲刷由一条来自主循环的独立管道进行,在控制室进行控制。参见图3-3。

a) 刀盘

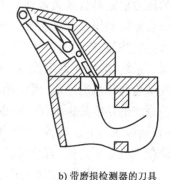
b) 带磨损检测器的刀具

图3-3 刀盘与带磨损检测器的刀具

刀盘驱动是液压驱动,通过在闭式回路的功率控制变量液压泵,可实现双向无级调速。驱动密封采用内外两个密封系统将小齿轮或轴承室与土舱分隔开。外密封使用一个4道唇形密封系统,该系统有连续的油脂进行润滑。该4道密封是重荷载加强型唇形密封,密封唇使用硬化压紧环。参见图3-4。

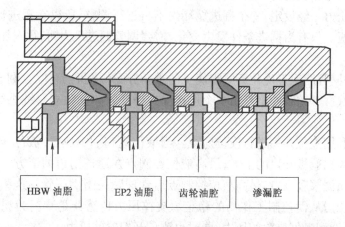

图3-4 唇形密封系统

盾体的前进由推进千斤顶完成。每一组油缸均可独立控制压力进行操纵而不会引起管片移位或产生引起损坏的过载压力。在控制室里盾构司机可以看到数字显示的每组油缸行程及压力。油缸的布置避开了管片接缝，油缸的中轴与管片的厚度中心在一条直线上。撑靴连接均为球式铰接。推进千斤顶为每两个一组，每组油缸均有独立的撑靴。在推进时，4组油缸各自独立进行压力调节。每组都配置有一套内部行程测量装置。总的推进速度由一个总流量控制阀来调节。推进千斤顶系统设计最大推进速度为60mm/min。

2. 前、中体

主机前体部分分为两个舱室，分别是泥水舱（或称开挖舱）和气垫舱。其中泥水舱掘进时一般充满泥水，气垫舱在掘进时一般底部为泥水，上部为压缩空气。泥水舱主要功能为切削携带的渣土，气垫舱的主要功能为储存足够体积的压缩空气，以保证压力稳定的需要。

泥水盾构气体保压系统的作用是专门提供稳定的泥水舱压力，这也是间接控制型泥水盾构的主要特点。

泥水舱的压力稳定是直接关系到掌子面稳定的重要因素，为保证工作面压力的稳定，泥水盾构提供了一套专门的压缩空气系统。该系统气源一般由一台空压机提供，气体首先通过空压机出口上方的粗滤器，然后通过两条独立的管线分配到人闸和开挖室。该系统布置了两套独立的压力调节系统，能根据设定值，自动调节气垫舱内压力，使气垫舱内压力一直稳定在设定值。由于气垫舱和泥水舱连通，因此能够稳定泥水舱的压力在某一个设定值范围内。

气压调节系统的功能是保证泥水舱的压力。气压调节的原理是当压力降低或升高，与设定值有偏差时，通过压力的反馈，调整进气阀或者排气阀，对气垫舱内进行补气或排气，使压力逐渐升高或降低到设定压力值，直至与设定值平衡。因为掘进时液位总是存在一定的波动，其压力有一定变化，气压调节系统能根据压力的反馈，及时对气压进行调整。

采用气垫调节原理基本上无需为检查刀盘而对隧道开挖面进行土体改良（但该措施实施与否取决于地质状况）。如可能，承压膨润土渗透层和一个通过气压调节技术精确控制的压力递降程序可以保证人员能够安全进入开挖舱，可以实现断电时（如高压电缆延伸时）和泥水回路停止运转时（管路延伸、进行维保等）有效支撑隧道掌子面压力，使维修保养工作可以在气垫舱内进行，对格栅、搅拌器及碎石机区域的维修保养变得更加容易。在高压情况下，工作人员通过安装在压力舱板内的人闸可以安全地进入气垫舱。

一般气垫舱压力一经设定，一个掘进循环内不再进行调整，所以在掘进循环内，刀盘压力稳定在某个恒定值。只有当掘进条件发生变化，需要调整掘进压力时，再对压力调节器重新进行压力设定。

在开挖舱，冲刷管路用于优化新鲜膨润土的重新分配（膨润土液位），利于物料流动，防止物料在开挖舱结块。开挖舱冲刷是由一个连接在主循环管路的独立管线进行，也是在控制室进行控制。

在开挖舱里利用液位开关进行液位监视。当液位达到一定位置，液位开关则合上。最低液位控制点位于隔离舱板开口的上方，最高液位控制点在通道门边的下方。最低液位控制点可以启动球阀关闭泥浆吸入口，最高液位控制点启动球阀关闭供应管。这些信息可以帮助操作司机监测支撑压力从而控制工作面的稳定。支撑压力传感器是专门为泥浆工作条件开发的，可更换的传感器测量气垫舱的压力，同时也测量开挖舱的压力。

海瑞克盾构在泥水系统排泥管前面的盾构平衡气垫舱底部设置有专用的液压驱动的颚式破碎机，对滚刀破碎下来的较大砾石进行破碎，避免大颗粒进入泥浆循环系统损坏相应部件。参见图3-5。

颚式碎石机由两台重型油缸运转，碎石机的部件可以更换，最大碎石粒径为450mm，电功率30kW，碎石机是自动润滑的，通过控制板可以方便的进行控制。

泥浆门布置在泥水舱和气垫舱之间的隔板底部，主要作用是通过泥浆门的关闭，将气垫舱和泥水舱隔离，使作业人员能在常压下进入气垫舱，在气垫舱里进行维修或检查等作业。泥浆门的布置位置有所不同，海瑞克的布置在气垫舱侧，NFM公司的布置在泥水舱侧。

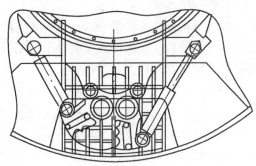

图3-5　液压驱动颚式破碎机

3. 盾尾与盾尾密封

如海瑞克泥水盾构，盾尾通过铰接油缸和中盾相连接，盾尾与盾体的连接是一种被动式铰接设计。机加工的中盾尾部和盾尾前部为铰接，配有两道膨胀紧急密封。参见图3-6。盾尾为多块焊接钢结构（为了便于运输）。注浆管和油脂管均集成在盾尾里。

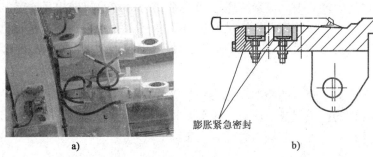

图3-6　盾尾铰接密封

因为选用泥水盾构多为地下水压高的地层，为确保尾封的止水性，进发前应在尾刷和尾刷之间填充润滑脂，掘进中还须连续及时补充，填充材料应为不易燃的润滑脂。由于尾刷与管片的摩擦等原因，致使尾刷磨耗、损伤，以及背后注入浆材的涌入、固结等问题，均会影响润滑脂的充分填充。

海瑞克盾构机盾尾采用了4道钢丝密封刷+1套膨胀式密封，该密封系统可以耐受高达60.1MPa的水压。每条注脂管都连接到油脂腔，在盾尾区域，每一个油脂腔有4条油脂注入管。在掘进期间油脂的注入是不间断的。通常使用的油脂是Condat公司的WR89/WR90型油脂。盾尾密封装置在加注密封油脂后能抵抗预计的操作压力，从而防止漏浆。参见图3-7。

图3-7　盾尾密封

紧急密封由受弹簧片保护的膨胀密封组成。当膨胀密封运作时（使用压缩空气），气囊把弹簧片压向管片达到密封的作用。紧急密封的作用是在进行前面密封刷的更换时可以保护管片安装区域，防止水等流到盾构机内。

4. 机内注浆管

在盾构机内设置多条可以直接伸到泥水舱和盾构机外壳板外侧的注浆管（$\phi=5cm$），以备出现故障时使用。如向掘进面和周围的地层中注浆，向泥水舱内喷射泥水的喷射管，向盾构机外侧注入润滑剂降低千斤顶推力。

5. 管片安装机

管片安装机由悬臂梁、移动机架、回转机架、安装头等构件组成。

盾构内的操作员通过遥控器（最短 50m 操作距离）和有线控制面板来操纵管片安装机。管片安装机的行程允许在隧道内更换前面两排盾尾刷。海瑞克公司设计的管片安装机能够顺利、安全的在 30min 内安装完一环管片。

管片储存在连接桥区域和喂片机上，喂片机安装在连接桥区域下，用于将管片运输到管片安装机区域。管片安装机上安装有一个视觉信号或安装有一个声音信号指示，信号是自动发出的，管片安装机旋转时，红色警报灯启动。

6. 注浆系统

在机器前进过程中，通过盾尾上的 4 条注浆管（另有 4 条备用管），砂浆将被连续自动地注入管片与隧道之间的环缝中。该系统通过 PLC 系统与机器的前进相互锁定，这样就保证机器前进时环缝中的压力。砂浆流动速度是无极调整的，通过控制液压油流量进行流速的控制，这样就可以通过调整它来满足机器前进的速度。注浆操作通过预先设定的压力进行控制。

7. 拖车系统

拖车系统主要由运送管片的桥架、吊运系统（管片存储）和 5 节装载泥水式盾构机操作必需的电气及液压元件的拖车组成。所有设备都安装在拖车行进方向左右两侧。这使得拖车中间有足够的空间让运输车行走和输送管片到安装器。

8. 主要的互锁和警报、故障

1）互锁

①刀盘不旋转或以很低的速度旋转时，推进千斤顶就不能延伸。

②管片安装机不在停放位置而管片安装仍在进行时，推进千斤顶不能延伸。

③润滑或油脂循环没有运作时，刀盘不能旋转。

④刀盘处于维保模式时（缓动模式），刀盘不能旋转。

2）警报、故障

盾构司机可以自由处理显示屏警报和故障信息以保证安全、无故障的隧道掘进。然后，盾构司机可以将得到的故障或警报信息通知维修保养人员。

第三节　泥水循环系统及设备

一、泥水输送系统

泥水输送系统是将新浆和调整浆通过泵与管道输送至盾构开挖面。刀盘切削下来的干土和水混合成的泥浆，通过泵与管道将泥水送往地面的处理系统进行调整。泥水输送系统主要由泵、阀、管道及配套部件等组成，通过泥水监控系统进行自动化操作。参见图 3-8。

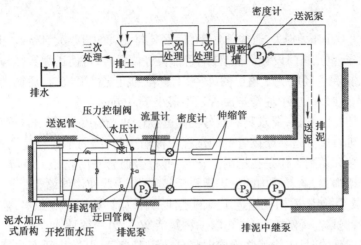

图 3-8　泥水循环系统构成

通常刀盘掘削下来的土砂混入泥水,在排泥泵的吸力作用下,携带掘削的土砂经排放管道输送至地表的泥水调整槽中。由于携带掘削土砂的原因,故该泥水的密度、黏度均有较大的增加,所以流经管道时的内壁摩擦阻力较大,即排放压力损失大,致使排泥压力下降。为防止该压力下降,故需在管道途中设置中继泵,保证排泥通道的通畅。但是,送泥管道中的情况却不同,因送入掘削面的泥水黏度、密度均不大,故尽管盾构的掘进距离增长,送泥管的长度也不断加长,但是送泥管中的泥水压力下降极小,所以送泥管道通常不设中继泵。

当砾石的直径比排泥管径大时,启用砾石处理装置,对砾石进行筛选和破碎处理。

二、泥水输送设备

1.泥浆泵

(1)送泥泵:从泥水处理设备(调整槽)向掘削面压送泥水。通常选用定置式泥浆泵,设置于地表。

(2)排泥泵:把携带掘削土砂的泥水排向地表的泥水处理设备。参见图 3-9。通常选用转数可调的泥浆泵,设置在盾构机后方台车上。该泵可以处理砾石、砂、黏土、珊瑚、煤和其他磨损性物料。使用该泵有以下好处:低成本的维保、耐磨件及轴承寿命长、被堵塞的危险小、容易拆卸叶轮、较少的轴变形和密封垫磨损等。

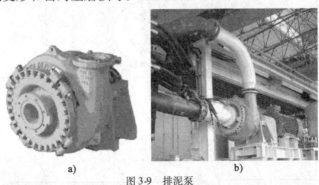

图 3-9　排泥泵

(3)中继泵:弥补掘进距离增加造成的排泥压力损失,通常选用定置定速泵,每 200～300m 设置一台。

(4)井下泵:把排放的泥水从井下升至地表的泥水处理设备,常选用转数可调式泵。

2. 配管设备

(1)送泥管:为减小压力损失,通常送泥管的直径比排泥管的直径大50mm。但是,在靠近盾构机的部位、后继台车部位、阀门设置部位、伸缩管部位等位置时,可使送泥管径与排泥管径相同。

(2)排泥管:排泥管径取决于输送的砾径、土颗粒的沉淀极限流速、盾构的掘进速度、盾构外径等诸多因素。在砂砾层中通常排泥管径不得小于200mm。

泥水盾构中使用的管材,要求具有良好的耐磨损性和光洁度,大部分场合使用煤气管。由于泥水中的土砂砾石成分是在摩擦管壁的过程中被输送的,因而不适合使用螺旋钢管等薄壁管材。管路的连接和切断工作是在掘削停止时,通过旁通管来防止压力下降的同时进行连接和切断。在一环掘削中,随着盾构的掘进需要延长管路,为此使用伸缩管。

(3)伸缩管装置:伴随盾构机掘进距离的延伸,掘进循环达到一定距离,需要延伸泥浆管。泥浆管延伸装置,据目前了解有两种方式,一种是活塞式,另一种是软管式。

①当为活塞式延伸时,先将泥浆管内泥浆泵送到刀盘里,再进行活塞收缩,然后安装泥浆管,再重新进行连接。

②当为软管式延伸时,先用清水将延伸管内的止浆塞推入隧道内的泥浆管内,然后移动收回软管,此时因为止浆塞塞在隧道内的泥浆管内,能够阻止泥浆的倒流进入隧道。这时安装新的泥浆管后,重新连接,再将止浆塞打回原有的延伸系统内。

泥浆管延伸系统使用两个水平软管环和一个平移托架。延伸系统的图解参见图3-10。

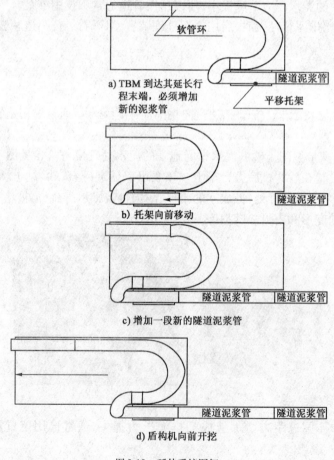

图3-10 延伸系统图解

管路延伸系统能够保证泥水管线延伸工作的安全、洁净。管线延伸车一端和泥水延伸管相连接，另一端和最后安装的一条管路相连。在隧道开挖过程中，管线延伸车向后滑动（与开挖方向相反），伸缩单元从而延伸。开始更换管子之前，必须先关闭隧道内和后配套系统上的阀门。隧道管道内的泥水混合物（新鲜膨润土）将通过安装在后配套系统上的一个专门的分配泵转送到其他管道中。然后，管线延伸系统将被断开，拉到起始位置，下一段管线就被安装、连接到上一段管线上，打开阀门，便可以开始运行。该系统的封闭设计可以避免在隧道底部发生泄漏。

（4）阀门装置：控制泥水流向的阀门切换装置，设在盾构机的后台车上。在关闭和流量调节时需要使用阀门，且大部分都使用自动阀控制。

3. 测量装置

测量装置有流量计、压力计、密度计等。

三、泥水循环模式

泥浆循环的方式包括旁通模式、开挖模式、反循环模式、隔离模式和长时间停机模式。

1. 旁通模式（图3-11）

当盾构在砾石层和软黏土层中掘进时，存在掘削土砂堵塞排泥管道的可能性。此时，由于掘削面上的送入泥水过剩，压力增大，很可能出现管道爆裂，导致掘削面坍塌及周围地层先隆起后沉降。因此，有必要设置可使泥水不再进入掘削面的旁路运转系统。

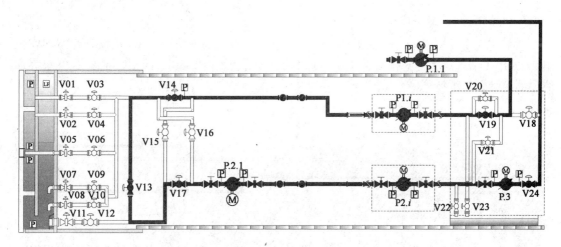

图3-11 旁通模式

这个模式是待机模式，用于盾构不进行开挖时执行其他功能，当盾构从一种功能切换到另一种功能时，特别是用于安装管片衬砌环的情况，它使开挖室被隔离。在旁通模式下，各泥浆泵都根据泵的超载压力和所要求的排渣流量所控制的转速保持旋转。由于此时开挖室没有泥浆的供给，因此理论上并不需要控制泥浆/气垫界面液位。然而泥浆/气垫界面的液位可能由于水从界面上流失或进入而发生变动。在这些情况下，可能需要补充泥浆（只要注入管道压力许可的话）或排出泥浆以调整这个液位。

2. 开挖模式（图3-12）

这个模式用于开挖时使用。根据气垫室（气垫舱）里泥浆的液位以及所要求的排渣流量，对伺服的泵 P1.1(进泥泵)和 P2.1(排泥泵)的转速分别进行调整。调整 P1.1 泵的转速用以校正泥浆/气垫界面液位达到所要求的值,同时确保它沿程的下一个泵的超载压力要大于所要求的净吸压力。

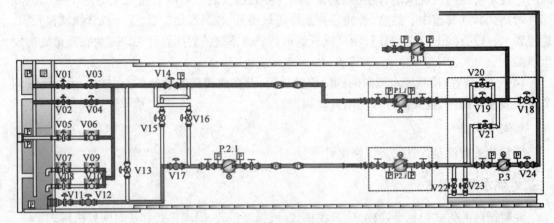

图 3-12　开挖模式

调整 P2.2 泵的转速,用以校正排渣流量达到所要求的排渣模式的值,同时确保沿程的下一个泵的超载压力要大于所要求的净吸压力。P2.2 泵的转速必须能确保排渣的流体能被泵送到地面的分离厂。调整 P2.2 泵的转速以便在泥浆分离厂入口处达到必要的压力。

3. 反循环模式(图 3-13)

这个模式使开挖室里的泥浆逆向流动。仅用于一些特别的情况,特别是在开挖室内发生阻塞,或用于清理盾构内的排渣管道。为了不让泥浆充满开挖室,气垫压力与泥浆、气垫界面液位的控制仍需维持。

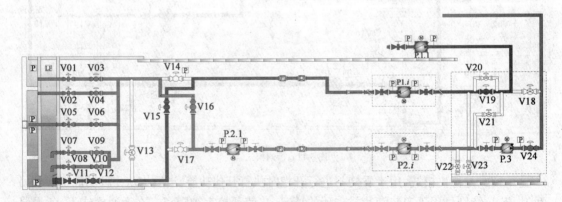

图 3-13　反循环模式

4. 隔离模式(图 3-14)

这个模式使隧道里的泥浆管道系统与地面系统处于完全隔离的状态,但此时设在地面的分离厂和制备厂之间的回路仍保持连通,特别是在这种模式用于隧道泥浆管道延伸时的情况。各排渣泵(P2.1、P2.2)停止运转,而 P1.1 仍保持运行,以此保持制备厂和分离厂之间回路的循环,始发井中的旁通阀 V18 控制着这个回路。

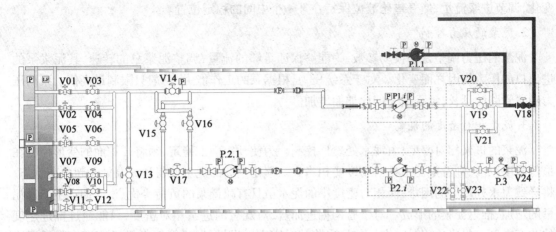

图 3-14 隔离模式

5. 长时间停机模式（图 3-15）

这个模式是自动控制的。此时所有泵都停止运转,开挖面压力由压缩气回路来控制,当气垫室泥浆液位低于预定的低限时,便进行校正。

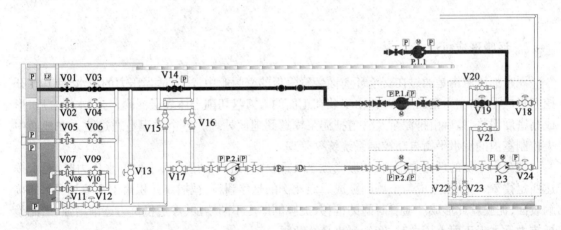

图 3-15 长时间停机模式

四、泥浆循环的控制

泥浆循环的控制包括流量和液位的控制、泥浆压力的控制和泥浆相对密度的控制等。

1. 流量和液位的控制

对于掘进循环,泥浆的循环的目的是携带渣土。为能够携带渣土避免沉淀,必须具备一定的流速,对于不同的地质,其要求的流速是不同的,与渣土的相对密度、泥浆的黏度有关。对于泥浆的液位,为避免泥水舱压力波动太大,需要保证泥浆液位的相对稳定,液位的稳定通过调节进浆和出浆的流量差值来实现。流量的调节,通过增大进浆泵和出浆泵的转速来实现。由于携带渣土的原因,进浆流量和出浆流量存在一定的差值,操作时,其流量调节的基准是调节出浆泵的转速,确保最低的出浆流量(根据理论计算和实践证实相结合确定),此时根据液位变化,调节进浆流量,使气垫舱液位保持在某一个中间的稳定位置。

2. 泥浆的压力控制

泥浆的压力调整是个被动参数,为能够保证足够的流量,调整泥浆泵的转速,其泥浆泵的进出口的压力均因之而变化。对于系统压力,根据泵的工作能力,一般只限制最高值。泵的压力随着管路的延长,延程损失的增加而增加。

3. 泥浆相对密度的调整

泥浆的进浆相对密度,由泥水处理厂控制。为使开挖面上稳定,须将开挖面的变形控制在最低限度以内,则希望泥水相对密度要相当大。但比重高的泥水使得送泥泵处于超负荷状态,将导致泥水处理上的困难;而相对密度小的泥水虽具有减低泵的负荷等优点,但却产生了逸泥量的增加、推迟泥膜的形成。对于盾构掘进而言,对既有的进浆相对密度,只能通过掘进速度的改变来调整出浆的相对密度。如果出浆相对密度很大,可以通过降低推进速度来降低泥浆相对密度。一般进浆相对密度在1.05~1.25之间,出浆相对密度在1.1~1.4之间。

第四节 掘削面稳定机理

一、泥膜形成机理

泥水加压盾构是通过在支承环前面装置隔板的密封舱中,注入适当压力的泥水,使其在开挖面形成泥膜,支承正面土体,并由安装在正面的大刀盘切削土体表层泥膜,与泥水混合后,形成高密度泥浆,然后由排泥泵及管道把泥浆输送到地面处理。整个过程是通过建立在地面中央控制室内的泥水平衡自动控制系统统一管理。

在泥水平衡的理论中,泥膜的形成是至关重要的,当泥水压力大于地下水压力时,泥水按达西定律渗入土壤,形成与土壤间隙成一定比例的悬浮颗粒,被捕获并积聚于土壤与泥水的接触表面,泥膜就此形成。随着时间的推移,泥膜的厚度不断增加,渗透抵抗力逐渐增强,当泥膜抵抗力远大于正面土压力时,产生泥水平衡效果。

不同地层的泥膜形成机理,参见图3-16。

(1)类型1:几乎不让泥水渗透,仅形成泥膜。

(2)类型2:地层土的间隙较大,仅让泥水渗透,没有形成泥膜。

(3)类型3:是上述两种类型的中间状态,既让泥水渗透,又形成泥膜。

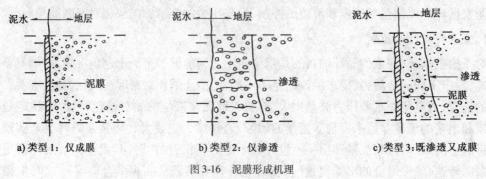

图3-16 泥膜形成机理

二、泥水的功用

（1）形成泥膜及稳定掘削面。它能抑制地下水（油、气体等）喷出（需要适当的泥水相对密度）。泥水与掘削面接触后，可迅速在掘削的表面形成隔水泥膜。泥膜生成后，泥水舱内的泥水再不能进入掘削地层，即避免了泥水损失，保证了外加推进力有效的作用在掘削面上，与此同时掘削地层中的地下水也不能涌入泥水舱，即防止喷泥。这就是泥水的双向隔离作用，既保证了掘削面的稳定，又防止了掘削面变形、坍塌及地层沉降。

（2）运送排放掘削土砂。容易将掘削下来的土砂输送到地面（需要适当的流速、相对密度、黏度、塑变值）。泥水与掘削下来的土砂在泥水舱内混合、搅拌，但掘削土砂在泥水中始终呈悬浮状态，且不失其流动性。故可由泥浆泵经管道将其排至地表，经泥水分离处理即把掘削土砂分离出去排掉，得到原状泥水重新注入泥水舱。

（3）对刀盘、刀头等掘削设备有冷却和润滑作用（泥水特性良好）。

（4）在泥水分离处理阶段，掘削的土砂能按规定的要求分离（需要略低的黏度和胶凝强度）。

此外，泥水还具有对地下其他地层的影响小、对地层易判定并能利用浮力等功用。

三、掘进速度与泥膜的关系

泥水盾构处于正常掘进状态时，刀头并不直接切削土体，而是对刀盘正面已形成的泥膜进行切削。在切削后的一瞬间，又形成了下一层泥膜。由于盾构刀盘转速是一定值，而且盾构推进速度最大能力又受到一定限制，因此掘进速度只和切入土体的深度有关，而和泥膜无关。

但是当泥水加压式盾构在不正常掘进状态时，特别当泥水质量和切口水压达不到设计要求时，泥膜需经过较长时间才能形成，这样就约束了掘进速度。高质量泥水形成泥膜的时间为 $1 \sim 2s$。

四、对泥水特性的基本要求

要想发挥泥水的作用，泥水必须具备如下特性：物理稳定性好，化学稳定性好，泥水的粒度级配、相对密度、黏度要适当，流动性好，成膜性好。

1. 物理稳定性

物理稳定性指泥水经过长时间静置，泥水中的黏土颗粒始终保持浮游散悬物理状态的能力，通常用界面高度描述稳定性的优劣。

界面高度是指一定量的置于量筒中的泥水经过一段时间的静置后，部分土颗粒失去散悬特性出现沉淀，泥水的表层出现清水，底部出现土颗粒，中间仍为泥水。因此观察清水与泥水的分界面高度的经时变化，可鉴别泥水中土颗粒的沉淀程度，即泥水的物理稳定性的好坏。界面高度变化越小，说明泥水的物理稳定性越好，反之，泥水的物理稳定性越差。

2. 化学稳定性

化学稳定性是指泥水中混入带正离子的杂质[如水泥（Ca^{2+}）或海水（Na^+、Mg^{2+}）]时，泥水成膜功能减退的化学劣化现象。其原因是黏土颗粒带负离子，当遇到 Ca^{2+} 等正离子时，黏土颗粒就从散悬状态变为凝聚状态，故泥水的黏性增加。泥水中的浮游散悬状态的黏土颗粒的数量锐减，导致泥膜生成困难。

研究发现,泥水未遭受正离子污染劣化的 pH 值为 7～10,呈弱减性。但当泥水遭受正离子污染劣化后的 pH 值超过 10。故可利用 pH 值来判定正离子造成的劣化程度,即可鉴别泥水的化学稳定性。显然,利用测定背后注浆前后的泥水舱内泥水的 PH 值,可判定是否存在背后泥水浆窜入掘削面的现象。

3. 泥水的粒度级配

(1) 泥水最大粒径。泥水最大颗粒粒径对泥膜形成的效果有很大影响。根据土层渗透系数 k 的不同要求,泥水最大颗粒粒径亦不同,它们之间必须相互匹配,其关系见表 3-1。

泥水最大粒径与 k 值关系参考表　　　表 3-1

土 层 名 称	地层渗透系数 k(cm/s)	泥水最大粒径(mm)
粗砂	$1\times10^{1}\sim9\times10^{1}$	0.84～2
中砂	$1\times10^{0}\sim9\times10^{0}$	0.42～0.84
细砂	$1\times10^{-1}\sim2\sim9\times10^{-1}\sim2$	0.074～0.42
粉砂	$1\times10^{-3}\sim9\times10^{-3}$	<0.074

(2) 颗粒级配。颗粒级配对泥膜形成具有很大的影响,最佳的泥水颗粒粒径分布形式必须通过大量实验来确定。

(3) 泥水浓度。泥水浓度提高能使泥水屈服值升高,同时能使泥膜的稳定性增强,实验证明高密度的泥水可以产生高质量的泥膜。

(4) 泥水压力。虽然渗透体积随泥水压力上升而上升,但它的增加量远小于压力的增加量,而增加泥水压力将提高作用于开挖面的有效支承压力。因此,开挖面处在高质量泥水条件下,增加泥水压力会提高开挖面的稳定性。

4. 相对密度

从稳定的掘削面效果好的论点出发,泥水相对密度越大,成膜性越好,过剩地下水压越小、掘削面变形越小。另外,泥水相对密度大,对掘削面土砂的作用浮力也大,运送排放掘削面土砂的效果也好。

泥水相对密度大,流动的摩擦阻力大,流动性变差,易使泥水运送泵超负荷运转。泥水相对密度大,地表水、土分离难度大。泥水相对密度小,流动性的摩擦阻力小,流动性好,故泥水运送泵不会超负荷运转,但相对密度小,成膜速度慢,对稳定掘削面不利。

当泥水密度偏低时,通过快速制浆机加入膨润土进行调整;当密度偏高时,用泥浆泵抽出泥浆池的浓泥浆并加入清水进行稀释。

5. 黏性

为了确保泥水发挥作用,泥水还必须具备一定的黏度。

①防止泥水中的黏土、砂颗粒在泥水舱内发生沉淀,保持掘削面稳定;

②防止逸泥;

③能以流体的形式把掘削下来的土砂运出,后经土、水分离设备滤除废渣,得到原状的泥水。

在施工现场多采用漏斗黏度计法来测定泥水的黏性。所谓漏斗黏度计法是用测定 500mL 的泥水以漏斗中完全流出经历时间来表征的。经历时间越长,表示黏性越大(在清水中 500cm^3 漏斗形黏性是 19s)。通常是采用 25～40s/500cm^3 值的泥水。

黏度小有利于泥水以流体形式运出掘削面土砂及地表土、水分离。但从泥水成膜特性方面考虑，又希望漏斗黏度大，因为漏斗黏度大有利于黏土颗粒吸附聚集在掘削地层表面，即成膜速度快，对稳定掘削面，防止逸泥有利。因此，泥水漏斗黏度，不易过大也不易过小，通常根据掘削土质和地下水影响等因素适当选取。

泥水的最佳特性：

可渗比 $n = 14 \sim 16$，相对密度为 1.2，漏斗黏度为 $25 \sim 30s$，界面高度 $<3mm$（24h 静置后），pH 浓度为 $7 \sim 10$。满足上述条件的泥水不仅能保持掘削面稳定，同时还具备逸泥量最少的特点。而从相对密度、黏度两方面看，携带掘削土砂的流体输送也处于最佳状态。

可渗比为地层孔隙直径与泥水有效直径的比值（n），表征泥水在掘削面上形成泥膜或不能形成泥膜的条件。

可渗比与泥膜的关系：$n<10$ 表明泥水中的颗粒成分无法渗入地层，只能吸附聚集于掘削面地层表面，即生成吸附聚集膜；$n>10$ 以后随着 n 的增大，渗入地层孔隙中的泥水颗粒的数量增加，渗透距离加深，不能渗透而聚集于掘削面上的颗粒数减少；直至 $n=15$ 时，不能渗透的颗粒数减至为零，即颗粒全部渗入地层，全部成为渗透膜；但 $n>15$ 以后，随着 n 的增加，渗入地层的颗粒开始出现流失，n 越大，流失越多；当 $n=20$ 时，渗入地层的颗粒绝大部分流失；$n>20$ 后，渗入地层的颗粒全部流失，无法成膜。

五、泥水配料

泥水配置材料包括水、颗粒材料、添加剂。

(1) 水。在使用地下水和江河水时，事先应进行水质检查和泥水调和试验，必须去除不纯物质和调整 pH 值。

(2) 颗粒材料。其多以黏土、膨润土、陶土、石粉、粉砂、细沙为主。

①黏土：配置泥水的主要用料，应最大限度的使用掘削排放泥水中回收的黏土。

②膨润土：是泥水的主材黏土的补充材。膨润土的作用提高泥水黏度、相对密度、悬浮性、触变性。

③砂：在砾石层中掘进时，因地层的有效空隙直径较大，故需在泥水中添加一定的砂，以便填充掘削地层的孔隙，应根据 $n = 14 \sim 16$ 的条件选用砂的粒径。

(3) 添加剂。其主要用来调整泥水的质量，其种类有分散剂（提高土颗粒的分散性，防止阳离子污染及污染后恢复 Ca^{2+}、Mg^{2+}、Na^+ 等）、增黏剂（提高泥水的黏度，减小滤水量，提高阳离子污染的抵抗性）、中和剂（防止背后注入浆液等碱性成分的泥水，造成的泥水质量恶化）、黏土颗粒、砂颗粒（提高成膜性，减少滤水量）。

添加剂多为化学试剂。如 CMS（缩甲基淀粉）的作用降低失水率、增加黏度；纯碱（碳酸钠）调节 pH 值、分散泥水颗粒。

六、泥水拌制和浆液调整

1. 泥水拌制

当盾构在掘进过程中，需要进行新旧泥浆交替补充到盾构刀盘面，形成一定厚度的泥膜便于刀盘切削。

当旧浆液浆量不足时需要及时补充新鲜浆液，造浆系统根据浆液的黏度、相对密度等技术指标进行调整。及时向盾构正面刀盘面补充浆液，使刀盘正面快速形成泥膜，便于盾构顺利进行掘进施工。

拌制泥水的主要材料是膨润土、CMS 等。

泥水拌制系统由新浆槽、新浆泵、新浆搅拌器、新浆储备槽、CMS 搅拌槽、CMS 搅拌器、CMS 泵、分配阀和加水设备组成。

CMS 搅拌槽储存化学浆糊、新浆槽储存膨润土等材料，分别由搅拌器进行搅拌，将搅拌后的 CMS 化学浆糊送入新浆槽进行混合搅拌制成新鲜浆液。

新浆自造系统由 CMS 加料、CMS 槽、搅拌子系统，膨润土加料、皮带机、新浆搅拌槽子系统，加水和膨润土预膨胀及搅拌子系统组成，如图 3-17 所示。

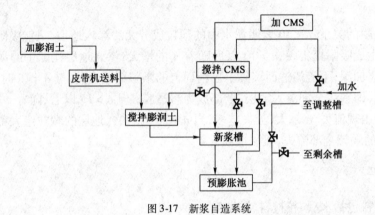

图 3-17　新浆自造系统

2. 浆液调整

调整槽分系统具有新旧浆液搅拌调整功能，同时也起到储存浆液作用。

回收的浆液经过盾构机反复应用后，浆液的相对密度、黏度指标会不断发生变化，需要再次把切削土砂形成的混合泥浆通过新浆分系统分配的新浆重新进行浆液技术指标的调整，浆液调整系统由调整槽、剩余槽、调整槽搅拌器、剩余槽搅拌器、调整泵、剩余泵、密度泵、送浆泵、补液泵、分配阀和加水设备组成。

调整槽对新旧浆液进行调整，剩余槽储存新旧浆液，分别由搅拌器进行搅拌，由密度泵进行密度检测，而后由送浆泵将调整好的浆液送往盾构机。

当盾构处于停止掘进模式进行管片拼装时，为了确保刀盘面正面土压力平衡，由补液泵进行循环补液。

第五节　泥水分离处理系统

一、泥水处理系统

泥水处理系统是将掘削下来的土砂形成泥水，变成流体进行输出，经分离成为土砂和水，最后将土砂排弃的处理系统。

泥浆分离和处理系统的作用是将盾构切削土砂形成的泥水进行颗粒分离和处理后，再将回收泥浆泵入调整槽。

在这个处理系统中,将排放的含有掘削土砂的泥水中,混有砾石、砂、黏土、淤泥的结块等粒径较大的粗粒成分,以及大直径砾石和砂作机械筛分;小颗粒粉砂土、黏土胶体用凝集剂使其形成团粒后,采取强制脱水。通过对排放的泥水作一系列的处理、调整,使之符合再利用标准及废弃物排放标准的过程,称为泥水处理。具体又细分为一次处理、二次处理、三次处理、用调整槽及其他槽类(箱)处理。

1. 一次处理

即携带掘削土砂的排泥中的砾、砂、淤泥及黏土结块等粒径大于 $74\mu m$ 的粗颗粒,从泥水中分离出去,并用运土车运走。

2. 二次处理

使一次处理后的多余的泥水进一步作土(细粒成分)、水分离(凝集脱水)。原则上 $74\mu m$ 以下的小颗粒土砂(粉砂土、黏土、胶体),呈电化学结合。由于作机械性分离困难,因为粒子小,沉降速度慢,所以自然沉淀需要很长时间,而且要有规模大的沉淀池。目前多数采用添加凝集剂,使其形成团粒(絮凝),成为便于处理的大颗粒后再强制脱水,处理成可以搬运的状态,然后运出。

3. 三次处理

把二次处理后产生的水和坑内排水等 pH 值高的水处理成达到排放标准的水,然后排放。

4. 用调整槽及其他槽类(箱)处理

从开挖面排送到地面的泥水,经一次处理和二次处理的土砂分离后,分成土砂和泥水。土砂运往弃土场,泥水则再次循环到开挖面。当泥水被送往开挖面时,需要调整其相对密度和黏度指标。为此,进行临时储水,利用仪器量测后,投放新泥或调整剂(相对密度、黏度等)。此时需要储存溶解和混合化学药品用槽,如调整槽、剩余泥水槽、有机和无机凝集剂槽、有机和无机溶解槽、混合凝集槽、过滤水接受槽、清水槽、黏土溶解槽、储泥槽、稀释槽、过滤水槽、CMC 溶解槽和比重调整器等。

二、泥水处理设备

泥水分离设备主要用于将含有渣土的泥水进行分离,使渣土被分离脱水后直接外运,分离后的泥水经过调整重新回到盾构被使用。泥水分离设备参见图 3-18。

图 3-18 泥水分离设备

泥水分离流程图参见图 3-19。其处理过程为盾构机排出的污浆,由排泥泵送入泥浆分离站,经过第一步预筛分器的粗筛振动筛选后,将粒径在 3mm 以上的渣料分离出来;筛余的泥浆由渣浆泵加压,沿输浆软管从旋流除砂器进浆口切向泵入,经过旋流除砂器分选,$74\mu m$ 以上粒径微细的泥砂由下端的沉砂嘴排除落入细筛；细筛脱水筛选后，干燥的细渣料分离出来，经过筛选的泥浆经渣浆泵泵送，循环再进入二级旋流器，分选30μm以上的颗粒，由细筛脱水分离。分离后的泥浆进入储浆池，再经过处理后进入盾构机。分离后浆液，在必要的情况下，可以通过离心机、滤压机或带压机分离出浆液中的更细的微粒，以确保满足环境要求。

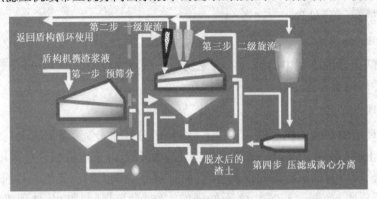

图3-19 泥水分离流程图

对于不同厂家的设备或不同地质，预筛、一级旋流和二级旋流的分选颗粒大小有所不同。一般分离设备有振动筛、旋转分离器、离心机、压滤机等。

1. 一次处理设备

1) 土砂振动筛

采用振动筛作为首道初级分离比较合适，振动筛的作用是对泥水作预处理，去除团状和块状等粗大颗粒。对于不同粒径和级配的物质分离，振动筛是最基本的设备，振动筛是由一个或多个筛板组成，每个筛板的筛孔逐级减小。振动筛一般用于粗糙材料的筛分。其孔眼小至60μm。

2) 旋转分离器

旋流处理分离系统的主要功能是将经过分离以后的中细颗粒浆液再次进行细化处理，逐次降低浆液粒径，处理系统一般采用多级旋流器进行处理。

旋流器的工作原理是依据水动力高速旋转产生的离心力达到处理目的，利用旋流泵在旋转过程使旋流器产生负压力，迫使旋流器内部悬浮的细微颗粒通过离心作用产生螺旋式上升，通过上溢口被负压力挤出，浆液中粗重颗粒在自重的重力作用下落入下溢口弃浆槽内。

旋流器不同的内径和颈长比以及不同的工作压力，会达到不同的处理效果。

旋转分离器是由一固定的锥体组成，它的进料口紧挨其壳体，在圆锥体的顶部设有一上溢流出口，底部设一下溢流出口，开挖料以较大速度抽入旋转的锥体中，使之产生涡流作用，泥水进入锥体中的螺旋体。尺寸大、重量重的粒状物通过离心作用，以一定速度分离出来，集中到锥体的内壁上，最后通过底部出口排出；细小的颗粒，保留在泥水中，经螺旋体从上溢口排出。旋转分离器广泛应用于地表分离站，它可以从废弃泥水中分离出砂和淤泥，甚至可以有效地分离出10μm以上的颗粒。

2. 二次处理设备

1) 凝聚分离设备（浊水处理设备）

把剩余的泥水在凝聚沉淀槽中搅拌，同时添加絮凝剂使细粒结合形成絮凝物（团粒），促进沉淀。

2) 脱水设备（压滤机）

脱水即取出絮凝的凝聚物的大部分孔隙水(将废弃的泥浆经压滤后适于运输处置),使之成为可以搬运的结块。脱水的方式有:

(1)加压脱水方式(过滤加压)。利用泵和空压机对絮凝物加压,通过滤布脱水。

(2)真空脱水。使绷紧滤布的旋转鼓筒内加负压,利用其压力差进行脱水。

3)离心分离设备

通常使用的离心机是由两个围绕一静止室旋转的同轴部件组成。它用于净化膨润土泥浆很有效,只把小于 $6\mu m$ 的颗粒保留在泥浆中。

3. 三次处理设备

经过絮凝、脱水、分离3个工序产生的废液与洞内的杂乱废水通常均显碱性,可利用硫酸等进行中和,在排放之前把 pH 值调整到符合排放水质基准的要求后,再进行排放。

三、泥水分离处理系统的管理

泥水处理系统是对一次处理、二次处理、凝聚剂添加、砾石处理设备等泥水分离处理设备的启动、停止、运转状况(根据压力仪、电流表等检测)、槽内泥水量以及化学剂量等进行量测和监视,并对其处理量和整体进行监视。根据处理设备的运转状况和能力,改变运转速度,稀释或浓缩泥水,以便适应开挖面状况,并且在最适当的状态下进行掘进管理。

使用的凝聚剂要适合开挖面土质,通过调试试验来变换化学剂及增减使用的剂量,求出最经济的化学剂用量。

泥水槽内的泥水,根据比重仪指示,由泵自动进行泥水稀释和浓缩增减操作。

第六节 掘削面稳定管理

一、掘削面稳定机构

从设备方面看,直接与稳定掘削面有关的是掘进、送排泥和泥水处理三部分机构,参见图3-20。

1. 掘进机构

掘进机构中掘削刀盘是稳定掘削面的重要因素。泥水盾构中利用稳定掘削面及面板挡土,与用掘削土稳定掘削面的土压盾构相比,泥水盾构万一发生掘削面坍塌,则很难期望利用泥水挡土。另外,在据地层条件选定掘削槽口宽度和数量的同时,还要设置槽口开关装置,以便确保掘进时的安全性。

欧洲生产的泥水盾构中,在泥水舱内设置压气室的做法(即气体保压系统),其目的都是便于调节泥水压力。

2. 送排泥机构

为使掘削面稳定,在送排泥机构中,必须设置管理泥水和掘削土量的测量装置。利用控制送泥泵转数的方法控制泥水压,利用流量计和密度计测量掘土量。

3. 泥水处理机构

其功能是确保输送给掘削面的泥水质量。由调整槽调节泥水的质量,由制泥设备制作新

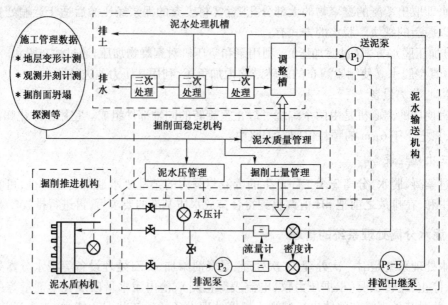

图 3-20 泥水盾构构成框图

的添加剂的泥水。

二、掘削面稳定管理

掘削面的稳定管理以泥水压管理、泥水平衡控制和掘削土量管理三项为重点。另外,参考表征掘削面稳定状态的地层变形测量数据,掘削面坍塌探查等施工管理数据,综合判断稳定状况。

1. 泥水压管理

根据泥水盾构总体性能需要,对泥水输送监控系统的基本要求如下:

(1)通过对泥水输送系统各定量水泵和阀门的开关量控制,实现泥水输送系统在时序和逻辑方面的控制;

(2)通过对泥水输送系统各调速水泵的转速和控制阀开度的模拟量控制,实现对泥水输送系统的泥水平衡的控制;

(3)通过对泥水输送系统各类设备的状态(开关量)和物理量(模拟量)的信息采集和处理,提高泥水输送系统的管理水平。

2. 泥水平衡控制

泥水平衡控制的目的是使泥水加压式盾构开挖面的土体压力达到平衡,保持开挖面的稳定。在盾构施工中要使盾构开挖面压力绝对平衡是不可能的,因为要受到盾构掘进速度、地层变化、掘进深度及掘进长度等多种因素干扰,必须通过监控手段去达到动态上的相对平衡,以求开挖面的稳定。

1)泥水平衡控制对象

随着盾构掘进速度的动态变化,切削进入泥水舱内的泥土量与掘进速度亦成正比变化,其在泥水舱内产生的压力趋势亦呈正比变化。

随着掘进距离的增长,在送泥水泵功率一定的条件下,送泥管道的增长会引起送泥水阻力的增加,使进入泥水舱的送泥水压力下降。同时在排泥水泵功率一定的条件下,排泥管道增长会引起排泥水阻力的增加,使泥水舱内压力增加。

掘进速度变化和送排泥管道增长是泥水舱压力变化的主要干扰源。在影响土体恶性循环的诸多因素中(泥水舱压力、掘进速度和泥水密度等),泥水舱压力是影响土体稳定的主要因素。因此,泥水平衡控制的主要对象是泥水舱的压力。

2)泥水平衡控制原理

泥水平衡控制运用单回路调节器和执行机构(调节水泵转速和控制阀开度)与被控对象构成闭环负反馈,根据被控参数的测量值与给定值之间的偏差,按 PID 调节规律,对执行机构进行控制,以达到泥水平衡控制的目的。

PID 规定:泥水传感器安装在开挖舱,随时检测土压值。压力调节器比较测得值与设定值,然后控制进气阀修正支撑压力。压缩空气系统只调节进气,如果开挖舱过压,则通过卸压阀卸压,调压系统精度为 ±0.005MPa(±0.05bar)。

精确的工作面支撑压力调节是通过操作员控制泥浆循环系统的进量、出量及 Samson 调压系统来实现的。Samson 系统包括两个压力调节阀,一个是升压,另一个是减压。同时,安装有两套调节系统,一套是工作系统,另一套是备用系统。一旦工作系统出现故障,备用系统马上可以启用。压缩空气/可呼吸气体部分将由机器上的空压机供应,部分由地面上的空压机站(包括过滤器和冷却器)供应。压缩空气调节系统是全气动操作装置。

3)送排泥机构的控制系统

该机构中的送泥泵 P_1 和排泥泵 P_2 动力源均使用变速(V_s)的电动机。由 P_1 泵控制掘削面泥水压,由 P_2 泵控制排泥流量,另有排泥中继泵($P_1 \sim P_N$)作定速运转,参见图 3-21。

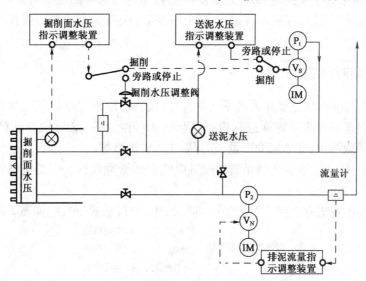

图 3-21 送排泥机构控制系统

4)掘削面泥水压指示调节装置

掘削面泥水压指示调节装置是一个把掘削泥水压的指示值,连同泥水压的设定值一起送入 P_1 泵或掘削泥水压调节阀中的装置。此外,还设有超过管理极限报警的装置。

(1)掘削态。利用设在盾构上的水压计检测掘削面的水压,把该检测信号经传输器传送给装在中央监视操作盘的指示、调节装置。该装置可根据检测值与设定值的偏差,把对应的改变转速的指令送给泵 P_1,进而改变 V_s 电机转速,使掘削面上的泥水压回到设定值。

(2)停止掘削态。停止掘削时的掘削面上的泥水压,因逸水、逸泥等原因而变动。但是,因 P_1 泵停止工作,所以此时无法再用 P_1 泵调节掘削面上的泥水压。为此,在送泥管上的某一位置设置一个带调节阀(自动开关)的旁通支路,根据调节装置的指令控制旁路开关,调节掘削面上的泥水压。

5)输入泥水压指示调节装置

该装置是一种在旁路运转时,控制输入泥水的装置。其作用是当从停止态转入掘削态时,减小掘削面上的水压。变动原理与掘削面泥水压指示调节装置相同,利用设置在输入泥水管中的水压计检测输入泥水压,利用调节装置控制 P_1 泵。

3. 掘土量管理

因为泥水盾构无法目视掘削面的稳定状况,所以多采用在送排泥管上设置流量计和密度计测量掘土量的方法评估掘削面的稳定状况。

掘削出来的土是通过管路被排出,由仪器测定送泥水和排泥水的差,通过计算求出实际土粒子量(干砂量)。

将电磁流量仪、γ 线密度仪、差压密度计、重量式密度计等仪器安装在送泥管和排泥管中,测量管内的流量和密度。根据土粒子相对密度值算出土粒子量,从排泥量和送泥量的差值上计算出土粒子量(原则上是计算每一环的掘削出土量),即掘进量(排泥流量 – 送泥流量)和掘削干砂量(排泥干砂量 – 送泥干砂量)。但是从这些测量值很难判定是否存在超掘量,只能通过统计处理判断掘土量是否正常。从对预先的钻孔资料计算量的差值上进行判断,了解异常情况,但两者的值未必是相同的,最终还是要对两者加以对比作出推定。另外,为弥补上述缺点,也可以同时运用掘削面探查装置进行实测。探测方法有探查棒直接探查法和超声波等间接探查法。

三、确认掘削面稳定的方法

泥水盾构因掘削面状态操作人员无法直接目视确认,故须寻求设定泥水压和泥水质量的方法。目前可根据下列测量数据进行检查、确认:①掘削土量;②盾构荷载(推力、掘削扭矩等);③掘削面坍塌数据;④地层变形量;⑤背后注入管理数据。

上述数据中,①、②、③的数据是盾构掘进中的实时管理数据。但是质量管理中的变量判断以①、③为主。

掘削面坍塌探查法有直接式(接触式)和间接式(非接触式)两种,如图 3-22 所示。

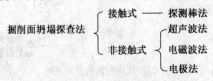

图 3-22 探查法分类

接触法,即用探查棒从盾构的正面刀盘处直接伸出,读出触及掘削面时探查棒伸出的长度,即刀盘到掘削面的距离。根据距离的变化状况判断掘削面的稳定。

非接触式的超声波和电磁波都是测定发射波碰到掘削面形成反射收到反射波的时间,由此推算出刀盘和掘削面之间的距离。电极法是利用泥水和地层的电阻率的差来推算泥水层厚度的方法。

四、掘削管理流程

掘削管理流程图 3-23 所示。

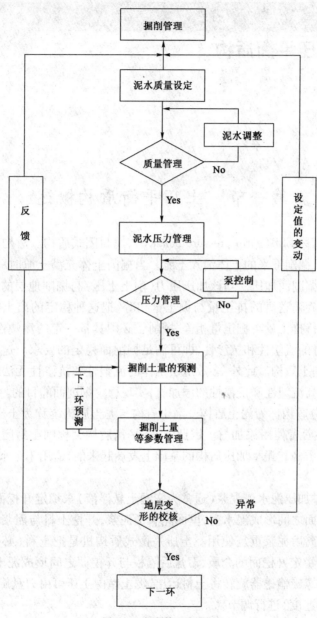

图 3-23 掘削管理流程图

第四章　土压平衡盾构

第一节　土压平衡盾构概述

土压平衡盾构简称 EPB(earth pressure balance),属封闭式盾构。盾构前进时其前端刀盘旋转掘削地层、土体,掘削下来的土体涌入土舱。当掘削土体充满土舱时,由于盾构的推进作用,致使掘削土体对掘削面加压。当该加压压力(削土土压)与掘削地层的土压和水压之和相等,随后也能维持螺旋输送机的排土量与掘土量相等,把这种稳定的出土状态称为掘削面平衡,即稳定。要想维持排土量与掘土量相等,掘削土必须具备一定的流塑性和抗渗性,有些地层的掘削土仅靠自身的流塑性和抗渗性,即可满足掘削面稳定的要求。这种利用掘削土稳定掘削面的盾构称为削土盾构。此外,多数地层土体的流塑性和抗渗性无法满足稳定掘削面的要求,为此需混入提高流塑性和抗渗性的添加材,实现稳定掘削面的目的。通常把注入添加材的掘削土(称为泥土)盾构称为泥土盾构。削土盾构与泥土盾构统称为土压盾构,两者的区别是前者不用添加材,后者使用添加材。因此,土压平衡盾构又称削土封闭式或泥土加压式盾构,是在局部气压式盾构和泥水加压盾构的基础上发展起来的,适用于含水饱和软弱地层中施工的新型盾构。

泥水盾构是通过加压泥水或泥浆(通常为膨润土悬浮液)来稳定开挖面,其刀盘后面有一个密封隔板,与开挖面之间形成泥水室,里面充满了泥浆,开挖土料与泥浆混合由泥浆泵输送到洞外分离厂,经分离后泥浆重复使用。土压平衡式盾构机是把土料(必要时添加泡沫等对土壤进行改良)作为稳定开挖面的介质,刀盘后隔板与开挖面之间形成泥土室,刀盘旋转开挖使泥土料增加,再由螺旋输送器旋转将土料运出,泥土室内土压可由刀盘旋转开挖速度和螺旋输送器出土量(旋转速度)进行调节。

土压平衡盾构的前端也是一个全断面切削刀盘,在盾构中心或下部有一个长筒形螺旋输送机的进土口,其出口在密封舱外。土料经螺旋输送机从开挖舱被排出,排出土料必须有控制的进行以防止开挖舱内土压减小而引起沉降。螺旋输送机靠转速来控制出土量,出土量要密切配合刀盘的切削速度,以保持密封舱内充满泥土而又不致过于饱和。这种盾构避免了局部气压盾构的主要缺点,也没有泥水加压盾构投资较大的缺点。

与其他工法相比,土压平衡盾构可以不用辅助的支撑介质(压缩空气、悬浮液、胸板等)。切削轮开挖出的材料可直接作为支撑介质。至今,土压平衡盾构与泥水加压平衡盾构,已成为比较成熟、可靠的新型设备,广泛地在隧道施工中予以应用。

一、土压平衡的概念

所谓土压平衡,就是盾构密封舱内始终充满了用刀盘切削下来的土,并保持一定压力平衡开挖面的土压力和地下水压,即地下水压力+土压力=土舱压力,如图4-1所示。

对由旋转刀盘切削下来进入密封舱内的土体,通过安装在密封舱内的螺旋输送机以及出土口上的滑动闸门或螺旋式漏斗等排土机构进行排土,一面维持开挖面稳定状态,一面将盾构向前推进。

二、土压平衡盾构的工作原理

土压平衡盾构的基本原理是刀盘旋转切削开挖面的泥土,破碎的泥土通过刀盘开口被压进土舱,泥土落到土舱底部,然后在那里与塑性土浆混合,通过螺旋输送机运到皮带输送机上。盾构在推进油缸的推力作用下向前推进。盾壳对挖掘出的还未衬砌的隧道起着临时支护作用,承受周围土层的土压、承受地下水的水压以及将地下水挡在盾壳外面。使掘进、排土、衬砌等作业在盾壳的掩护下进行。土压平衡盾构主机构造主要组成部分参见图4-2。

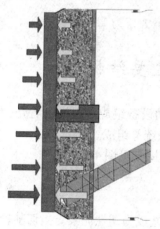

图4-1 土压平衡示意图

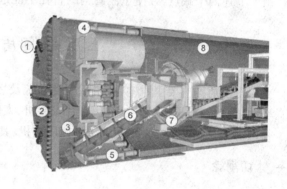

图4-2 土压平衡盾构机示意图
1-隧道面;2-刀盘;3-挖掘舱;4-耐压防水壁(压力舱壁);
5-推力油缸;6-螺旋机;7-混凝土管片;8-盾尾钢壳

土压平衡式盾构机是特别用于低渗水性的含有黏土、肥土或淤泥的混合土质的机器。为避免发生地表隆陷,刀盘挖出的渣土支撑着隧道面。为使其成为支撑介质,挖出的渣土应具有以下特点:

(1)高可塑性;
(2)流体、软连续性;
(3)低内摩擦性;
(4)低渗水性。

正常情况下,这些特点在开挖前后都不可能直接具有,这样,渣土中就必须加入膨润土和泡沫之类的添加剂从而使其具有可移动性。但是,必须要考虑土压的变化。

三、土压盾构工法的优缺点

1.优点

1)成本低

因土压盾构工法无需像泥水盾构那样的泥水处理系统,故设备少,现场占地面积小,成本低。

2) 出土效率高

因排出的多是泥土,故排土效率比泥水盾构工法高。

3) 适应地层范围宽

目前土压盾构工法几乎对所有地层均可适用,特别是大砾石含砾率高的地层。

2. 缺点

1) 掘削扭矩大

因添加材料的密度大,故对掘削地层的浸渗小,所以掘削摩擦阻力大,即掘削扭矩大,致使盾构机的装备扭矩大,功耗大。

2) 地层沉降大

与泥水盾构工法比,土压盾构工法对周围地层扰动大,故地层隆起、沉降均较泥水盾构略大。不过随着监测技术的进步,沉降量也得到有效的控制。

3) 直径不能过大

由于上述两个缺点,致使土压盾构的直径不能过大,目前最大仅为11m。

第二节 土压平衡盾构的主要结构

土压平衡盾构主要由盾构主机、后配套系统及后配套辅助设备组成。主机由盾壳、刀盘、刀盘驱动、螺旋输送机、皮带输送机、管片安装机、人舱、液压系统等组成。

德国海瑞克制造的 $\phi 6.39m$ 土压平衡盾构机,其主机构造图参见图4-3。

一、切削轮

切削轮切削隧道工作面的土料,并在开挖舱内揉搓它,使之成为塑性泥浆。当切削轮在隧道工作面上切削时,可能就已对地层进行了处理,灌注口布置在切削轮前面,以便加入适当的处理剂。

封闭的切削轮(刮削刀盘)或封闭滚筒用于地层中不稳定的隧道工作面,这样可以避免在隧道工作面松动大量的地层。切削轮上开口的百分比在保证系统稳定的前提下可以根据实际需要而变化。开口的宽度限制了螺旋输送机可以传送的最大石块的尺寸,大的石块在切削轮前破碎至槽口的尺寸,这样可以避免损坏螺旋输送机。

与泥水盾构相反,在土压平衡盾构中开挖料并不落入充满泥浆的开挖舱中,而是被压送到螺旋输送机的入口。密闭的切削轮或滚筒只对工作人员在其进入开挖舱时提供有限的保护。密闭切削轮的缺点是在隧道工作面上支撑压力的分布不均匀。在压力舱壁处测得的土压值不一定就是实际的土压,且与切削轮的位置和转动方向有关。尤其是在那些有流动趋势的地层中,在压缩空气下工作有相当大的危险。

使用开敞式切削轮时,阻塞的危险较小,隧道工作面上的支撑压力分布规则,且到螺旋输送机上的流动较好。但它的缺点是由于没有机械支撑,当进入压缩空气作用下的开挖舱时,增加了危险。此外,由于浅覆盖,降低了稳定性和切削轮的刚度都会增加沉降的风险。

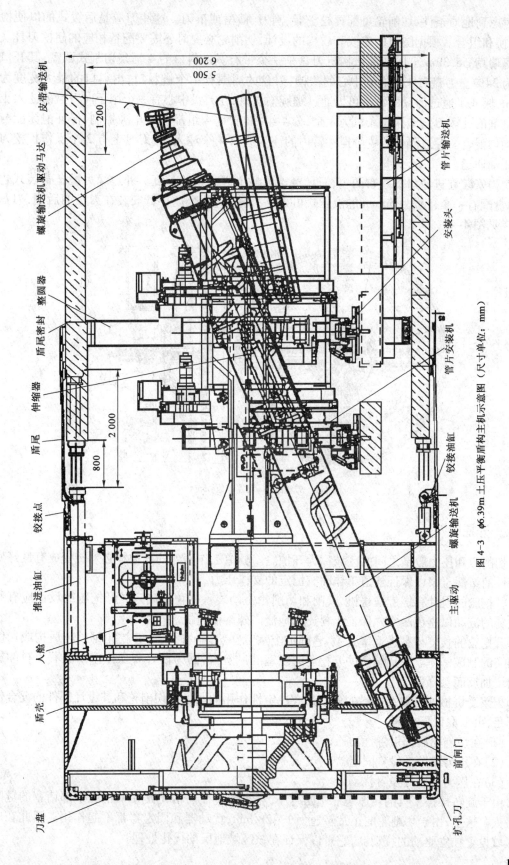

图 4-3 φ6.39m 土压平衡盾构主机示意图（尺寸单位：mm）

考虑到地质条件,切削轮可配置松土器、割刀、截凿或滚刀。这些刀应是后置式的以便检查、更换和组合。根据隧道的定线和盾构的设计,切削轮必要时还需要配备相应的超挖刀具。

海瑞克 ϕ6.39m 土压平衡盾构机刀盘是一个带有宽进料口的 4 辐条切割式圆盘,其开口率约为 34%。刀盘有 4 个通到中心的渣槽,刀盘的周围有 4 个进料口,出料口的最大宽度为 230mm,保证了通过刀盘的石渣可以通过螺旋输送机,在刀盘中心有一个用于向刀盘前注入土质改良剂的孔。刀盘泡沫注入口为 8 个,分 4 组控制,且 4 组都能够单独控制,保证泡沫能与土渣均匀混合。穿过隔板的 4 个搅拌臂内的注入管有 4 个注入口,刀盘上有 2 个操作扩挖刀的液压油通道。

铲刀安装在进渣口的左右两边,刀具覆盖了整个进渣口的长度。外边缘另配备背装式边刀,刀盘配有一个行程为 50mm 的液压式可延伸扩挖刀,两个搅拌臂安装在刀盘的后侧,刀盘结构参见图 4-4。

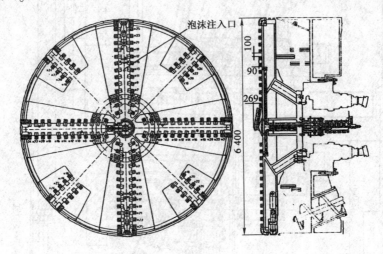

图 4-4 刀盘结构(尺寸单位:mm)

二、开挖舱

切削刃和压力舱壁之间的区域称为开挖舱。隧道工作面处的开挖料必须转变成有良好变形特性的塑性土浆以保证隧道工作面有恒定的支撑压力。

开挖舱的设计有螺旋输送机、气闸和切削轮驱动装置的位置确定。开挖舱的设计应有利于土料的流动以避免聚集并保证土料连续地流向螺旋输送机。

开挖舱的长度与推进速率有关,它确定土浆留在舱内的时间。开挖舱可以与盾构或切削轮结实的制成一体。使用旋转的开挖舱时阻塞的风险大,因为混合和揉捏作用随着土料的黏性的增加反而会降低。

土浆受机械冲击对开挖料的处理是有决定性作用的。如果切削轮和其设计部件的混合作用不足,可采取以下措施:

(1)在切削轮后部设置扰动器;
(2)在压力舱壁处设置固定器;
(3)在压力舱壁处设置扰动器。

由于旋转揉搓工具的转速越靠中间越小,对于大直径盾构尤其在开挖舱中部堵塞的危险性最大。这里,由于切削轮的正常转速为 1~2r/min,扰动器和固定器都不起作用。因此在中心区域设置独立驱动的扰动器,它可以保证在该区域地层的优化处理。

在开挖舱的压力隔板上装有压力传感器以测量不同水平的土压,这些压力在主控室里显示出来。

推进油缸和盾壳铰接油缸装有冲程计量系统和压力测量系统转换器可以控制油缸,并采用后配套系统上的液压驱动装置来驱动。

在推进模式下,推进缸总共合并为 N 组,每组都有冲程计量系统以控制推进装置驱动。在装有的操作元件的帮助下,操作员可以控制每组油缸的压力(分压器组)和所有油缸(分压器速度)的流量。

海瑞克 EPB 盾构机开挖舱由刀盘、切口环、隔板及螺旋输送机前端组成。将刀盘开挖下来的土渣填满舱室,在刀盘后面及隔板装有能使舱室内土渣强制混合的搅拌臂。借助盾构推进油缸的推力通过隔板进行加压,产生泥土压,这一压力作用于整个作业面,使作业面稳定,刀盘切削下来的土渣量与螺旋输送机向外输送量相平衡,维持舱内压力稳定在预定的范围内。舱内的泥土压力通过土压传感器进行测量,为保证一定的泥土压力,可通过控制推进力、推进速度、螺旋输送机转速来控制。在砂性土层中施工时,由于砂性土流动性差,内摩擦力大,舱室内压力不易稳定,所以需进行泥土改良。在开挖舱里注入膨润土或泡沫剂,然后进行强制搅拌,使土砂泥土化,具有塑性和不透水性,使舱内的压力容易稳定。在黏性土层推进时,可向舱里注水或泡沫。当舱内的泥土压力大于地层压力和水压力时,地表将会隆起;当舱内的土压力小于地层压力和水压力时,地表将会下沉,因此舱内的土压力应与地层压力和水压力平衡。

刀盘挖掘的泥土支撑掌子面,作为支撑媒介。掘进时在旋转刀盘的作用下,开挖刀具切削隧道掌子面的泥土,破碎的泥土通过刀盘开口被压进开挖舱,泥土落到开挖舱的底部后,通过开挖舱底部的螺旋输送机运到皮带输送机上,然后通过皮带输送机输送到停在轨道上的渣车上。

三、轴承和驱动装置的设计

对土压平衡盾构而言,切削轮有 3 种不同的驱动装置和轴承设计。

掘削刀盘的支承方式可分为中心支承式(图 4-5a)、中间支承式(图 4-5b)、周边支承式(图 4-5c)。

支承方式与盾构直径、土质对象、螺旋输送机、土体黏附状况等多种因素有关,不同支承方式的性能对比见表 4-1。

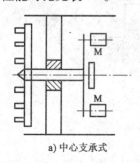
a) 中心支承式

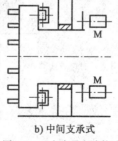
b) 中间支承式

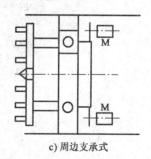
c) 周边支承式

图 4-5 刀盘支承方式构造示意图

刀盘不同支承方式性能对比表 表 4-1

性　　能	中心支承式	中间支承式	周边支承式
螺旋输送机与驱动转矩	螺旋输送机装在土舱下部,叶轮小,扭矩小	位于两者之间	螺旋输送机装在土舱中部,叶轮大,扭矩大
螺旋输送机直径	小	大	大

续上表

性能	中心支承式	中间支承式	周边支承式
机械转矩损耗	损耗小,效率高	损耗小,效率高	损耗大,效率低
搅拌叶片位置	叶片装于刀盘内侧	叶片装于辐条上	搅拌由内土斗完成
土体黏附状况	小	居中	大
掘削硬性土体能力	一般	好	好
适应的盾构直径	中、小	中、大	大
土砂密封效果	密封材料长度短,耐久性好	居中	密封材料长度长,耐久性差
舱内作业空间	小	中	大
用于长距离掘进能力	强	居中	差
制作难度	小	小	大
盾构推进时的摆动	大	中	小

海瑞克 EPB 盾构机刀盘驱动位于压力壁的法兰上如图 4-6 所示。刀盘为液压驱动,主要由液压马达、主轴承、内外密封系统组成。8 个液压变速马达共同驱动主轴承的内齿圈,主轴承为三维滚柱轴承。液压马达的小齿轮或主轴承腔由内外部密封系统密封,与开挖舱隔开。主轴承密封由 3 道耐用的纤维强化唇式密封构成,油脂均匀的供给第一道和第二道密封间的整个环形空隙,多余的油脂排出第一道密封,流入掌子面。油脂供应除了能润滑第一道和第二道密封外,还有清洗第一道密封的功效,第三道密封由旁边的小齿轮箱里的油进行润滑,第二道和第三道密封之间有一个向后的开口,以进行漏油检查。密封的接触面为硬化的接触环。两台变量注塞泵安装在后配套上,通过变量泵和变量马达,可以在 0~3.05r/min 之间选择最佳的刀盘速度。

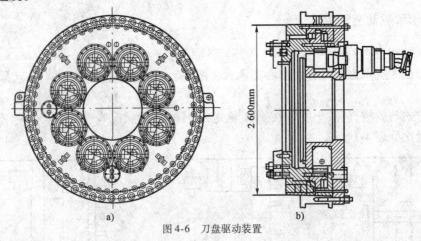

图 4-6 刀盘驱动装置

第三节 螺旋输送机

一、螺旋输送机的构造形式

螺旋输送机是土压平衡盾构机的重要部件,由螺旋形叶片和螺旋叶片在其中旋转的静止螺旋箱组成,其前、后部均设置有门阀。

前部门阀:对于保养和检查工作,可以用装在前部压力壁的门阀关闭螺纹管。这种情况只有在螺旋物和伸缩装置一起回撤时才可能关闭。螺旋门阀包括两个门板,此门板通过操作杆和液压油缸在压力隔板后移动。螺旋门并不是加压密封而只是阻止大量泥土侵入螺纹管。

后部停止阀:螺旋输送机后端的阀门由液压油缸控制。此阀是防水和密封的,并由控制台来操作,如果出现紧急停电的电力故障时,联动杆在液压存储器的帮助下自动关闭后部阀门。

螺旋输送器依据其螺旋带的方式可分为有中心轴的螺旋输送器和无中心轴的螺旋输送器两种。参见图4-7。

有轴式的驱动方式是直接驱动叶片中心轴,优点是止水性能好,缺点是可排出的砾石粒径小,可排出的砾石最大直径为螺杆直径的7/10。

无轴式的驱动方式是直接驱动装有叶片的外筒,优点是可排出的砾石粒径大,缺点是止水性能差。

另外为了增加对土舱内土体的搅拌作用,还设计了特殊螺旋输送机。特殊螺旋输送机分为扩大叶片式螺旋输送机和螺杆加长叶片延伸到土舱内的螺旋输送机。

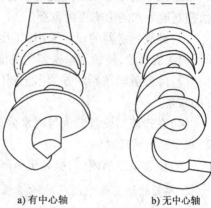

a) 有中心轴　　b) 无中心轴

图4-7　螺旋叶片形式

螺旋输送器中螺旋带的支撑采用单侧轴承悬臂支承法,当输送器壳体内充满渣土时依靠渣土的悬浮能力,使螺旋带前端得到支承和自动取得平衡,因为螺旋输送器是渣土排出的唯一通道,对螺旋输送器的磨损非常严重,所以在螺旋输送器的壳体和螺旋带的前端均嵌焊有耐磨合金焊条或耐磨合金粒,以保证其使用寿命。

螺旋输送机的始端(进土口)延伸到土舱底部靠隔板的位置,末端(排土口)直接与排土控制器连接。对于渣土的运输,螺旋输送机从隔板到拖车对着中心线有一定的上扬角度。

为了提高渣土的流动性,膨润土或泡沫可以通过螺旋输送机圆周的注入孔来输入。

海瑞克EPB盾构机螺旋输送机安装在压力壁的法兰上,倾斜角约为17°。螺旋输送机由伸缩筒、出渣筒、液压马达、螺旋轴、出渣闸门组成。螺旋输送机的最大弃渣粒径为240mm。在机器维修保养时,由滑动式出渣闸门将出渣筒关闭。滑动式闸门由液压油缸操纵,还有一个紧急功能是如果断电,闸门可以自动关闭。在通常情况下,螺旋输送机的前端达到土舱内。螺旋输送机也可从土舱内缩回,直到可使用隔开的平板式前闸门,以关闭压力壁。

可在任何位置操作螺旋输送机,即便在伸缩螺旋输送机时,这种特点可防止螺旋输送机被木块或漂石卡死。在螺旋输送机上有一个泡沫及膨润土注入点。

在地质情况复杂多变、岩层裂隙水丰富等特殊的复合地层,盾构机宜采用有中心轴的螺旋输送器。为了更好地在螺旋输送器内形成土塞,减少地下水丰富地段螺旋输送器出土口的喷涌现象,在海瑞克盾构机的螺旋输送器内,有一段没有安装螺旋带,使渣土在此段得到适当的压缩,以提高螺旋输送器的封堵效果。

二、螺旋输送机的功用

在土压平衡盾构中螺旋输送机有以下功能:
(1)为掘进渣土排出的唯一通道,从承压的开挖舱中将土料排送到大气压下的隧道中;
(2)在渗水地层中予以密封,抵抗承压水;
(3)通过控制排出料,在螺旋机内形成的土塞建立前方密封土舱内的压力。

1. 螺旋输送器的防水措施

因为螺旋输送器是盾构机与前方开挖面连通的唯一通道，开挖面的岩层形态和地下水的情况都会在螺旋输送器的出土口表现出来。尤其在复杂多变的复合地层中，螺旋输送器除了排放渣土外，能否有效抵御地下水显得更为重要。实践中通过大量尝试，以下几种方法可有效地起到防水作用。

(1) 采用有中心轴的螺旋带。这样虽然会对最大排出渣土块的尺寸有所影响，但相对来说，控制地下水的影响更为重要。

(2) 螺旋输送器的设计采用侧向出渣而不采用尾端出渣。在螺旋带轴上设置空螺旋带甚至反向螺旋带段，使螺旋输送器内的渣土得到适当压缩，以利于形成土塞止水。

(3) 除螺旋输送器后方的出土闸门外，另设置前闸门，在必要时可以彻底隔离开挖面与后方的联系。

(4) 在排渣口设置渣土与泥水分离装置或容积式排放装置，尽量使泥水不落下而污染隧道，减少隧道清理时间。

(5) 设置双出渣闸门，提高出渣闸门的可靠性，以应对紧急情况。

2. 螺旋输送器的喷涌及防治措施

螺旋输送器出现喷涌现象时，大量的高压泥浆会从螺旋输送器的出土口中喷射出来，严重地污染盾构机中、后体及隧道内工作人员的施工环境，以至于不得不停机处理。更有甚者，由于大量喷涌会造成密封土舱的突然卸压而引起地面的严重沉降。

在盾构机及其螺旋输送器正常工作的情况下，一般而言，即使工作面与上部的水体直接连通了，喷涌也不至于出现很大的事故，这是由于盾构机的密封和可建立平衡的特点所决定的，只是大量的泥浆和地下水突然间喷入盾构机前方的工作区，要恢复正常的施工，则需要较长的时间，这样反复的恶性循环，使盾构施工不能正常进行，施工进度极为缓慢。

造成喷涌的原因多种多样，但无论什么原因，喷涌的发生都有一个共同点，即必定有一个补给充足，迅速在密封土舱螺旋输送器出口处形成水头压力的水源。因此，要防止喷涌，其主要方法就是要"治水"。

1) 螺旋输送器喷涌形成的施工环境

(1) 富水砂土地层引发喷涌。在粉细砂、中粗砂地层中，由于没有足够多的黏土物质，地下水与进入密封土舱内的固体物质不能糅合成一体，在密封土舱内就形成"水是水，渣是渣"的状态。此时，进入密封土舱中的水流量要比渣土量大。在这种情况下，螺旋输送器成了一种具有一定压力的液体管道，而不是一种流塑或软塑固体通道。这样，一打开螺旋输送器的闸门，就会有高压泥水喷射出来。

(2) 富水断裂带引发喷涌。富水断裂带或破碎带与上述富水地层类似。

(3) 江河下隔水层被击穿引发喷涌。广州地铁二号线海珠广场—市二宫区间盾构机通过珠江时，盾构工作面与珠江水连通，喷涌十分严重。

(4) 已成隧道渗流汇水到开挖面引发喷涌。在中风化岩层和微风化岩层中施工时都会出现程度不同的喷涌。刀盘切削下来的渣土是以大小不等的岩块为主，渣土的分选性、和易性不好，当管片背后注浆不充分时，就会形成地下水通道，大量地下水积聚在管片背后并经过工作面进入密封土舱，螺旋输送器出土时就会发生喷涌。管片背后的水通道如果不进行封堵，带来的另一个问题是这股动水会将注浆液中的水泥冲淡，使注浆液无法固结。在这种情况下，虽然注浆量可能很大，但效果并不好，管片背后仍然是水的通道，汇水面积进一步扩大。

（5）泥饼引发喷涌。黏性土中的粉黏粒物质成分特别多，在密封土舱和刀盘前的土体不是呈松散状态而是结成了饼，此时，螺旋输送器的喷涌能与刀盘及密封土舱内所结泥饼共生。当密封土舱内形成泥饼时，盾构机推进的速度十分缓慢，并且密封土舱内的空余体积有限，此时工作面前方土体中的地下水只需短暂的时间就流入密封土舱中并将快速建立一定的水压力，在这种情况下，螺旋输送器出土时，实际上已黏结在一起的泥饼是很难进入螺旋输送器的，而具有一定压力的地下水则会经过输送机从出口处率先喷出。

2) 螺旋输送器喷涌的防治措施

在施工过程中，通过对围岩的分析，判断造成喷涌的原因，从形成喷涌的原因入手，可采取如下具体防治措施。

（1）在富水的砂层中，其处理方法是加入适量的添加剂。比如，盾构机在砂层或中～微风化岩层中施工时，可以加入适量的膨润土泥浆、高分子聚合物等以改善渣土的和易性。

（2）在自立性好的地层中止水，如果管片同步注浆不充分，应该再通过管片进行双液注浆，以尽快封堵隧道背后的汇水通道。

（3）在黏性土中防喷涌的办法是先防止结泥饼。

第四节　泥饼的成因及防治措施

泥饼是盾构刀盘切削下来的细小颗粒、碎屑在密封土舱内和刀盘区重新聚集而成半固结或固结的块状体。

一、泥饼造成的危害

1. 泥饼引发地表塌陷

广州地铁一号线盾构西段施工中，由于地质条件复杂，盾构机的泥水压力平衡系统出现参数异常——忽高忽低现象，随后地面 6 栋房子倒塌或严重损坏，造成直接经济损失为 500 多万元。后开舱证实，密封土舱的中心区内存在着大体积的泥饼。

2. 泥饼引发地表隆起

广州地铁一号线盾构东段，当盾构机沿着中山四路左线农讲所——公园前区间掘进近舱边路口地段时，隧道硐身正处于全断面的残积黏土层中，上覆地层为砂质淤泥层和杂填土层。为了控制地表沉降，设定的出土压力超过 $2kg/cm^2$，最大推力达到 23 550kN，密封土舱舱壁的压力超过 $5kg/cm^2$，致使盾构机正上方路面呈现一个"馒头状"的隆起。经测量发现，最大隆起值处在机头位置，达 152mm，近 $200m^2$ 区域隆起超过 10mm，混凝土路面开裂破坏。

3. 泥饼引发江底喷涌和塌陷

广州地铁二号线穿越珠江，盾构机从始发到穿越珠江频繁形成泥饼，多次发生螺旋输送器喷涌，引发 3 次江底塌方事故。泥饼和喷涌在过珠江的全过程中似乎成了"孪生兄弟"，总是相继或同步发生，并造成管片拼装和掘进困难等问题。

4. 泥饼引发盾构机主轴承损坏

泥饼引发盾构掘进异常，总推力、扭矩都增大，土舱内温度增高，掘进速度下降。在这种掘进极为异常和出土极其困难的情况下,若继续掘进,结果就会造成舱内结成大体积坚硬的"泥饼"。这种高温的泥饼像"火球"一样,长期"烘烤"着只能耐80℃温度的轴承密封,最终使之损坏。

二、泥饼的成因

1. 地质条件

在盾构掘进过程中易形成泥饼的地层有可塑、硬塑状的黏土类地层,黏土质砂土地层,泥岩、泥质粉砂岩,母岩为花岗岩的残积土层、全风化岩层和强风化岩层等。

一般而言,在花岗岩风化过程中,只有微量元素诸如 K、Na、Ca 可能会淋滤流失,Al、Si 类矿物则多保留。因此,全风化、强风化及残积的花岗岩地层中,尽管可能还保留有长石类矿物晶体结构的轮廓,但其内部已风化为黏土矿物,并且总含量基本保持不变。一旦卸荷(开挖面状态)或遇水,矿物晶体结构的轮廓将被破坏,黏土矿物吸收水分膨胀,并在不同的含水量情况下显示黏结性和流动性。因此,黏土矿物是泥饼形成的物质基础,并且易在黏土矿物含量超过25%的各类地层中形成。

2. 盾构机型

当然,黏土矿物含量超过25%的各类地层仅是泥饼形成的物质基础,盾构机是否制造泥饼关键还在于盾构机的选型。与泥饼形成有关的盾构机主要系统有刀盘系统、密封土舱和搅拌系统、螺旋输送器出土系统等。

1)刀盘系统对泥饼的影响

刀盘系统决定着地层的破碎机理,它将原始的整体地层破碎成大小不等的碎屑和粉末。其中,刀盘刀具的数量、布置形式、种类、开口率、开口孔隙的规格、刀盘幅条钢结构形式、刀盘转速等对切削下来的碎屑或粉末的性质影响最大。

刀盘中心区是结泥饼的高发区,无论从德国进口还是从日本进口的盾构机,如果没有设置独立驱动的中心子刀盘或高达 40~45cm 的中心刀群,由于中心区开孔率小、线速度低,均易形成面板泥饼,设置滚刀者泥饼发生频度更高。另外,刀盘支撑幅条钢结构呈箱式向密封土舱开口的,其内也易结泥饼。

2)搅拌系统对泥饼的影响

在密封土舱内对渣土具有搅拌作用的装置有3类:一是刀盘支撑梁,它随刀盘的转动而搅拌舱内的土体。相比较而言,"伞形"和"圆柱形"支撑梁(牛腿)较水平和方柱形支撑梁搅拌效果好。二是活动型(主动)搅拌棒,它固定于刀盘的后板上,大多数土压平衡盾构机均有设置,少则1个,多则6个。有的还在每根棒中间装有注浆管路。三是固定(被动)搅拌棒,大多设置在舱壁上的轴承密封圈内侧,也可在搅拌棒内设注浆管路,这类搅拌棒的主要作用是预防密封土舱中心区结泥饼,有利于轴承密封的保护及施工人员从人孔中进出密封土舱。

当然,搅拌棒的设置还有利于螺旋输送器出土,但设置搅拌棒会增大扭矩。据实践经验,设置搅拌棒以后在土压平衡状态下,扭矩增加5%~10%。因此,搅拌棒的设置数量还应考虑盾构机的工作扭矩。

3)螺旋输送器出土系统对泥饼的影响

密封土舱内土体的性质、螺旋输送器的规格、类型、功能等均相同的情况下,排土能力很大程度上来说,取决于螺旋输送器伸入到密封土舱的深度。日本的一些盾构机,螺旋输送器伸入舱内的深度一般在舱宽的 0.25~0.5 之间,很少有超过舱宽一半的;而德国盾构机大多超过舱体的一半宽度,"主动"取土的能力大大超过前者"喂料式"的盾构机。因此,从排土能力来说,"主动"取土能力强者,土体在舱内停留的时间越短,越不易形成泥饼。

3. 施工条件

从施工角度来说,制造泥饼的因素有对地质条件的误判(认知问题),设定过高的出土压力,未用或未针对性使用渣土改良剂,盾构机长期运作产生高温,密封土舱保压时长时间停机等。

三、泥饼的防治措施

在易结泥饼的地层中掘进时,应考虑采取以下措施:

(1)根据地质条件,有针对性地向密封土舱和刀盘面板适量加注高质量的泡沫、聚合物、膨润土或其中的两种混合液甚至3种混合液等,以改善土体的和易性和塑性;

(2)在浅埋隧道施工,刀盘开口率小于40%,并且地层相对自稳时,设定的出土压力不宜超过主动土压,并且最好控制在 $1.0 kg/cm^2$ 以下,即宜采用欠土压平衡模式掘进;

(3)若地层稳定性较差,但隔气性较好时,宜采用辅助气压作业,掘进也宜采用欠土压平衡模式;

(4)采用冷却措施,避免密封土舱高温高热;

(5)避免密封土舱饱满时长期停机,宜以泥浆或黏性差的砂土代替部分土体充填密封土舱(可通过密度指标来控制)。

第五节 渣土改良系统

对细粒成分(黏土、淤泥)少的地层而言,刀盘掘削下来的泥土的流塑性很难满足排土机构直接排放条件,另外其抗渗性也差。为此必须向这种掘削泥土中注入添加材,以改变其流塑性、抗渗性,使其达到排土机构可以排放的条件。

为了能更好地改善砂层塑流性和止水性,可通过渣土改良系统向开挖面注入添加剂或发泡剂。考虑到掘削泥土与添加材的搅拌混合效率,注入口通常设在刀盘中心突出头的前面,辐条上及土舱隔板上。因注入口直接与泥土接触,故必须设置可以防止泥土和地下水涌入的防护头和逆流防止阀。当有多个注入口时应注意保持各注入口的喷射量的均等。

由于添加泡沫剂对黏土层、砂层及含少量砂砾的地层具有很好的效果,可以有效地改善砂层的塑流性和止水性。因此,施工中需要根据不同的地质情况和使用效果选择添加材料。

一、添加材的种类和特征

泥土塑流性因地层粒度级配和细粒组分的含有率的不同而不同,当流动性差时必须注入添加材。

1. 添加材的功能和特性

添加材是由主材、助材和水拌和成的液体材料,其功能如下:

(1)提高塑流性,保证了土料能不断地流送到螺旋输送机,防止渣土卡住刀盘及大块卵石沉入土舱底部,造成出渣困难、渣土阻塞;

(2)开挖室内土料具有的软稠度和良好的塑性变形,使支撑压力能规则地作用于开挖面,

保证开挖面平衡稳定;

(3)提高渣土的抗渗性,在螺旋输送机形成瓶塞效应,防止发生喷涌;

(4)减小刀盘及刀具的磨损与破坏,减少对螺旋输送机的磨损;

(5)降低了刀盘和螺旋输送机的驱动力矩,减少电力消耗。

为充分发挥添加材的功能,添加材必备如下特性:

(1)密度虽高,但流动性好,不发生材料分离和沉积;

(2)渗入、填充、封堵掘削土颗粒间隙性好;

(3)使用方便,安全性好,排出掘削土对环境无污染,处理方便;

(4)价格便宜,市场供货稳定。

2.添加材的种类和使用目的

1)矿物类

矿物类添加材(也称泥材),其主材多使用膨润土、黏土、陶土等天然矿物。注入该类泥材的目的是补充微粒、细粒成分,使黏土内的内摩擦角变小,可在土压作用下发生变形和破坏,即流动性、止水性均有一定程度的提高。

加入泥材的浓度和注入量可根据粒度级配算出。矿物类添加材适用的土质范围广,故广泛应用,与其他添加材相比,注入设备的规模较大。

另外,排出的加泥材的土多为渣土废弃。

2)高吸水性树脂

高吸水性树脂的用料是高分子类、不溶性聚合物的高吸水性树脂(可吸收自重几百倍水的胶状材料)。这种材料吸水但不溶于水,所以不会被地下水稀释劣化,故在高水压的地层中使用这种材料可以防止地下水的喷出。

由于树脂填充土砂颗粒间隙,使所谓的轴承效应得以发挥,故提高了泥土的流动性。

但是,对于含盐浓度高的海水和金属离子多的地层,或者强碱(化学注浆区)和强酸性地层而言,吸水能力大为降低。另外,自然分解需要的时间长,所以有必要讨论盐类扩散的强制脱水和固化处理。

3)纤维类、多糖类、负离子

使用材料是水中溶解的黏稠性的高分子类水溶性聚合物。首先以 CMC(钠羧甲基纤维素)为代表的纤维素类,此类添加材可把土砂颗粒间隙中的自由水挤走,使颗粒间发生黏结,即内摩擦角减小,流动性提高。

负离子类乳胶添加材可在土砂颗粒与水之间形成絮状凝聚物,使其发生黏结,即内摩擦角减小,流动性提高。

一方面,这些材料与掘削土搅拌混合提高泥土塑流性和止水性的同时,还呈现用泵压送的有效性。另一方面,在掘削土的处理中,需要喷洒可以解除胶化的分解处理材料。

4)表面活性材料

表面活性材料使用的是特殊气泡剂,也有在特殊气泡剂中添加高分子类水溶性聚合物的气泡添加剂。

特殊气泡剂与压缩空气产生气泡和掘削土经搅拌混合后,气泡剂挤走土砂中的自由水,并靠气泡的轴承作用,可以提高掘削土的塑流性和止水性。同时,还可以防止泥土的压密黏附。因为混入气泡的掘削土可以消泡,所以对掘削土的处理容易。但是,当计划用泵排出泥土时,气泡成为缓冲材致使排土效率低,应特别注意。

5) 复合添加材

根据添加材的特性和掘削地层的性状,研究发现使用两种添加材发挥其优势互补,比使用单一的添加材效果好,故近年来使用两种添加材逐渐增多。如纤维类和负离子类乳胶复合使用时的土颗粒与各添加材颗粒相互作用的机理。还有膨润土和气泡类复合添加材,膨润土和有机酸类复合添加材。添加复合材时的稳定掘削面和排土稳定效果好,但工序复杂,施工设备较单一添加材的情形多一套,故成本高。

二、几种代表性添加剂的性能

1. 膨润土

膨润土的主要成分是蒙脱石,由于其钾、钙、钠元素含量的不同,其性质也略有不同。蒙脱石为层状结构,易吸水膨胀,并具有润滑性。

2. 聚合物

聚合物是一种长链分子的有机化合物,它可以单独使用,也可以与膨润土及泡沫混合使用。当聚合物与渣土混合时,聚合物的分子就会附着在土的颗粒表面,当这些颗粒相互碰到一起时,聚合物的分子就将颗粒黏结在一起。

3. 发泡剂及泡沫

与膨润土相比较,使用发泡剂的优势是体积小,能分离黏结在一起的黏土矿物颗粒。发泡剂产生的泡沫中90%是空气,另外10%中的90%~99%是水分,剩下的才是发泡剂。在数小时内,渣土中泡沫里的大部分空气就会逃逸而恢复原来的黏结状态,很便于运输。

泡沫适用于细颗粒土层中。一般来说,在渗透系数大于10^{-5}m/s的较粗颗粒土层中不适用。

三、添加材注入系统

添加材注入系统包含有添加材配制设备、添加材注入泵、输送添加材管道及设置在刀盘中心钻头前端的添加材注入口等。

1. 泡沫注入装置

泡沫溶液由含表面活化剂的水和稳定剂(聚合物)组成。泡沫注入装置由泡沫剂储罐、泡沫剂泵、水泵、安全阀、溶液计量调节阀、空气计量调节阀、液体流量计、气体流量计、泡沫发生器及连接管路等组成。

在盾构施工时,通过泡沫发生设备产生的泡沫,再通过盾构机刀盘前端的注射孔注入到开挖面。

通过在切削轮前面注入泡沫,自由的孔隙水会被排出孔隙系统外或为聚合物吸水,由于化学的和物理的黏着力的作用,用适当的泡沫混合物,使开挖料可以大大提高其黏性,完全可以满足用运输带传送的要求。实际上90%的泡沫由空气组成,而空气在几天以后就会全部溢出,因此,地层可以恢复原来的稠度,这对于储存或进一步使用开挖料是个很大的优点,也就不需要复杂而又昂贵的分离设备。

泡沫剂泵将泡沫剂从泡沫剂储罐中泵出,并与水按操作指令要求的比例混合形成溶液,溶液的流量可以在可编程控制器(PLC)通过水泵出水口处的液体流量计测量,并根据这一流量来控制泡沫剂的泵送量。混合溶液随即被分别输送到泡沫发生器中,同时输入压缩空气到泡沫发生器中,在泡沫发生装置中用压缩空气使泡沫溶液打漩与之混合产生泡沫。泡沫剂溶液与压缩空气的混合比例按盾构机的操作指令要求进行混合。其控制的参数有泡沫剂的用量比(泡沫剂体积占混合溶液体积的百分比)、泡沫的注入率 FIR(开挖面中泡沫的体积与被开挖岩土的体积之比)和泡沫的膨胀率 FER(泡沫的体积与形成泡沫的溶液体积之比)等几项。最后,泡沫沿泡沫管路通过刀盘旋转接头,到达刀盘正面的每个注入口,操作人员可以根据需要在控制室从每条泡沫管路中任意选择,向开挖面注入泡沫。另外,泡沫的产生和注入可根据需要选择以手动、半自动和自动的方式进行。

使用泡沫剂的目的是改善土体的和易性,保持密封土舱内土压力的稳定和出土的顺畅,当发泡剂与渣土混合时可产生如下作用:

(1)降低渣土的内摩擦力,减少渣土对刀盘等部件的摩擦,从而降低刀盘的扭矩为核定扭矩的20%~50%。同时有助于减少刀具的磨损,并使盾构机掘进驱动功率减少。

粒状构造中的气泡可以降低土浆的密度并减小颗粒摩擦。地层混合物的体积变化模量降低了,在广泛的形变区使地层具有理想的弹性,这样才可以在隧道工作面控制支撑压力。随着开挖舱内的压力降低,粒状构造内的气相将膨胀并使地层变形;随着开挖舱内的压力升高,地层中孔隙尺寸将变小,这样就可以避免切削轮驱动力矩的迅速增大。

(2)加到工作面上的泡沫,会形成一个不透水层,降低土体的渗透性,减少渗漏,增强工作面的密封性,使工作面压力变动小,有利于稳定密封土舱压力。

(3)降低土体间的黏着力,减少密封土舱中土体压实形成泥饼。

(4)增强土体的流动性,从而使其容易充满密封土舱和螺旋输送器的全部空间,便于螺旋输送器出土。

(5)可以增加土体的可压缩性,这样更易于土压平衡的控制。

2. 膨润土注入装置

膨润土注入装置主要包括膨润土箱、膨润土泵、相关的管路控制阀及连接管路。当需要注入膨润土时,操作人员根据需要在控制室的操作控制台上,通过控制气动膨润土管路控制阀的开关,将膨润土加入到开挖室、泥土舱或螺旋输送器中。膨润土的作用是:

(1)利用膨润土的润滑性和黏性改良渣土,增加渣土的流动性和和易性,防止其在刀盘面、密封土舱或螺旋输送器内结泥饼。

(2)同步注浆停止时泵入膨润土以置换砂浆,防止注浆管路内砂浆液沉淀、凝固而发生堵塞。

(3)可以在工作面上形成低渗透性的泥膜,这样有利于给工作面传递密封土舱的压力,以便平衡更大的水土压力。

(4)可以改变密封土舱内渣土的和易性,提高砂性土的塑性,以便于出土,减少喷涌。

(5)盾壳周边充满膨润土,可以减少盾构机的推进力,提高有效推力;同时,可以降低刀盘扭矩,节约能耗。

小松土压平衡盾构设有自动控制的膨润土及添加剂注入设备和管路,渣土改良系统图参见图4-8。在刀盘盘面和土舱壁处设置了共计9个注入口,其中刀盘5个、土舱壁4个,可充分全面地向开挖面和土舱注入泡沫及其他添加剂,并且在人行闸处及螺旋输送机上也设置若干个膨润土及添加剂的注入口,从而达到改善渣土性质的作用。

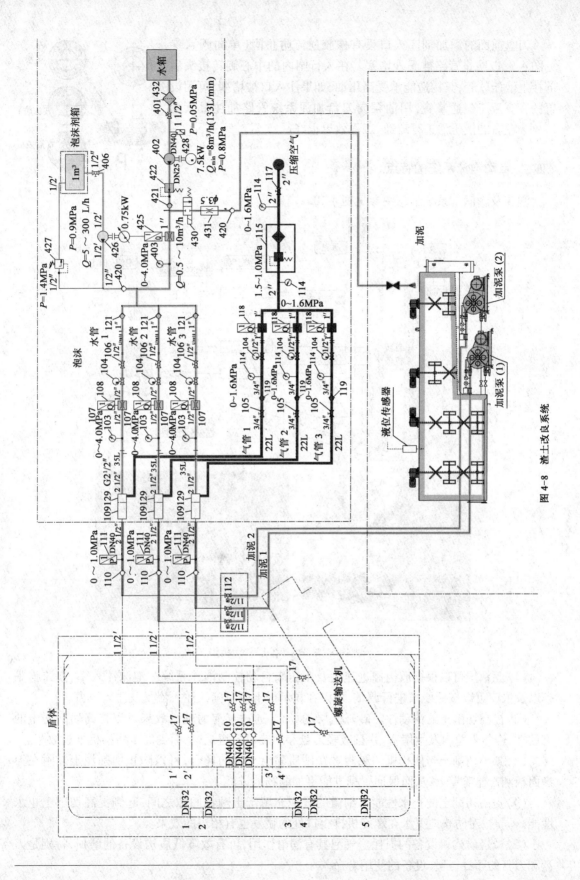

图 4-8 渣土改良系统

刀盘前面的添加剂注入口设有橡胶逆流防止阀(单向阀),参见图 4-9,以防止管路被泥砂堵塞。在人行闸内的中心旋转接头后部接上液压软管,其构造能承受高压油,如果注入口被堵塞,可用设置的一套液压疏通装置,用油泵向刀盘加泥系统管路加注最大为 14MPa 左右的液压油进行疏通,工程效果很好。

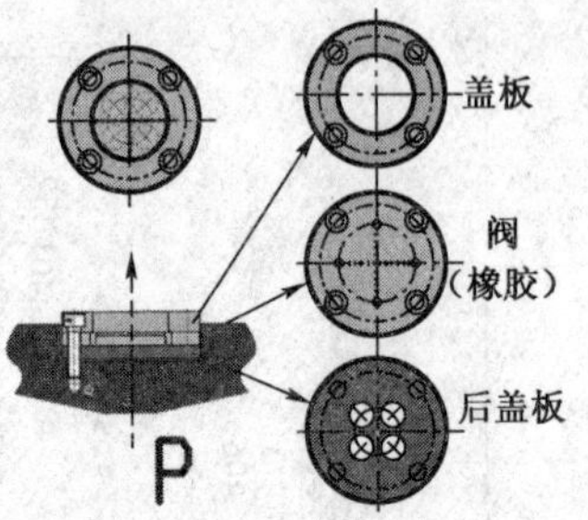

图 4-9 逆流防止阀

四、自动泡沫系统的特点

泡沫及膨润土系统示意图参见图 4-10。

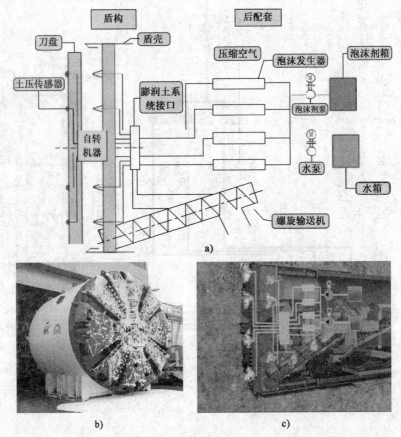

图 4-10 泡沫及膨润土系统示意图

(1)此系统可以根据盾构掘进速度及土压来自动控制泡沫系统。泡沫注入率、泡沫膨胀率以及浓度可以按照要求进行调整,可以在显示屏上及时确认注入流量及注入压力。

(2)提高切削土的流动性。砂砾土层的场合,通过气泡的轴承效果可以提高切削泥土的流动性,避免土舱内发生堵塞,并且减轻刀盘和螺旋机的扭矩,从而提高了盾构机推进效率。

(3)减小切削土与盾构机的黏附。在硬质黏土土层的场合,可以防止切削泥土黏附在刀盘面板和土舱舱壁上,从而保证了掘进能更加顺畅地进行。

(4)提高切削土的止水性能。细微的气泡充填于土颗粒间隙之间,起到提高切削土止水性能。同时,对防止地下水在螺旋机排土口处的喷发也有相当的效果。

(5)减轻盾构机设备的损耗。气泡具有润滑作用,可有效降低盾构设备的磨损,特别是刀盘和刀具的磨损,延长设备的使用寿命。

(6)刀盘土压力稳定性提高。由于气泡具有压缩性,可以减少刀盘土压力的变动,从而实现刀盘稳定状态下的顺利掘进。

第六节 掘削面稳定管理

一、掘削面稳定机理

土压平衡盾构与泥水盾构的差异是保持密封土舱内的承压介质不同,泥水盾构对应的介质是泥水,土压平衡盾构对应的介质是泥土,但稳定掘削面的基本原理是一致的。

开挖料要作为支撑介质应具备以下性质:
(1)具有良好的塑性变形;
(2)能浆化到软稠的状态;
(3)内摩擦力小;
(4)渗透性低。

一般情况下,在开挖前或开挖后地层都不完全具备这些性质,因此,土料必须予以处理。

由于良好的塑性变形会引起浆化到软稠的程度,支撑压能有规则的作用到隧道工作面上,并能保证土料不断地流到螺旋输送机上。

土浆从加压的开挖舱经螺旋输送机被传送到大气压下的隧道中。土料必须具有低渗透性,以便从螺旋输送机到运输带的传送中不使用闸。此外,低渗透性有助于防止通过螺旋输送机的流动,这样就不需要降低地下水位。

由于隧道的掘削作业,从地层内的应力关系看,相当于卸载。因此,从力的观点讲,要使掘削面稳定必须施加相当于卸载的土压与水压,即泥土压。

综上所述,土压盾构掘削面稳定的必要条件为:
(1)泥土压必须可以对抗掘削面上地层的土压和水压;
(2)必须可以利用螺旋输送机等排土机构,调节排土量;
(3)对必须混入添加材的土质而言,注入的添加材必须可使泥土(混入添加材的掘削土)的流塑性和抗渗性提高到满足掘削面稳定要求的水准。

二、泥土的功能和特性

1. 泥土的功能

(1)防止掘削面坍塌。
(2)具有一定的流塑性,可以确保排土顺畅,进而保证掘削面稳定。
(3)全部泥土构成不渗水层,以防止地下水从排土口喷出。

2. 泥土特性

泥土的密度高于泥水,最重要的特性当属其流塑性,当泥土流塑性差时,应混入添加材使其具备满足要求的流塑性。

1)黏性地层的泥土特性

在黏性地层中,掘削土比原地层强度低,多数情况下呈现较好的流塑性。但是,在砂含有率高的地层和洪积层中,因含水率低、流塑性差,故土舱内易发生泥土黏附。此时,必须注入添加材(含水)提高其流塑性。

另外,一般在黏性地层中,因渗水性差,故不存在地下水从螺旋输送机喷出的问题。

2)砂质地层的泥土特性

对于砂质地层,掘削土不仅流动性差,而且渗水性也大,所以必须确保止水性。特别是细粒含有率低于30%时,渗水倾向严重,应考虑注入添加材。

三、掘削面稳定系统的构成

与稳定掘削面有直接关系的机构,从设备方面看,有掘进、推进机械、添加材注入装置、搅拌机构和排土机构,只有当这些机构均都正常工作时,方可保证掘削面的稳定。

四、稳定掘削面的施工管理

管理重点应以泥土压管理、泥土塑流性管理及掘土量管理为中心。另外,掘削面的稳定状态,还应根据地层变形测量,掘削面坍塌探查等施工管理数据综合分析判断。

1. 土压的管理

土压主要由下列因素影响:

(1)掘进速度;

(2)挖出渣土的数量;

(3)改良渣土所用的添加介质。

掘进时,如给定掘进速度,土压通常靠改变螺旋输送机的速度来控制。螺旋输送机的速度快,渣土排出的就快,土压就相应地降低;渣土排出的慢,土压就相应地上升。

一般来说,通过改变掘进速度也可以控制土压,减慢掘进速度,土压就降低;加快掘进速度,土压就增加。

掘进时,要保持土压的连续,开挖舱中创造的压力要补偿刀盘前面的压力,目的是为了避免地表沉陷和漏浆。

通过安装在压力隔板上的不同标准的土压传感器的帮助,土压和支撑压力在主控室的屏幕上就可以显示出来。

掘进时,为了搅拌、改良渣土和减少盾构机的滚动,可以改变刀盘的旋转速度。

为确保掘削面稳定,必须保持舱内压力适当。一般来说,压力不足易使掘削面坍塌,压力过大易出现地层隆起和地下水喷射,土压盾构中泥土压调节方法有:

(1)调节螺旋输送机的转数;

(2)调节盾构千斤顶的推进速度;

(3)两者组合控制。

土舱压力控制参见图4-11。

即土压通过调节油缸的推进速率或螺旋输送器的转速进行控制。土压通过加大油缸的推进速率或减小螺旋输送机的转数来增大,通过减小油缸的推进速率或加大螺旋输送机的转数来减小。

在泥土具有良好流塑性的场合下,螺旋输送机的排土量与其转速成正比。因此,通常以螺旋输送机的转速为基础进行掘土量的管理。另外,可以根据土压计的测定值与设定基准值的对比结果,增减转速维持土压平衡,进行土压管理。

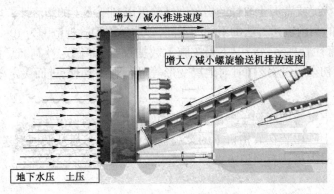

图 4-11 土舱压力控制

盾构机掘进管理流程参见图 4-12。

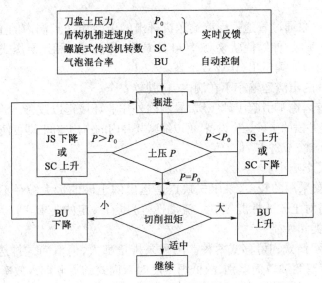

图 4-12 盾构机掘进管理流程

2. 泥土的塑流性管理

泥土塑流性管理最为关键。因此,从盾构掘进的有关数据连续掌握泥土的塑流性,再反馈到施工管理中极为重要。

1) 土舱内的土压

舱内土压可通过设在隔板上的土压计测定,但这个值的变化较大,若该值不变化,则说明测量传感器出现故障或者塑流性差,或者泥土出现压密黏附。因此,这种关注土压力的变化判断塑流性的方法是一种简洁的管理方法。

2) 盾构负荷

由掘削扭矩、螺旋输送机的扭矩等机械负荷的变化推定泥土的塑流性。但是这种场合下,还必须关注地层条件的变化。

3) 螺旋输送机的排土效率

泥土塑流性好的情况下,从螺旋输送机的转数算出的排土量与计算掘削土量的相关性较高。为此,连续观察两者的相关性极为重要。

4) 排土性状的测量

根据目测排土状况或者泥土取样的坍落度试验可以判断泥土的塑流性。坍落度值的管理也因地层条件和泥土的洞内输送方法的不同而不同,砂质地层的管理范围为 10~15cm 的程度。

如上所述,塑流性管理多数情况下是按施工数据反推,并做定性判断。因此,掘削的初期和地层条件变化的初期,还应该同时对地层变形等进行观测管理,进而决定塑流性管理值。

3. 掘土量管理

土压盾构的掘土量管理因掘土运出方法不同,存在多种测量方法。

土压盾构掘削土砂用装在盾构机上的螺旋输送机排出,然后从洞内运送到地面,存储在地面的泥砂料斗中。洞内运送有轨道方式和泵送式。

1) 轨道方式

轨道运送的特点是不为掘削土的性状所限制,从泥浆到砂砾和卵石的所有泥砂几乎都可以运输,还可以兼用于运进器材和机械。

2) 泵压式

泵压式是用压送泵通过管道把螺旋输送机排出的土砂压送到洞内的土砂漏斗中,泵的种类有柱塞泵、单轴螺旋泵、伸缩筒状泵、旋转叶片泵等,与轨道式相比泵压式有以下优点:

(1) 可以边掘削边连续运出,作业效率高。

(2) 因运输土砂的出渣运输车不在洞内,行驶较安全。

(3) 没有因出渣运输车引起土砂飞溅,故洞内外作业环境得以改善。

(4) 可以简化竖井段的土砂运出设备,可以缩减竖井内的占用空间,即可使竖井尺寸减小。

(5) 可以自动运输,节省劳力。

(6) 对周围居民影响小。

故泵压式近年被采用的较多,泵压式缺点是运出的土砂的最大粒径不得超过 $0.8d$(d 为排泥管内径)。同时对土砂的性能(黏度、流动性等)也有一定的要求。

3) 压送泵的种类和性能

(1) 活塞式:有双筒式和可移式两种。两种泵排量都大,但双筒式排送压力高,输送距离长,采用较多。因有双筒和单筒差别,故低坍落度时双筒式的泥砂取入效率低。

(2) 单轴螺杆式:该泵压力低,排出量小,但可无振动地连续排土,大多直接安装在螺杆输送机的出口。宜用于小口径、短距离压送,混有砾石的泥砂因容易损坏,不易采用该泵。

(3) 伸缩式筒状泵:压力小,排土量小,但取泥砂口到泥砂口的直径相同,可运用于混有砾石的泥砂。

(4) 旋转叶轮泵:压力小,排量小,由于体积上能通过叶轮将泥砂入口和出口分开,所以该泵可安置在螺旋输送机的排土口,可防止地下水喷出。

4) 掘土量的测量方法

掘土量的测量时期大致分为后方测量和连续测量两种,测量内容有质量测量和体积测量两种,质量测量是测量钢车的质量;体积测量多采用测定钢车的台车及螺旋输送机的转数。

五、确认掘削面稳定的方法

土压盾构中,掘削面的状态无法直接目视,所以必须确认设定土压和泥土性状的稳定性。可利用掘土量、盾构荷载(推力、掘削荷载、螺旋输送机等)、地层变形量、掘削面坍塌探查数据、背后注入管理数据进行核对。

土压盾构中,由于地层土质变化范围宽,添加材的种类、添加量及运出方式不同,所以掘土量的测量大多都有一定的误差,想准确掌握掘土量较为困难,故一般要求实施包括泥土压和地层变化等施工管理数据在内的综合管理。掘削面稳定管理参见图4-13。土压平衡式工况控制程序见图4-14。

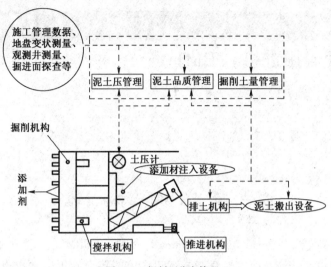

图4-13 掘削面稳定管理

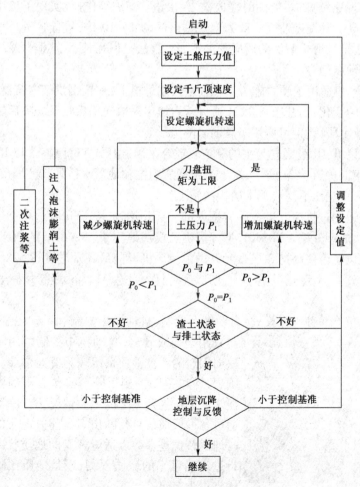

图4-14 土压平衡式工况控制程序图

第五章 硬岩掘进机（TBM）

第一节 TBM 概述

隧道掘进机的英文为"Tunnel Boring Machine"，简称为"TBM"，一般适用于硬岩掘进。

TBM 是一种集机、电、液压、传感、信息技术于一体的隧道施工成套设备，采用微电脑全程监控操作，可以实现连续掘进，能同时完成破岩、出渣、支护等作业，实现了工厂化施工，掘进速度较快，效率较高。其掘进速度一般为常规钻爆法的 4～10 倍，最佳日进尺可达 150m。掘进机的不足之处在于对地质条件的适应程度不如钻爆法。但在长、大隧洞开挖中，优先采用掘进机，已成为国际发展趋势。

开敞式 TBM 一般适用于硬岩施工。在开敞式掘进机上，配置钢拱架安装器和喷锚等辅助设备，以适应地质的变化；当开敞式 TBM 通过软岩地层采取先锚后喷及先喷后锚，并架设钢拱架的一次支护有效手段后，也可应用于软弱岩隧道。

一般情况下，以 Ⅱ、Ⅲ 级围岩为主的隧道较适合采用敞开式 TBM 施工，以 Ⅲ、Ⅳ 级围岩为主隧道较适合采用双护盾 TBM 施工，对于 Ⅴ 级围岩为主和地下水位较高的城市浅埋隧道或越江隧道则较适合采用土压平衡或泥水盾构法施工。

TB880E 型隧道掘进机为开敞式硬岩掘进机，由德国维尔特（Wirth）公司制造，参见图 5-1，适用于硬岩的一次成型开挖。TB880E 型掘进机已成功地用于 18.46km 的西康铁路秦岭 Ⅰ 线隧道的施工中，该设备价值高达 3 亿多元人民币。该机以前最高月进度达 528.1m，在 6 113m 长的西安南京铁路磨沟岭隧道的施工中，创造最高日掘进达 41.3m，最高月掘进达 573.9m 的国内新纪录。

TB880E 掘进机有 3 种工作模式：自动推力控制、自动扭矩控制和手动控制。自动推力控制只用于均质硬岩，自动扭矩控制适用于均质软岩，而软弱围岩的不良地质情况较为复杂多变，且多为不均质围岩，所以手动控制尽管对操作人员的要求有所增加，但它能适应复杂多变的地质情况，有经验的操作人员可通过各种反馈信息判断出刀盘前方地质的最新状况，及时地调整掘进参数以适应多变的地质状况，这对没有进行过准确可靠的地质预测，或是地质预测有偏差时，其优点更为突出。

图 5-1 TB880E 硬岩掘进机

TBM 主机主要由刀盘、刀盘护盾、主轴承与刀盘驱动器、辅助液压驱动、主轴承密封与润滑、内凯机架、外凯机架、支撑靴、推进油缸、后支撑、液压系统、电气系统、操作台、变压器、行走装置等组成。外凯机架上装有 X 形支撑靴；内凯机架的前面安装主轴承与刀盘驱动，后面安装后支撑。刀盘与刀盘驱动由可浮动的仰拱护盾、可伸缩的顶部护盾、两侧的防尘护盾所包围并支承着。刀盘驱动安装于前后支撑靴之间，以便在刀盘护盾的后面提供尽量大的空间来安装锚杆钻机和钢拱架安装器。刀盘是中空的，其上装有盘形滚刀、刮板和铲斗，石渣破碎后送到置于内凯机架中的皮带输送机上。将石渣送到置于内凯机架中的输送机上。

后配套系统上装有主机的供给设备与装运系统，石渣的运输通过矿车运出。后配套系统由若干个平台拖车和一个皮带桥组成，皮带桥用来连接平台拖车与主机，平台拖车摆放在仰拱的轨道上。前进时皮带桥被 TBM 后端拉着，在掘进过程中后配套平台拖车是固定的，在掘进结束时被两个液压油缸牵引。在后配套系统上，装有 TBM 液压动力系统、配电盘、变压器、总断电开关、电缆卷筒、除尘器、通风系统、操纵台、皮带输送系统、混凝土喷射系统、注浆系统、供水系统等如图 5-2 所示。

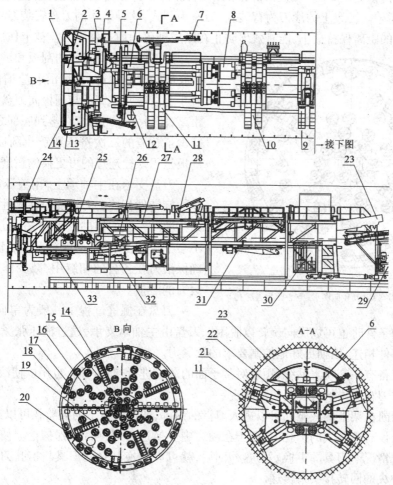

图 5-2　TBM 结构示意图

1-盘形滚刀;2-刀盘;3-刀盘护盾;4-钢拱架安装器;5-锚杆钻机;6-推进油缸;7-超前探测钻机;8-刀盘驱动;9-后支撑;10-X 形后支撑;11-X 形前支撑;12-刀具吊机;13-铲头;14-刮刀;15-中心刀;16-正滚刀;17-边刀;18-铲斗;19-刀盘;20-扩孔刀;21-前外凯机架;22-内凯机架;23-皮带机;24-运输小车;25-水泵;26-除尘器;27-皮带桥;28-吊机 1;29-平板车;30-操作室;31-吊机 2;32-注浆机;33-仰拱吊机

另外,在 TBM 拖车上还安装有钢拱架安装器、仰拱块吊装机、超前探测钻机、锚杆钻机、风管箱、辅助风机、除尘器、通风冷却系统、机器通信系统、数据处理系统、导向系统、瓦斯监测仪、注浆系统、混凝土喷射系统、高压电缆卷筒、应急发电机、空压机、水系统、电视监视系统等辅助设备。

第二节 TBM 的主要结构

一、刀盘

TB880E 掘进机刀盘有两种驱动方式,电驱动和液压辅助驱动。电驱动有高低两种转速:5.4r/min 和 2.7r/min;液压辅助驱动转速则在 0~1r/min 范围内,可根据需要进行控制调节,用于刀盘脱困。

刀盘结构参见图 5-3。刀盘为焊接的钢结构件,由两个半圆通过螺栓连接后再焊接成一体,以便于运输。刀盘上的滚刀为背装式,刀座为凹式,这种结构的刀盘安装刀具方便,并且刀盘与掌子面的距离保持最小,能有效地防止在断层破碎地质条件下刀盘被卡住。

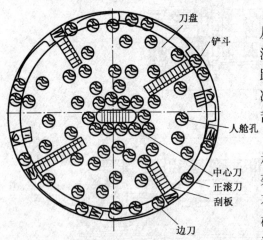

图 5-3 刀盘结构(B 向图形,空心圆为人舱孔)

沿着刀盘圆周安装的刮板和铲斗将切削石渣从底部输送到顶部,然后沿着渣槽落到输送机的渣斗上。敞开式铲斗与刮板向刀盘中心延伸一定距离,使得大量的石渣在落到底部之前进入铲斗,减少了石渣的二次挤压和铲斗刮板的额外磨损,刮板是用螺栓连接的可更换的耐磨板。

刀盘支承在主轴承上,用液压膨胀螺栓与轴承的旋转件相连。刀盘支撑在刚性定位的内凯机架与液压预载的仰拱护盾上,在岩层变化时,刀盘不会下落和摆动,从而保持刀盘的轴线位置不变,确保滚刀在各自的切缝中,减少作业时的振动和滚刀的磨损。

刀盘在掘进过程中一般为单向旋转,但是遇到恶劣地质条件时也可以反向旋转以脱困。刀盘由主轴承支承,通过液压张紧膨胀螺栓与轴承的旋转部件相连,以期更好地控制要求的预紧力。

刀盘配备有一套喷水系统,用以对掌子面的灰尘进行初步控制,也用以使滚刀冷却。喷嘴的供水通过刀盘中央的旋转接头来实现。

通过内凯机架上的人舱孔可以进入刀盘的内部,通过刀盘上的人舱孔可以进入掌子面。

刀盘上设有液压式的扩孔刀,用于在硬岩中更换边刀时进行局部扩挖。使用专用的支架方便在硬岩情况下刀具的更换。刀盘缩回后,就可以更换其余的刀具。扩孔刀所需液压动力借助刀盘中央的回转接头来传递。

二、刀盘护盾

刀盘护盾参见图 5-4。刀盘护盾由液压预载的抑拱护盾和 3 个可伸缩的拱形护盾组成。刀盘护盾罩住刀盘刮板至承压隔板后部之间的区域,提供钢拱架安装及锚杆安装时的安全防护。刀盘护盾可以在掘进时防止大块岩石卡住刀盘,或掘进终止换步时,支撑住掘进机的前部。

可调整的刀盘护盾可以扩张以适合扩大的开挖直径。洞底、两侧及顶拱部的护盾都可扩张以便完全贴合扩大了的开挖直径。

刀盘护盾通过液压油缸与驱动承压隔板相连,这些液压油缸使得护盾在随着刀盘移动时呈浮动状态。洞底部分油缸需预加载,以便支撑刀盘和驱动组件的重量,这种结构使护盾与隧洞底部保持接触,并将岩屑向前推刮。当支撑装置重新支撑时,掘进机是由刀盘护盾的4个洞底油缸支撑。在掘进机正常运行时,刀盘重量由内机架和支撑系统承担。如果洞顶出现高荷载,可由刀盘护盾顶部承载并通过护盾结构传递给洞底支承。护盾装置装备有出渣槽,用以在清理洞底时进行出渣。

三、主轴承与刀盘驱动

主轴承为轴向预载的双轴向径向滚柱三排组合体,带有回转内齿圈。内齿圈为轴承整体的一个部分。参见图5-5。

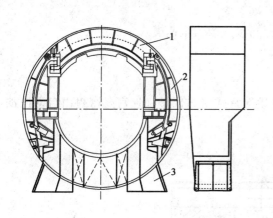

图5-4 刀盘护盾示意图
1-顶部护盾;2-侧护盾;3-临时支承

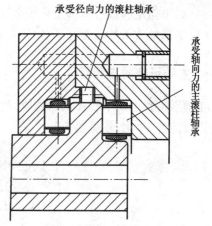

图5-5 主轴承组成示意图

由双轴承支承的驱动小齿轮与内齿圈啮合,支承稳固的驱动小齿轮可最大限度地减小齿轮的磨损。刀盘驱动有两套动力,参见图5-6。

轴承内圈上的内齿圈是轴承的组成部分,刀盘用液压膨胀螺栓与内齿圈相连接。

刀盘由相同的8套刀盘驱动装置共同经由内齿圈驱动。驱动小齿轮由两个轴承支承,小齿轮的传动轴2通过齿形联轴节3与水冷式双级行星减速器8相连,然后通过摩擦式离合器6与双速水冷驱动电机7相连。正常作业时,刀盘由7驱动,电动机装于两外凯机架之间,双速可逆式电机允许刀盘在不稳定的软弱围岩地质条件下半速驱动,在不利的条件下为了刀盘脱困允许电机反转。使用点动驱动模式时,由液压马达4驱动,可以让刀盘旋转到合适的位置,以便更换刀具及进行其他维护保养作业。无级变速的电驱动使刀盘能在不稳定的地质条件中以选定的速度运行。刀盘转速可以根据不同的地质条件使用PLC控制系统支持的驱动模式而相应改变。

其基本原理是:限定最大推力、控制掘进速率。

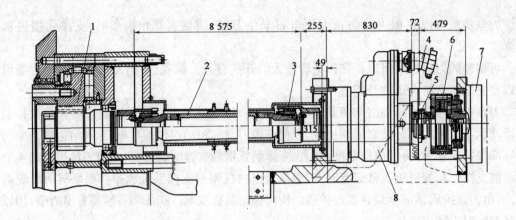

图 5-6　TBM 880E 掘进机刀盘驱动示意图

1-内齿圈;2-传动轴;3、5-齿形联轴节;4-液压马达;6-摩擦式离合器;7-双速水冷驱动电动机;8-双级水冷行星减速器

（1）如果推力达到最大值,掘进速率会自动减小。
（2）如果推力下降一定数值,PLC 就会发出增大掘进速率的信号。
（3）驾驶员检查后发现隧洞掌子面地质条件均匀,就按下按钮增加掘进速率。
（4）如果扭矩和掘进速率变化很大,PLC 会自动改变刀盘转速。
（5）如果地质条件又变好了,司机可再次将运行模式改为全速模式。

四、主轴承密封与润滑

主轴承密封由 3 个唇式密封构成,此密封又用迷宫式密封保护。迷宫式密封由自动注油系统进行清洗、净化,参见图 5-7。

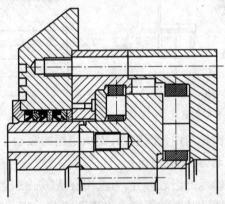

图 5-7　主轴承及密封

主轴承齿圈和驱动小齿轮为强制式机械润滑。装备有润滑泵、滤清器、电子监测系统。润滑脂润滑系统、机油润滑系统与刀盘驱动系统相互联锁,当润滑系统出现故障时,刀盘自动停止转动。

行星齿轮减速器为部分充油式,采用飞溅式润滑。

五、内凯机架

内凯机架的一头连接着刀盘主轴承及驱动组件,另一头连接着后下支承。内凯机架为箱形断面的焊接结构,带有经淬火硬化的导轨,外机架组件的支承垫在其上滑动。内外机架通过推进油缸连接。内凯机架参见图5-8。

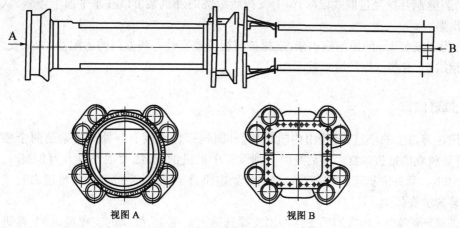

视图A　　　　　　视图B
图5-8　TBM 880E掘进机内凯机架

内凯机架为刀盘导向,将掘进机作业时的推进力和力矩传递给外凯机架。内凯机架连接刀盘轴承、驱动装置与后支撑,内凯的尾部与后支撑相连,内凯的前部连接着主轴承座。内凯机架前端设有一人孔,可由此通道进入刀盘,内凯机架内有足够的空间,用以安置皮带机。

六、外凯机架与支撑靴

外凯机架连同支撑靴一起沿内凯机架纵向滑动,支撑靴由32个液压油缸操纵,支撑靴分为两组,每组有8个,在外凯机架上呈"X"形分布,前后外凯机架上各有一组支撑靴。16个支撑靴将外凯机架牢牢地固定在掘进后的隧道内壁上,以承受刀盘的扭矩和掘进机推进力的反力。参见图5-9。

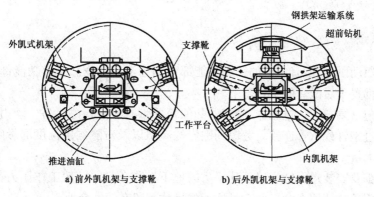

a) 前外凯机架与支撑靴　　b) 后外凯机架与支撑靴
图5-9　外凯机架与支撑靴

支撑靴组件可沿导向箱体径向地伸展,导向箱体作为外机架整体的一部分。每个支撑靴从中间分开,可以跨在施工时可能使用的钢拱架上。

支撑靴径向移动的行程足够能操纵机器通过隧洞的曲线段,如果需要,可以跨越安装在刀盘后面的钢拱架上。在恶劣的地质条件下,如果部分洞壁承受不住支撑靴的作用力,掘进机可以缩回那部分位置上的一或两个支撑靴,继续掘进。

前部和后部的外机架组件可以分别移动以适合不同间距的钢拱架。

掘进机在机械方面备有下列备选功能。

（1）当隧洞开挖经过曲线段时，带有支撑靴组件的外机架可以在水平面上倾斜，从而避免干扰钢拱架。

（2）为了安装1m间距的钢拱架，支撑护盾板上要安装一些专门的适配器，如果安装0.5m间距的钢拱架，有些支撑护盾板就不使用了。

七、推进油缸

作用在刀盘上的推进力，经由内凯机架、外凯机架传到围岩。外凯机架是两个独立的总成，各有其独立的推进油缸。前后外凯分别设4个推进油缸，最大工作压力为33MPa，总推力为21 000kN。后外凯机架的推进油缸将力传到内凯机架，前外凯机架则将推进力直接传到刀盘驱动装置的壳体上。

掘进循环结束时，内凯的后支撑伸出支撑到隧道底部上，外凯的支撑靴缩回，推进油缸推动外凯向前移动，为下一循环的掘进作准备。

八、后支撑

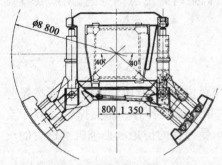

后支撑与内凯机架相连，位于后外凯机架的后面，后支撑通过液压油缸控制伸缩。参见图5-10。后支承脚与位于后部外机架组件后方的内机架相连。支承脚可以通过液压油缸伸展，也可以通过液压缸作横向调节。当撑靴缩回后，可以沿水平和垂直方向调节内机架的位置以确定下一个掘进循环的方向，使掘进机保持在所要求的隧道轴线上。后下支承也可以在水平方向调节以适应不同的钢拱架间距。

图5-10 后支撑（尺寸单位：mm）

九、液压系统

除主刀盘驱动以外，所有主机的辅助功能部件均为液压操作。所有功能部件运行所需的液压动力装置都置于后配套的平台车上。

动力装置包括泵、马达、过滤器、冷却器和油箱并带有所有检测设备。动力装置与相应机械设备之间通过钢管或软管连接。考虑到围岩的高温以及对隧洞中温度的影响，冷却器的尺寸设计都有较大富余量。

所有软管都要安装得很结实以承受恶劣的地下工作条件。一般工作压力都较低，目的是为了延长液压部件的使用寿命。所有过滤器的尺寸都留有较大余地。

十、电气系统

主控制面板位于后配套系统，包括变频器、每个电机的断路器和磁力启动器、辅助设备的电源引出口、用于功率因数修正的电抗性电流补偿器以及控制变流器。

照明系统配备足够的照明灯用于机器、围岩支护工作和隧洞铁轨的铺设。约有1/3的灯是防爆的,在停电时使用电池。

十一、安全控制系统

安全控制系统包括工作人员安全保护及防止设备损坏的联锁功能等。

十二、驾驶室

驾驶室位于后配套台车的前端,它包括一个控制台,控制台上有机器高效运行所有必需的阀、压力计、仪表、按钮及监控和通信设备。驾驶室具有隔音效果,并安装有单独的空调,驾驶员在里面工作非常舒适。

十三、变压器

掘进机和辅助设备运行所需的3台主变压器位于后配套台车上。配有用于电压变化的分压抽头,干式树脂填充设计,带有初级和次级断路闸刀。

十四、机器步进装置

机器步进支架用于在工地现场组装机器时支承掘进机,并且通过支架使掘进机在平地上步进至隧洞入口处的掌子面,或进入洞内一长段距离。

步进支架包括:

①用螺栓固定在刀盘护盾底部的一个钢结构件;
②两个用螺栓固定在两个外机架底部的框架型钢结构件;
③两个用螺栓固定在后下支承脚底部的框架型钢结构件。

第三节 TBM 工作循环

采用 TBM 掘进时,其工作过程需要按照如图 5-11 所示步骤来完成每个工作循环。

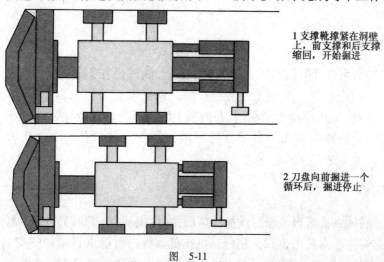

1 支撑靴撑紧在洞壁上,前支撑和后支撑缩回,开始掘进

2 刀盘向前掘进一个循环后,掘进停止

图 5-11

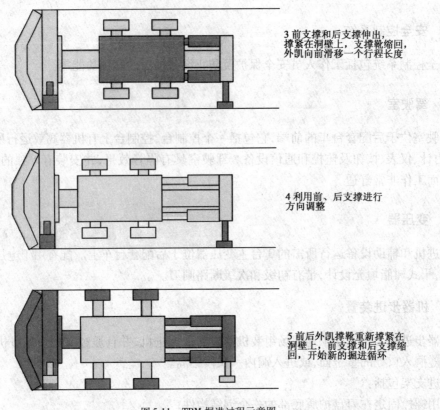

图 5-11 TBM 掘进过程示意图

第四节 掘进机辅助设备

在 TBM 上采用以下辅助支护设备：锚杆机、混凝土喷射机、钢拱架安装机以及超前钻机，来适应软岩施工。开敞式 TBM 通过软岩地层，采用先锚后喷及先喷后锚，并架设钢拱架的一次支护。

一、钢拱架安装器

钢拱架安装器可在 TBM 掘进过程中进行作业，掘进机在掘进过程中，可以通过钢拱架安装器在刀盘后面进行钢拱架的预组装和安装。钢拱架安装器由以下部分组成：在刀盘护盾后面的预组装槽、液压驱动的牵引链、在内凯上纵向移动的平台、钢拱架提升与伸展用的液压油缸。钢拱架安装器由装在刀盘护盾后面的控制台直接操作，由 TBM 的液压系统提供动力。

二、锚杆钻机

共有 4 台锚杆钻机，两台位于刀盘护盾后面，在内凯机架两侧；另外两台位于后支撑靴后面，在内凯机架旁边。参见图 5-12。锚杆钻机在机器掘进时能进行锚杆的安装。每台钻机的凿岩机滑道装在外凯机架上，前两台凿岩机能覆盖隧道顶部 150° 范围，并可沿 TBM 纵向滑移一个行程的长度,后两台凿岩机能覆盖隧道底部150°范围,并可沿TBM纵向滑移一个行程的长度。锚杆钻机钻孔直径为38mm,钻孔深度为3.5m,每个动力站的功率为55kW,供两台凿岩机使用。

 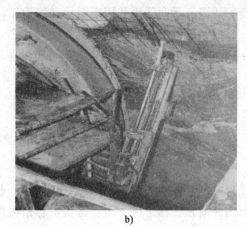

a) b)

图 5-12 锚杆钻机

每台钻机组件包括操作员平台和带有所有必需的控制单元的控制台,由位于后配套系统上独立的动力装置供应动力。

每台锚杆钻机包括以下主要部件:
(1)液压冲击式凿岩机,带润滑装置;
(2)液压链式推进器;
(3)安装在轴向滑架上的液压操作的铰接钻机底座;
(4)控制台;
(5)连接控制台与钻机及后配套动力装置所必需的所有软管连接;
(6)在后配套上的动力装置,还包括油冷却器、开关柜、水减压阀。

三、仰拱块吊机

仰拱块吊机沿设备桥下的双轨移动,它吊起仰拱块运向安装位置。仰拱块吊机可以沿水平、垂直方向移动,移动方式是链传动,起吊能力为13t。

四、掘进机上的半自动化喷浆系统

为了更轻便地操纵喷枪,提供了一个机械式喷枪座架,该座架设置在刀盘护盾的后端。

五、洞底清理皮带机

刀盘护盾后面安放一移动式皮带输送机用来把回弹的混凝土和洞壁落下的岩渣送至刀盘。旋转刀盘拾取岩渣并将其传输至掘进机的皮带系统。

清理洞底的反铲沿着掘进机下面的一个轨行系统运动,它将渣石铲起卸到移动式皮带机上。

六、超前钻机

1. 冲击式钻机装置

超前探测钻机能超前于掘进机以稍许外偏于刀盘护盾的一个角度钻超前探孔、大小管棚孔和灌浆孔。当超前钻机工作时,掘进机必须停止运转。超前钻机装于超前钻机的推进梁通过一个带有圆弧移位的驱动装置的圆形轨架系统,安装在外凯机架上、前后支撑靴之间,钻孔时,在掘进行程结束时,该装置可移动至 TBM 护盾的外边、以微小的仰角在 TBM 前方钻孔。刀盘护盾上有导向圆锥孔用于引导和稳定钻杆。该装置设计用来钻孔而不能取岩芯。

超前钻机的动力由锚杆钻机的动力站之一提供。该超前钻机装置,由以下主要部件组成:
(1)圆形轨架,带有沿圆弧方向移位的驱动装置和推进梁托架;
(2)液压冲击式凿岩机,带润滑装置;
(3)液压链式推进器;
(4)控制台;
(5)连接控制台和钻机及动力装置所必需的所有软管连接。

2. 岩芯式勘探钻机

在隧洞外储备一台岩芯钻机,在需要时,就将这台雪橇式的岩芯钻机通过一节平板车运到隧洞内并放置在掘进机下面。这台岩芯钻机将穿过刀盘上的一个人闸进行钻孔作业,这样便可从隧洞掌子面上取到岩芯。

这套岩芯钻机由以下主要部件组成:
(1)雪橇式机架;
(2)液压动力装置;
(3)液压链式推进器,并带有钻管夹持装置;
(4)控制台;
(5)连接控制台和钻机及动力装置所必需的所有软管连接。

这台岩芯钻机由锚杆钻机中的一组液压动力装置来驱动。

七、掘进机的通信系统

通信系统使掘进机驾驶室可以与现场的若干固定位置进行通信,它们之间需要安装一个连接有线式隧洞通信系统的接口。

八、数据处理系统

数据处理系统监视和记录以下数据:日期与时间、掘进长度、推进速度、每一循环的行程长度与持续时间、驱动电机的电流、驱动电机的接合次数、推进油缸压力、支撑油缸压力。

司机通过指定菜单记录刀具更换及设备停机的次数。如果发生故障,警示灯就会发出警告信号,让司机赶紧打开各个显示器显示故障类型及来源。记录的数据受到监控并储存,任何时候都可以被检索和打印出来。通过储存的数据生成的柱状图或饼状图,可以了解掘进机的工作。

监视器和打印机可以置于洞内或洞外。系统的终端装有用于数据转换的调制解调器。

九、导向系统

导向系统由装在 TBM 上的两个激光靶和装在隧道洞壁上的激光器组成,激光靶装于刀盘护盾背后,由一台工业电视监视器进行监视,监视器将 TBM 相对于激光束的位置传送到操作室的显示器上。显示器通常放置在掘进机司机控制台附近,以便司机可以利用这些信息导向掘进机。控制单元同样存储数据并允许输入系统需要的信息。当机械换步时,操作人员根据这些信息对 TBM 的支撑系统进行调整。

设备以固定参考点激光器发出的光束为基准计算掘进机的位置。知道掘进机的位置后就可以计算出与设计洞线的偏差。为了测量掘进机的位置,需要使用两个包含传感器的装置,即目标靶和倾斜计。这两个装置通过电缆及配电箱与控制单元相连,配电箱为传感器提供电源,目标靶测量激光束击中的位置及其入射角,倾斜计测量掘进机两个方向上的偏转角度。

便携式终端用来给系统提供激光束的位置信息,便携式终端与控制单元相连,便携式终端还可以用来编程设计隧洞路线并写入控制单元,还可将显示器文字改换成外文。

十、瓦斯检测器

瓦斯检测器有两个传感器用于检测瓦斯和氧气。如果超过临界瓦斯浓度,瓦斯检测器就会发出警报并使机器停机。两个传感器中,一个位于掘进机刀盘护盾后面,另一个在后配套区的除尘系统的出口。

举例来说,瓦斯体积浓度达到 0.5% 时检测器就会发出警报,如果达到 0.7%,除应急照明灯、增压风机和涤气风机以外,掘进机系统停止工作。警报和停机标准可根据当地标准来设置。

十一、掘进机上的衬砌材料运输系统

在掘进机顶部,一架钢丝绳牵引小车将各种衬砌材料向前运送至刀盘。这架运输小车的装料由后配套系统的材料转运桥上的衬砌材料吊机来完成。

第五节 后配套系统及其辅助设备

一、后配套系统

后配套系统设计为单线式轨道系统,所有供奉于掘进机的供给设备和岩渣装载皮带机均布置于此。岩渣通过皮带输送机运出。

后配套系统的材料转运桥与掘进机相连,在掘进过程中,材料转运桥一直被紧紧地拖拉着。

在材料转运桥和支护作业桥之间,有两个牵引油缸,它允许后部的后配套系统与主机处于不同的运动状态。一个与系统纳入一体的压力盒一直在监测着牵引力的大小,相应的信号一直被传输到掘进机控制室供进一步的分析处理。

后配套系统的各个桥和一节节平台车上安装有掘进机的液压动力装置、电气开关装置、变压器、主断路开关、电缆卷筒、除尘器、通风管、控制室以及皮带输送机系统。另外专门为喷浆系统、供水系统等提供了空间。

1. 材料转运桥

材料转运桥就位于掘进机的后面,桥下面留有充足的空间用于清理洞底和铺设仰拱结构件和铁轨。

这节桥上不仅安装有皮带输送机系统和新鲜空气的通风管道,还有道轨安装用吊机、物料转运吊机,以便将衬砌材料(如钢丝网、钢拱架、锚杆)送至掘进机顶部,这些材料将从那里被转送到各个不同的工作区域。

装有空调的驾驶室安装在顶层平台的后端。在喷浆作业之前,在材料转运桥上部的一些工作平台上,可以进行隧洞衬砌的准备工作。

2. 支护作业桥(喷浆作业桥)

支护作业桥紧接在材料转运桥的后面,在这作业桥上安装了一个纵向可移动的喷浆机械手,可以从固定安装在该作业桥的一个操纵台进行喷浆操作。

3. 仰拱清理的渣料提升器

仰拱清理的渣料提升器安装在该作业桥的后部。它先将人工装载的渣料运到上层平台,然后将渣料转装到后配套皮带机上。

4. 拖车

后配套门架式拖车每节长约10m,在轨距为2 980mm的仰拱钢轨上拖行。在拖车上,装有TBM液压动力系统、配电盘、变压器、总断电开关、电缆卷筒、除尘器、通风系统、操纵台、皮带输送系统、混凝土喷射系统、注浆系统、供水系统及其他辅助设备。门架式拖车的下层空间通行矿车、载人客车、材料车、牵引机车等。装渣台为双轨装渣系统,可容两列车装渣,每个列车的组成一般有10节矿车、3节材料车、1节人车和1节机车,列车总长约117m。

5. 起重和提升设备

用于起重和提升的设备有轨道安装用吊机、材料转递吊机、用于提升砂浆的辅助吊机、用于拆卸辅助外轨的辅助吊机、通风管盒的吊机。

6. 材料车的驱动装置

为了将材料车从设备平台车的前部移动到材料转运桥,安装了一个循环链驱动装置。当出渣开始时,各种材料车(运输仰拱结构件、钢拱架的车和喷浆的浆料搅拌车)由机车推进平台,驶入后配套系统的轨道。

材料车的第一站是停在喷浆泵旁,喷浆泵前面安放两个灌满浆料的容器。除砂浆车外,其余的材料车继续向前移动。材料转递吊机从平板车上吊起仰拱结构件、钢丝网、锚杆和钢拱架等并将它们提升到材料转运桥上。如果铁轨到达后(要用两节平板车合并起来运输),吊机便将它们放至轨架上。

卸空的材料车一起被推回并与卸空的砂浆车连接上,然后由机车推出隧洞。

7. 后配套皮带机

电驱动皮带机沿后配套布置。它从掘进机主机皮带机得到渣料,转载到主洞皮带机上,主洞皮带机被掘进机及后配套系统不断地牵拉和延伸。

8. 隧道皮带机的调头站

在第10~12节设备平台车的区域内,要延伸安装隧道皮带机托辊。尾部皮带滚筒及皮带机的转载站将连接到后配套系统并持续地被拉紧,所需要的张力被传导到后配套系统。

皮带的托辊分别安装在约3m长的托架上,托架安装在锚入洞壁的锚栓上。这些托辊、托架和锚栓通过平板车运来,在组装时,用人工搬运和安装。

9. 隧道皮带机的装载站

后配套出渣皮带将石渣输送到一随后配套系统一起移动的卸渣槽。卸渣槽将石渣导引到了牵引站后面的隧道皮带机上。

10. 照明系统

照明系统具有足够的灯光为后配套系统、岩石支护作业、安装隧道的轨线和隧洞皮带机进行照明。大约 1/3 的灯是防爆的,在停电时使用电池。

二、后配套系统的辅助设备

1. 喷浆系统

喷浆设备适用于在掘进机刀盘后立即喷浆或从后配套的平台上进行喷浆。为了避免带添加剂的水泥砂浆掉落在掘进机部件上,应尽可能在后配套系统实施喷浆作业。

喷浆系统为湿式喷射式,水泥砂浆由搅拌车运进洞内。每节搅拌车从交通轨线横向切换到在喷浆机料斗前面的一个卸料点。

与水箱及速凝剂箱相连的计量泵将速凝剂混合物泵至喷嘴。操作员可以通过电遥控开始或停止喷浆混合物及添加剂的流动。

整个喷浆系统装在后配套系统上。用软管将水泥砂浆与气体的混合物及水与添加剂的混合物从喷浆机送至刀盘护盾后面的一个半自动化喷射机或送至装有喷浆机械手系统的支护作业桥平台上。

机械手喷浆系统位于后配套上由两根 300°环形梁组成的基架上,该基架可以自身沿平行隧道中心线的方向移动 5.5m。一个喷浆臂装在该基架上,其圆弧方向的移动借助于一圆弧驱动系统。

为了在Ⅳ类和Ⅴ类围岩中将机械手喷浆系统的工作范围增加到 360°,圆弧驱动系统的环形梁可以在下部闭合。带有材料车运行轨道的后配套基本平台的横跨盖板被分成若干段,由辅助吊机挨个取走;此时材料车移动系统的循环链要暂时切断。

当洞底部分的喷浆工作完成后,循环链再次连接。后配套平台上的盖板重新合上。材料车又可沿后配套全长运行。

该喷浆臂是伸缩臂式的,装有带喷嘴的摆动喷头。一个动力装置服务于整个机械手喷浆系统,机械手的所有运动都可通过遥控独立地控制或操作。

整个系统包括喷射机、速凝剂计量装置、喷嘴、软管和电遥控。

2. 空压机站

设置了一个由两台空压机组成的空压机站,并附有储气罐和配气管网,该空压机作为混凝土喷射机、除尘系统集尘器的运行,锚杆钻机的水、气冲渣,以及气动工具等作业风源。

3. 衬砌支护材料的转递系统——辅助吊机

一台伸缩臂式吊机从材料转运桥的顶部平台将所有材料转递到在掘进机顶部行走的材料小车上。在材料转运桥的顶部平台上,安装有同样的吊机,它用来从材料车吊起各种物料,这台吊机还协助轨道安装吊机来完成后配套系统的辅助外轨的安装。轨道安装吊机对在临时洞底结构件上面的所有安装工作给予支持。一台辅助吊机用来吊运注浆站所需的材料。一套提升系统用来提升通风管存放箱的风管盒。

在后配套的辅助外轨以及所有供给管线(如供水管、污水管、返回的冷却水管)拆卸时,还有一台辅助吊机前来协助。

4. 用于管棚和地基处理的灌浆系统

移动式灌浆站用于管棚和地基处理的灌浆作业。在需要的时候,由机车拖入隧洞,进到后配套平台轨道的前端。

5. 供水系统

从洞口向掘进机供给冷却和压尘用的水。水经过水管卷筒补充到一个带有流量控制器的水箱。新鲜水由沿后配套系统架设的一条管子来输送。所有冷却装置的用水都从这个水箱提取。

6. 冷却系统

冷却系统是按照洞口处水温为25℃的条件设计的。水流经各冷却装置后,温热的冷却水由热水水箱收集,用于压尘、刀盘处和钻机等处的用水都从热水水箱抽取。余下的热水将经过水管卷筒泵回到一条回水管。此回水管安装在后配套系统。

7. 污水系统

使用两台潜水泵(每台能力为25L/s)吸净隧道洞底的污水并将其排入到一个污水池中。

使用一台离心泵(能力为50L/s)将经过沉淀后的污水经过一个软管卷筒泵送入一个污水管中,这条污水管布设在后配套系统。

8. 应急发电机

在电力供应发生中断时,柴油发电机组可用于:
(1) 主机和后配套的照明(功率减小);
(2) 操作站内的仪表盘和配电盘;
(3) 后配套通风系统和除尘器;
(4) PLC(可编程逻辑控制器)及其他控制回路;
(5) 电缆卷筒马达;
(6) 排水泵。

上述部件都由一条总的应急供应母线供电,在电力发生故障时由人工转换至应急电力供应。这些用电部件必须按顺序启动以防止应急发电机组的过载。该发电机组位于后配套上,由一台柴油机和发电机及控制盘组成。

9. 高压电缆存储装置

设置在后配套系统一侧的电缆卷筒是用于储存主电力供应的柔性电缆的,置于后配套系统的尾部,可以存放400m长的电缆。由一个马达驱动这个电缆卷筒和缠绕装置,缠绕装置支扶着电缆,使电缆卷筒能平行于隧洞中心线安装。在延长高压电缆时,备用发电机将给电缆卷筒的驱动马达供电。

10. 二次通风

隧洞通风系统的终端位于后配套末端的通风管存放箱,存放箱后面是带有进风管和消音器的后配套风机。存放箱和后配套风机之间的间距使未被后配套风机抽吸的新鲜空气可以通过隧洞返回,后配套风机把新鲜空气输送至主机的后面,部分空气由于除尘系统的抽吸作用被送至刀盘和内机架结构,剩余空气由此处返回。

11. 除尘系统

干式除尘系统位于后配套平台车的前端。进风管与掘进机内机架和刀盘护盾相连。除尘器在刀盘开挖室产生负压,迫使部分新鲜空气向掘进机前面流动,阻止含粉尘的气体泄漏到隧洞里。位于除尘器出口的增压风机帮助推动空气向拖车平台面的后端流动。

使用压缩空气对过滤袋定期进行清洁。粉尘被排渣器的喷头喷湿后,由排渣器收集,然后排到后配套皮带机上。

12. 通风管存放箱

一个机械手用来把通风管存放箱从材料车吊至合适的位置。在后配套的工作平台上将一节节通风管连接起来后,再连接到先前在隧洞钢拱架上安装的支撑架上。

13. 灭火系统

在掘进机系统的所有重要部位都安装了热传感器或烟雾传感器。如果出现火情,便发出视听警报。驾驶室的显示屏将指示警报的部位。靠近所有这些重要部位都布置了手动式、手持式灭火器。在这警报系统内以一定的间距还布置了一些灭火器,总共有15台。

14. 电视系统

为了监视如此长的具有多功能的后配套系统,对下列5个位置安设了电视监控:
(1)掘进机下方;
(2)在掘进机皮带机末端的出渣口;
(3)卸料作业区;
(4)支护作业桥;
(5)后配套系统后部的轨道。

其中黑白电视显示器,具有多视窗功能,都安设在驾驶室内;摄像机是防尘和防水的。

第六节 隧洞设备

一、隧洞皮带机系统

1. 防护罩

配备防护罩以对人员提供足够的保护,免受运动件,如联轴节、制动器、齿轮箱、轴等的伤害。

这些防护罩大多由开式的金属网和金属格栅组成,护住所有的表面,操作手能看见运动零件但不需要将罩移开。但液力联轴节使用的罩是实心铁板,以避免油的飞溅。

框架结构能支持一个人的重量,足够结实,不容易弯扭。

在防护罩与运动件之间,在水平面上要留至少50mm的间距,在垂直面或侧面则要留10mm的间距。

2. 带正交轴的齿轮箱

这种形式的减速箱,是通过若干组锥齿轮和直齿轮实现减速的。齿轮应为精确的人字齿或螺旋齿。

轴是用高级碳钢锻制而成的,由滚柱或球轴承支持着。

减速箱体用外部的加强筋加强,采用了厚的衬板改善了整体的刚性,这种衬板甚至可以做大的齿轮箱。支持板的下侧是经过机加工的。

箱体的顶部也具有足够的刚度,装配有吊耳和油位窗孔。

根据要散发的热量,润滑采用油浴式或喷油式,此时的油是由位于轴端的一个油泵提供的。

在向上的皮带机的齿轮箱的中间轴上要安装一个止回器。

3. 连轴节

在驱动装置上,在电动机和减速器之间以及在减速器和驱动滚筒之间的连轴节是弹性连轴节。这些连轴节能允许部件之间轴向的、径向的和角度方面的不大的偏差。

这类弹性连轴节全都用钢制成。较小的公差的机械加工使每把刮板只受到按规律分配给它的一小部分荷载。

由特殊钢制成的弹簧设置在防水的机壳下。氯丁橡胶密封保护着润滑剂不受变化,即使在腐蚀和多尘的情况下。

4. 机架

整个结构设计用来支持皮带机的皮带及包括托辊、滚筒、驱动装置、电动机及其他辅助设备在内的机械零件。总的特点是整体结构具有足够的惯量用以承受对设备的所有荷载。

横向加强筋和角板焊接在一节节的钢板结构上,以提供一个能承受扭曲或振动的组装体。

所有螺栓头和螺母的平面,除了锚在地上的锚栓,都平行于设备的轴线,这将可避免所有其他的横向应力荷载。

5. 连续的承载结构物

皮带机的承载结构制作成连在一起的连续构件。U形或成角度的夹紧座将支持皮带的托辊固定。这些夹紧座安装在焊接的支腿上,而支腿则通过木质枕木坐落在地面上。两个支腿间的距离为3~4m。支重托辊的间距取决于所选用托辊的能力以及托辊的荷载。

6. 托辊

常用的托辊由以下零件做成:

(1) 一根托辊轴,轴的两端加工了平口,用以将托辊固定在支架上;

(2) 滚柱轴承,需满足荷载条件及便于维护;

(3) 在轴承旁有润滑脂杯;

(4) 带轴承保护罩的迷宫式和唇式密封;

(5) 一副至少4mm厚的滚柱壳套及端头的轴承室。

7. 托辊支架

托辊支架是一段段钢板焊接在一起而成的,具有足够的刚度以承受大的荷载。为支持托辊的固定轴,设置了一些长方孔。承载托辊支架在夹紧座上的固定是通过锚栓连接的,它允许有纵向和横向的调整。回程托辊支架的固定也通过锚栓连接。

8. 滚筒、轴及轴承

滚筒由3个部件组成:

(1) 用不同厚度的滚压钢板制成的滚筒壳,钢板的厚度取决于滚筒的直径和荷载;

(2)钢板制成的滚筒端轮缘,焊接在滚筒壳和轴承毂上;
(3)两个钢制的轴承毂。

滚筒是焊接而成然后经过机加工,包括镗孔及开凿锁口(用于环状锁口的键槽)。这些加工做完后,将滚筒安装在轴上,然后将滚筒壳旋转。驱动滚筒处用特殊的橡胶,用硫化法进行包裹,包裹的厚度取决于工况和用途。

轴是用中硬钢材制造的。

轴承有铸铁的轴承壳,根据受力,轴承分为自动调心式球轴承、自动调准式滚柱轴承和锥滚轴承。

9. 用重力的垂直皮带张紧装置

这种装置通常应用在有足够大的空间安装垂直结构的皮带机上,皮带机装在皮带张紧装置内。

每台张紧装置由下列组成:
(1)一个张紧滚筒,包括轴和支撑,平衡重就悬挂在支撑上;
(2)一个由钢板焊接成的平衡重箱,并用焊接加强筋的方法加强。平衡重箱是铰连式的,悬挂在张紧滚筒轴上,能沿垂直框架移动;
(3)平衡重通常由金属切屑做成或使用混凝土块;
(4)平衡重箱的导轨为分段制作的;
(5)两个互相逆转的皮带滚筒,包括它们的轴和焊接框架;
(6)开式的金属网格保护,环绕着导轨,离地面约2m高。

10. 皮带清理装置

逆着皮带的行进方向设置了多片锋利的金属滑板式的皮带清理刮板。该装置能保证皮带上的材料被清理得非常干净而对滑板的压力最小。

皮带清理刮板装置由以下组成:
(1)滑板,其数目取决于皮带宽度。每块滑板装有一个不黏的反射器,可避免渣料的堆积;
(2)支撑架;
(3)两块柔性的垫块,允许对皮带清理刮板进行自调整,以便补偿滑板的磨损刮板装置的活动部分,容易进行检查和更换。

11. 料斗

(1)卸料斗:用于保护驱动滚筒,并改变渣料的抛物轨迹,包括接收溢出料的挡板。
(2)给料用的料斗及裙板:可使渣料在皮带上的分布良好。这种料斗包括:垂直的裙板,在侧向和后部有特殊的橡胶。

二、皮带舱的工作原理

隧洞皮带机的尾部连接到掘进机后配套上。根据掘进机的掘进速度,掘进机从皮带舱将皮带拉出。在皮带舱里,皮带是折叠着的,皮带有许多股。通常,皮带舱设置在皮带机主要结构的下部,容量为6股600m的储备长度。

在皮带舱内,皮带往返折叠在两个位于其极端位置的垂直铁架之间的空间里。其中一个铁架是固定的;另一个是轨车,为可移动的,根据掘进机的开挖,向着固定的那个移动,同时将皮带舱里的皮带放出。在这两个铁架之间,每 6m 设有一些侧框架,用以将皮带挡在里面。这些侧向框架会自动地给轨车让路,所以在整个释放皮带的过程中不需要人为干预。

皮带的张紧是借助一个卷扬机来实现的,它能保持皮带恒定的张力;或者借助一个与轨车连接的平衡重来是实现。

当皮带舱的皮带放空时,轨车已靠近到固定的铁架了,此时便将一个新的皮带卷筒安装到固定铁架的销轴上,然后将卷筒的皮带放松,将新卷筒的皮带一端与隧洞皮带相连。通过操纵卷扬机,轨车便朝皮带舱的另一端移动着,直到卷筒里的皮带全部放出,转存到了皮带舱里。侧向框架需靠人工回位。当皮带已经全部存到了皮带舱时,将第二个端头与隧洞皮带机的另一端连接,然后施加张紧装置。

上述将一卷新皮带装入皮带舱的整个过程通常需要 24h。一卷皮带的长度为 600m,供掘进机的掘进距离则为这个长度的一半。

第六章 双护盾掘进机

第一节 双护盾 TBM 概述

双护盾 TBM,又称伸缩护盾式 TBM,与开敞式 TBM 不同的是双护盾 TBM 具有全圆的护盾;与单护盾 TBM 不同的是双护盾 TBM 在地质良好时可以将掘进与安装管片同时进行,且在任何循环模式下都是在开敞状态下掘进。伸缩护盾形式是双护盾 TBM 独有的技术特点,是实现软硬岩作业转换的关键,双护盾结构参见图 6-1。

双护盾式 TBM 是按照硬岩掘进机配上一个软岩盾构功能进行设计的,既可用于硬岩又可用于软岩,也能适应硬岩或软硬岩交互地层。

图 6-1 双护盾 TBM

一、双护盾 TBM 的优势

(1)双护盾 TBM,是通用型 TBM,它有 3 种工作模式。
(2)双护盾 TBM 可以获得较高的掘进速度,与此同时完成管片衬砌。
(3)双护盾 TBM 可采用开敞式掘进,不需进行管片施工;或者在部分隧道不要管片衬砌。
(4)它有高度灵活性的伸缩护盾,可以应付任何类型岩层,只需通过在挖隧道过程中改变工作模式便可获得。
(5)双护盾 TBM 有可伸缩护盾优势,可从机器的后部为入口进入掌子面,以进行对隧道的处理,而单护盾 TBM 没有这样的功能。
(6)双护盾 TBM 能提供更多保护给管片结构。

二、双护盾 TBM 工作模式

双护盾工作模式适用于稳定性好的地层及围岩有小规模剥落而具有较稳定性的地层。在围岩稳定性较好的地层中掘进时,位于后护盾的撑靴紧撑在洞壁上,为刀盘掘进提供反力,在主推进油缸的作用下,使 TBM 向前推进。此时,TBM 作业循环为:掘进与安装管片→撑靴收回换步→再支撑→再掘进与安装管片,具体参见图6-2。双护盾掘进模式适用于稳定性较好的硬岩地层施工,在此模式下,掘进与安装管片同时进行,施工速度快。

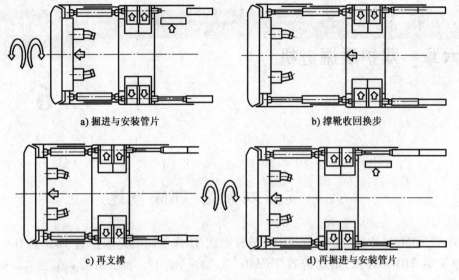

图6-2 双护盾工作模式

阅读材料:单护盾工作模式

单护盾工作模式适应于不稳定及不良地质地段。在软弱围岩地层中掘进时,洞壁不能提供足够的支撑反力。这时,不再使用支撑靴与主推进系统,伸缩护盾处于收缩位置,双护盾TBM就相当于一台简单的盾构。刀盘的推力由辅助推进油缸支撑在管片上提供,TBM掘进与管片安装不能同步。作业循环为:掘进→辅助油缸回收→安装管片→再掘进。参见图6-3。

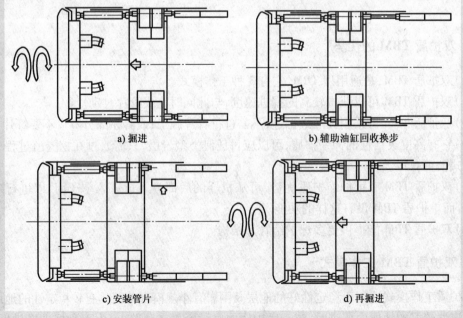

图6-3 单护盾工作模式

> 单护盾 TBM 与双护盾 TBM 相比,推进时要利用管片作为支撑,其作业原理类似于盾构,掘进与安装管片两者不能同时进行,施工速度较慢。
> 单护盾 TBM 与盾构的区别有两点:一是单护盾 TBM 采用皮带机出渣,而盾构则采用螺旋输送机出渣或采用泥浆泵以通过管道出渣;二是单护盾 TBM 不具备平衡掌子面的功能,而盾构则采用土舱压力或泥水压力平衡开挖面的水、土压力。

第二节 双护盾 TBM 的主要结构

双护盾掘进机结构主要由主机结构、后配套及辅助设备组成,主机结构参见图 6-4。

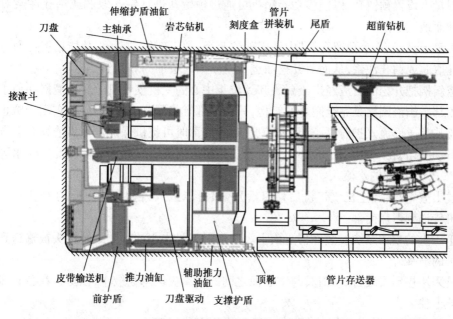

图 6-4 双护盾掘进机结构示意图

主机包括刀盘、主轴承、齿轮组、主轴承密封、刀盘驱动、齿轮减速机、液压马达和泵、阀组、推进油缸、管片拼装机等。

一、刀盘

以 TB 593 E/TS 双护盾掘进机为例。刀盘顺时针方向旋转时开挖岩石,反转只是在遇到破碎地层或不稳定地层时为了使刀盘脱困所用。所有的刀具都是背装式的,对刀具的检查和换刀都可在刀盘后进行。

内凹式刀座和刀盘是一体的。使得滚刀刀圈只有一小部分凸出在刀盘表面之外。这样可以防止破碎地层中大块的岩石将刀盘卡住。

平面型刀盘可使作业面稳定,较浅的出渣铲斗和刮板使护盾切割边缘与隧洞掌子面之间的距离达到最小,减小刀尖在松散岩石的暴露长度。

可更换的斗齿镶在铲斗开口上,有助于装料和开挖在隧洞沿线可能遇到的松散岩石。

刀盘前面为一加强的双层横隔膜结构，它通过渣料槽和锥形肋与后承压隔板相连接。端面闭合式的大刀盘上设计有长的径向石渣槽，使得大部分石渣在落到仰拱上之前就进入到刀盘里。石渣槽和刮板仅用于单向挖掘，这可增大刀盘的挖渣效率，大大地减小铲斗和刮板的磨损。刀盘前部易损的部位覆以一层硬的堆焊层和防磨块来保护。

格栅条可以插入刀盘表面的出渣槽中，以减小进入刀盘的岩渣的最大尺寸。

所有施加在刀盘的荷载都通过出渣斜槽和环绕的凸缘传递到后隔板上，然后再传给主轴承。

扩孔刀可用于切割沟槽，以便于进行更换边刀的操作。扩孔刀的液压动力经由刀盘中心的一个回转接头来传递。

刀盘设计用于单一方向的切岩和装渣，但也可以进行双向回转。刀盘配备有双向、可逆转、可变速的驱动控制，双向旋转有利于维护和检查工作。

在刀盘上设置预留孔，以便多功能钻机可通过预留孔进行钻孔取芯或钻孔注浆对开挖面进行全断面地层加固。

在刀盘上设置10个预留孔，其中外周部位8个，中心部位2个，多功能钻机可通过预留孔进行钻孔取芯或钻孔注浆，从而对开挖面进行全断面地层加固。

出渣斜槽把开挖的石渣经出渣漏斗卸到位于中心的主机皮带机上。出渣漏斗位于出渣圆筒槽的顶部。出渣圆筒是完全闭合的结构，只在顶部有与漏斗连接的开口，它用于防止未加控制的渣流从掌子面流入护盾机。当石渣流进刀盘底部时可提供保护。在出渣漏斗上方的液压操控的滑动闸门，在一旦出现涌水时，它可朝皮带机方向关闭出闸漏斗。因此避免水等流入隧道和TBM，仅让渗漏的水流入。

通过出渣斜槽（当主机皮带机后移以后）人员可以进入刀盘内。更换的刀具可以通过单轨小吊机传送到刀盘前部。

用于压尘的喷水系统安装在刀盘面上。水通过刀盘中心的一个旋转接头被输送到凹入式的被保护的喷嘴。

刀具采用楔形安装方式，刀具与掌子面之间的距离应保持最小，以防止在破碎多石地层中刀盘被卡住。

3把边刀可通过调节刀轴的方式实现30mm的径向外扩。

刮板和铲斗沿刀盘外圆分布，以将渣料从隧洞底铲至顶部，然后沿着出渣斜槽落到主机皮带输送机上方的出渣漏斗。铲斗开口和刮板朝刀盘中央扩展少许长度以使大量的岩渣在落至洞底之前能进入刀盘。这样将减少石渣的二次破碎和刮板和铲斗的过度磨损。刮板上用螺栓固定了可更换的耐磨板。

刀盘由主轴承支撑着，通过液压拧紧的膨胀螺栓刀盘与主轴承的回转部分相连接。膨胀螺栓的预加载可以精确控制。

二、主轴承和刀盘驱动

主驱动采用强劲和稳定的无级变频电机驱动可在通常条件下提供机器最大的掘进速度，同时在困难的地质条件下具有低速大扭矩、平稳的反转等。

1. 齿轮变速箱

轴承座及刀盘支承壳体是按重型工况制造的结构，用来安装主轴承总成与大齿圈、主密封、回转小齿轮以及行星齿轮减速箱和驱动马达。

整套驱动装置使用液压预紧螺栓被安装在刀盘支承壳体上,螺栓可以从后部拆卸。

2. 刀盘驱动

采用变频控制、无级变速的刀盘驱动。这种驱动的优点是刀盘转速可调整到由地质条件确定的最经济的状态。在硬岩和完整性好的岩石条件下,可使用尽可能高的转速,使掘进速率最优。而在破碎地层,可使用较低的转速,以获得最大的扭矩。需要时,刀盘可以反转以摆脱困境。同时还具有过载保护的功能和装置。

每一组驱动装置包括以下组成:两个轴承支撑的小齿轮、水冷式行星齿轮减速箱、过载剪切轴和变频控制的电机。

在检修服务模式下,刀盘驱动可由一个位于出渣漏斗后的控制盘来直接操作。此时,出于安全原因,应停止掘进机的其他任何操作。

刀盘驱动系统的设计有最大的安全富余度。刀盘转速可以根据不同的地质条件和 PLC 控制系统支持的驱动模式而相应改变。

其基本原理是:限制最大推力,控制掘进速率。

(1)如果推力达到最大值,掘进速率会自动减小。

(2)如果推力下降了一定数值,PLC 就会发出增大掘进速率的信号。

(3)当驾驶员经过核查认为掌子面地质条件均匀、允许增速,司机便可按下按钮增加掘进速率。

(4)如果扭矩和掘进速率变化很大,PLC 将会自动改变刀盘转速。

(5)如果地质条件又变好了,司机可再次将运行模式改为全速模式。

3. 主轴承

主轴承为双轴向—径向滚柱轴承,带有与轴承做成一体的内齿圈用于传递刀盘扭矩。

主轴承的设计是按照最大推力荷载,特别是按最大倾覆力矩考虑的。当在曲线段掘进或进行定线纠偏操作,以及在有不稳定地层条件的断层带工作情况下,必须考虑大的倾覆力矩。主轴承及大齿圈的设计寿命在 15 000h 以上。

4. 刀盘提升装置

刀盘提升装置能将刀盘在垂直方向上提升 35mm。

三、主驱动密封和润滑

1. 驱动密封的布置

主驱动密封保护刀盘主轴承和驱动装置不受泥渣和水的侵蚀。

密封的布置包括外部密封和内部密封。它们都由数量足够多的密封所组成。密封为唇式。唇式密封因为有可伸展的柔性,工作范围广,因而寿命长。

两道密封面对刀盘,一道面对轴承。面向刀盘的密封形成的凹槽中有不断压入的油脂以进行清洁。现在已推出了一种具有高附着性和拒水特性的生物可降解的特种油脂用于主轴承密封,以便应对水与泥渣的压力及温度。

自动油脂系统与主驱动是联锁的,它们的功能不断地被监控着。压入密封的油脂量可以被调节和记录。在密封与刀盘室之间有一迷宫密封,因此可增加一次保护。油脂泵是气压操纵的,它与油脂盘上的压缩气缸操纵的随动机做成一体。

密封的接触面要进行硬化处理并经过研磨,使它在正常情况下密封经久耐用。当表面显出磨损或者在更换密封时,密封能单个地换到一个新表面而不必更换有了一点磨损的密封圈。

2. 润滑系统

主轴承和驱动系统采用压力润滑系统来润滑。润滑系统与主驱动互锁,并先于主驱动系统启动工作。如果发生任何故障,驱动系统便关停。主轴承的润滑油与齿轮传动系统的润滑油是分开的,以防止齿轮系统产生的磨屑进入主轴承中。

所有油都流到驱动装置的凹槽中,然后被泵送到滤清器过滤,之后再返回到驱动系统。

在供油回路中安装有传感器,用来监测供油压力、油流量及滤清器的污秽程度和油温。

四、护盾

护盾由4个主要部件组成:前护盾,连接前、后护盾的伸缩部分,后护盾或称支撑护盾,盾尾。护盾示意图参见6-5。

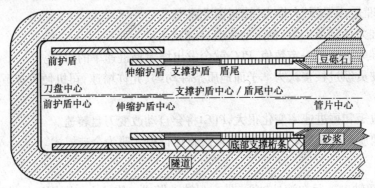

图6-5　护盾组成示意图

1. 前护盾

前护盾包含并支承着驱动装置和刀盘。前护盾通过伸缩油缸与后护盾相连接。伸缩油缸分成上下左右4组,使前护盾带着刀盘可以朝任何方向转。前护盾相对于后护盾的位置,由4个线性传感器测出,可从驾驶室的数字显示装置读出。

在前护盾顶部1/4的地方有两个液压操纵的稳定器,在硬岩中掘进时用来稳定前护盾,有效地防止刀盘振动。换步过程将借助尾盾的推进油缸推压管片,同时伸缩油缸向前拨拉支撑护盾。由于推进油缸推压着已衬砌的管片环,因此支撑护盾将总是被推向前,而不会将前护盾向后拉。

前护盾上设预留孔,以便在必要时通过布置在刀盘驱动装置环形支架上的多功能钻机钻取岩芯或进行开挖面全断面地层加固。

2. 伸缩护盾

护盾掘进机的伸缩部分连接着前护盾和后护盾。其功能是使掘进机的开挖与预制混凝土管片的安装能同时进行。

伸缩油缸连接着前、后盾,既传递推力又传递拉力。这一性能在遇到不稳定的地层条件,而覆盖层负荷又大时,可用以防止前护盾向下倾斜。

两个力矩装置将刀盘的扭矩从前护盾传给后护盾或称支撑护盾。前、后护盾间的滚动的调整用力矩油缸实现,当护盾滚动时应能使护盾复位,不需要伸缩油缸来纠正滚动。这种纠正滚动与单独的推进力的机制是这种设计的一个非常重要的特点。

伸缩部分两个壳皮之间的间隙可以检查,如清洁。为此提供了若干个开口。

伸缩护盾段仰拱部分是敞开的,目的是清除当掘进时滑入的碎块。在支撑护盾壳外部的导向条提供了碎块在TBM复位时被前推的空间。在破碎带或不稳定地层中,支撑靴不能使用,需要单护盾的操作模式,伸缩段关闭,因此不需要清理工作。

3. 后护盾(支撑护盾)

后护盾(支撑护盾)内设有推进油缸和支撑装置。支撑布置的形状使得支撑力作用到两侧和底部。这使得后护盾以左、右、底3点固定在隧道内。支撑护盾承受着全部掘进反力,在更换滚刀时也可将前护盾回拉。支撑护盾尺寸宽大,以减小对围岩的压力。这一点在软弱围岩掘进时尤其重要。由支撑护盾产生的对围岩的接触压力是与施加到刀盘的推进力成正比的。当在硬岩地层开挖时,刀盘必须有很大的推进力,支撑系统必须产生很大的夹持力以支持这个推进力,因此对围岩的接触压力将达到较高水平。当在软弱地层开挖时,刀盘只需要较小的推进力。夹持力将成正比减少,因此对围岩的接触压力将比较小。这种系统能根据刀盘对推进力的需要来自动提供相应的接触压力。

推进油缸分成4组作用在4个压力区,以利于当在软弱围岩中掘进不能用支撑时掘进机进行转向。每组的推进油缸连到一个推力靴板上,推力靴板上覆盖的聚氨酯的靴面以保护衬砌块。后护盾的总推力相当大,以便需要的力施加于刀盘,并用于克服全部护盾的摩擦阻力(单护盾模式时)。推进油缸有一共用的液压动力装置。4组液压缸的每一组均有共同的供油量控制,由掘进机操纵手监控。在正常掘进模式时,即用支撑靴提供反力来推进前护盾与刀盘(双护盾模式)。推进液压缸可由一个共用的油流来操作。每一液压缸装有测量装置或者线性传感器,使操作者能监控其位置。为了在掘进机前打超前钻探孔,或钻灌浆孔进行固结灌浆,沿支撑护盾后部的圆周上均匀预留贯穿盾壳的超前钻机孔位。

4. 尾盾

尾盾装在后护盾上。一个由弹簧钢挡板制成的可更换的盾尾密封,连接在尾盾的后面。弹簧钢挡板也连接到尾盾的外侧,以防止回填材料向前和沿盾壳圆周流散。

五、管片背后回填

为了回填隧洞壁与管片外径之间的环状空隙,采用在仰拱部位进行灌浆和在其余部位进行灌豆砾石两种措施。

对仰拱部位的灌浆将通过管片上的灌浆孔注入到管片与洞壁的间隙中。仰拱管片的垫层预计为对称于掘进机轴线的90°范围,砂浆将通过若干管道注入,在尾盾复位后,灌浆可立即进行。

对管片环的其余部分空隙回填豆砾石的操作,将通过管片上的预留孔用气吹入进行。在灌浆工作完成后,可立即进行回填豆砾石的工作。

使用双护盾TBM施工时会发生当隧道有塌方、掉块或掘进速度较快时,对管片背后豆粒石回填不饱满,压浆不密实,从而导致运营后期出现管片衬砌错台、渗漏水等情况。此外在地下水较发育的地层中,采用压浆堵水的方法将使管片衬砌承受一定的水压,水压较大时对管片的受力影响也非常大。

六、管片拼装机

管片拼装机为回转式，管片通过一个机械式锁定系统连接到拼装机机头。

拼装机在两个方向都可旋转220°，其支撑和驱动装置由一个单座圈球轴承、内齿圈、两个小齿圈、行星齿轮减速箱与液压马达组成。驱动为无级变速，能产生足够的扭矩以摆放沉重的管片。

拼装机机头用液压缸使它沿径向伸出，液压缸能分别伸出。拼装机机头上装有球面轴承，能向3个平面转动，保证管片正确定位。拼装机机头共有6个自由度。拼装机能采用有线和无线控制方式。

液压管、电力电缆和控制导线全都布置在一个独特的储管（储线）器上，不会造成管、线打卷。

拼装机安装在拼装机桥上，拼装机桥将后配套连接到掘进机上。拼装机在淬硬的滑道上做纵轴向移动。

七、管片运输及管片存送器

用列车将衬砌管片从洞口运到后配套系统的前面。一台管片吊机把管片转装到管片存送器上。管片存送器设于尾盾紧后面的隧道仰拱上，能存放1环管片（6块管片）。

八、皮带输送机装置

TBM配置两套皮带输送装置：主机皮带机和后配套皮带机。主机皮带输送机先将石渣运送到后配套皮带输送机上，然后再运送到后配套的装车点，在那里石渣被卸到停在后配套门架平台车内的渣车上。

皮带机应具有自动清理、刮渣、防跑偏、耐磨、防滑、张紧以及连续调速等功能，并使用寿命长的特点。

九、操控室

具有空调和隔音设施的掘进机驾驶室位于后配套系统的前部。驾驶室基本包括刀盘转速和方向的控制，伸缩护盾的控制，推进油缸向前推进速度的控制，各区推进油缸的压力的控制，支撑机构的控制，皮带输送机的控制，所有电动机（启动/停机）的控制，紧急停机、电视监测器、掘进机与其他系统的模拟现场活动的显示屏、导向系统的控制、故障检测系统、数据收集系统。

操作手能够观察到装车点和掘进机的其他3个运行点的情况。安装的电话系统连接了各操作手工作站以及操纵控制室。通信系统和数据采集系统有向隧道外传送数据的接口。

十、液压系统

除刀盘驱动之外，所有主机的辅助功能部件均为液压操作。所有功能部件所需的液压动力装置都设置在后配套平台车上。动力装置包括液压泵、电动机、滤清器、冷却器、油箱，并带有所有监视设备。连接动力装置与相应的设备采用刚性管道或软管。

所有软管都要安装得很结实以承受恶劣的地下工作条件。一般工作压力都较低，以便延长液压元件的使用寿命。液压油箱应设有循环过滤回路，过滤精度一般不低于$5\mu m$。

十一、电气系统

主控制面板位于后配套系统,包括变频器、每个电机的断路器和磁力启动器、辅助设备的电源引出口、用于功率因数修正的电抗性电流补偿器($\cos\phi = 0.95$)以及控制变压器。照明系统配备足够的照明灯用于机器、围岩支护工作和隧洞铁轨的铺设。约有1/3的灯是防爆的,在停电时使用电池,电池的使用时间不小于2h。电器设备的保护等级不低于IP55。高压供电应设有具有来电显示高压开关柜。高压、低压供电系统均应有漏电监视器和短路、接地保护装置,45kW以上的电机均采用降压启动。

十二、变压器

掘进机和辅助设备运行所需的两台主变压器位于后配套台车上。配有用于电压变化 -5%,-2.5%,$+2.5\%$,$+5\%$ 的额外的分压抽头,以便适应长距离供电的电压下降或持续的高压供电,这样在初级和次级电压之间的变压比将是恒定的,干式树脂填充设计,带有初级和次级断路闸刀。

第三节 主机辅助设备

一、冲击式钻机

钻机采用重型工况的、液压驱动的冲击式钻机。在护盾壳上的穿孔有足够大的尺寸,允许钻套能够顺利穿过这些穿孔的孔座。参见图6-6。

当钻探孔时,钻机将固定安装在管片拼装机紧后面的连接桥上。钻探孔的操作可以穿过支撑护盾顶部的一个导管来进行。

当钻灌浆孔时,钻机能够方便地安装在管片拼装机上。这样可以在沿着护盾圆周的预留的贯穿盾壳的孔位上进行钻孔,钻孔工作范围为360°。

钻机由位于后配套设备上的一个单独的55kW液压动力装置来提供动力。

钻机由以下几个部分组成:
(1)一个位于后配套上的固定支架;
(2)一个液压操纵的管片安装器匹配系统带推进梁;
(3)一个推进梁及夹紧装置;
(4)一台凿岩机;
(5)一套软管,一个动力装置,一个操作面板组成。

钻机可用来钻超前于掘进机、偏离刀盘护盾一个不大的外摆角的勘探孔和灌浆孔。当超前钻机工作时,掘进机必须停机。

二、回转式勘探岩芯钻机

在护盾机内设置一台专用的岩芯钻机。可以通过一个穿过刀盘、具有足够大直径的导管来实施钻取岩芯和进行开挖面全断面地层加固。这台钻机由位于后配套设备上的55kW的液压动力装置来提供动力,工作范围360°。

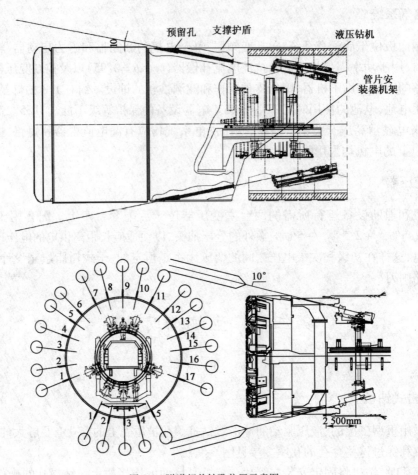

图 6-6 隧道超前钻孔位置示意图

在前护盾内围绕刀盘驱动装置的一个环形支架可以为岩芯钻机提供穿刀盘的钻孔作业位置。依靠一个驱动系统使岩芯钻机的推进梁能沿着这个环形支架移动,并固定在选定的位置上。当岩芯钻机工作时,掘进机必须停机。

岩芯勘探钻机包含以下组件:

(1) 一个位于前护盾里面的环绕驱动组件的环形支撑;
(2) 一个液压动力头;
(3) 一个液压链式推进器带有钻管夹持装置;
(4) 一个控制台;
(5) 一套连接控制台和钻机及动力装置所必需的软管。

使用这种钻机的主要目的是通过钻机在刀盘前钻的孔注浆加固地层,稳定开挖面。此外,通过钻孔取芯,可以得到非常准确的地层资料,以便确定操作性强且经济合理的地层稳定的方法。

三、其他设备

机器的通信系统、数据记录系统、掘进机导向系统、安全控制系统、瓦斯检测器、掘进机设备的冷却系统等均可参阅硬岩 TBM 掘进机部分内容。

第四节　后配套系统及其附属设备

一、后配套系统

后配套系统设计为单线式轨道系统,所有供奉于掘进机的供给设备和岩渣装载皮带机均布置于此,岩渣通过列车运出。

后配套系统的后配套桥与掘进机相连,在掘进过程中,材料转运桥一直被紧紧地拖拉着。

在后配套桥和管片拼装机桥之间,有两个牵引油缸,它允许后部的后配套系统与主机处于不同的运动状态。一个与系统纳入一体的压力盒一直在监测着牵引力的大小,相应的信号一直被传输到掘进机控制室供进一步的分析处理。

后配套系统由以下部分组成:与掘进机连接的后配套连接桥、门架式平台车、管片吊运系统和管片吊机、起重和提升系统、后配套皮带输送机、工作台、污水沉淀箱的安装位置、人员休息室(包括厕所)的安装位置、医务(急救)室的安装位置、照明系统等。

在后配套连接桥和后配套系统的各节平台车上设置有掘进机的液压动力装置、电气开关柜、变压器、主断电开关、通风管线、驾驶室以及皮带输送机系统。

1. 门架式平台车

门架式平台车每节的长度在6~9m范围内。为了稳定起见,将门架平台车安装在在辅助外轨行走的轨形转向架上。在门架式平台车的中央是前后贯通的轨道。在左、右侧及上层甲板则安装着各种后配套设备。

每节平台车上都有自己的门架。在轨道两旁以及在上层甲板两侧安装着皮带输送机和通风管以及掘进机的支持设备。在中央输送通道两旁,在平台车上安装着集中油脂润滑系统、灌浆系统、电气控制柜、液压动力装置、变压器、空压机、人员休息室与厕所、水系统以及工作间。

2. 后配套连接桥

在掘进机后面是一个大约25m长的连接桥。它下面提供了宽敞的空间用于设置管片存送器和管片单轨吊机的铁轨。连接桥还承载着皮带输送机系统和新鲜空气风管以及管片吊机。

在桥顶上的工作平台可以完成隧洞的衬砌工作,掘进机液压系统的动力装置以及超前钻机也都安装在桥顶上。

3. 管片吊运系统

装有管片的平板车停止在一个规定的固定位置,然后使用快速卸载系统将平板车上的所有管片成摞吊起,所有空的料罐送回到列车上,接着,机车头把列车拉回到另一个规定的固定位置,在那里把列车的其他材料车卸空,这时出渣与掘进可以开始。

当管片平板车离开管片卸载区以后,管片被放下来,以便让管片吊机能够一块一块地吊起管片,把管片移动向前,转90°后,将它放到管片存送器的后部位置上。

4. 起重和提升系统

起重和提升系统包括:

(1)轨道安装用吊机；
(2)用于提升砂浆的辅助吊机；
(3)用于提升豆砾石罐的吊机；
(4)用于拆卸辅助外轨的辅助吊机；
(5)用于安装辅助管路的辅助吊机；
(6)通风管盒的吊机。

二、后配套系统的辅助设备

1. 用于地层处理的灌浆和砂浆系统

为了进行地层处理,或者对仰拱管片铺垫砂浆层,提供了两套砂浆注浆站。它设置在后配套连接桥后的第一节平台车上。预拌好的干砂浆料用袋运进洞内。当装好料的袋到达后配套系统时,卸下并放置于搅拌机旁边。拌和机后跟着一个搅动器,从搅动器砂浆被压送到灌浆管架或用于回填的灌浆管。注浆泵由电力液压驱动装置来驱动,搅动器是电力驱动的,设置了压力与体积控制装置。

2. 豆砾石回填

为了充填开挖隧道和管片衬砌之间的间隙,两台豆砾石吹风机安装在拖车上,其由安放在其附近的料罐供料。当复位开始时,豆砾石填充也应开始,以防塌方。

其余后配套及其辅助设备可参阅硬岩 TBM 后配套及其设备部分内容。

第七章 复合盾构

第一节 复合盾构概述

一、复合盾构的概念

盾构按支护地层的形式可分为敞开式盾构(自然支护式、机械支护式)、压缩空气盾构(压缩空气支护式)、泥水盾构(泥浆支护式)、土压平衡盾构(土压平衡支护式),分别适用于相应的土层结构。当某一段隧道穿越不同地层结构时,用以上任一形式的盾构都不适合单独将此段隧道掘进贯通,而根据相应土层情况要用两台或多台盾构,在隧道掘进长度较短时很不经济,或由于条件限制使布置多台盾构非常困难。此时需将以上不同形式的盾构进行组合,在结构空间允许的情况下,将不同形式盾构的功能部件同时布置在一台盾构上,掘进过程中可根据地质情况进行功能或工作方式的切换和调整;或对不同形式盾构的功能部件进行类似模块化设计,掘进时根据土层情况进行部件调整和更换。这样一台盾构在不同的地层经转换后可以以不同的工作原理和方式运行,这类盾构称为复合盾构,也称混合盾构。

二、复合盾构的主要类型

复合盾构可以根据土层地质和水文条件作调整,其本质上是对开挖面支撑方式以及刀具、出渣运输系统和其他设备的调整。复合盾构的组合模式有压缩空气/敞开式盾构、泥水式/敞开式盾构、土压平衡/敞开式盾构、泥水式/土压平衡盾构、敞开式/泥水式/土压平衡盾构、敞开式/压缩空气/土压平衡盾构等。其主要由如下三种基本模式,参见图7-1。

1. 泥水加压式复合盾构

以泥水加压盾构为基础,与硬岩开挖技术相结合,对大块卵石、块石应在盾构内安装碎石机。当盾构在软土层施工时,可按封闭型泥水加压盾构进行施工;当遇到硬岩地层施工时,在刀盘上安装不同的硬岩切削刀具即能快速转换成敞开型机械盾构施工,而渣土排送仍采用水力管道排送。

2. 土压平衡式复合盾构

以土压平衡盾构为基础,与硬岩开挖技术相结合,当盾构在软土层施工时,可按封闭型土压平衡盾构进行施工;而当遇到硬岩地层施工时,在刀盘上安装不同的硬岩切削刀具就能快速转换成敞开型机械盾构施工,为了排送尺寸较大的石块,可选用带式螺旋输送机。

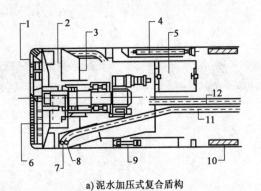
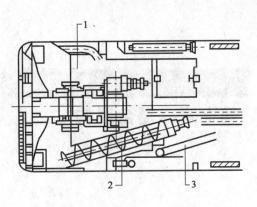

a) 泥水加压式复合盾构

1-刀盘；2-沉潜墙；3-隔板；4-推进缸；5-人舱；6-破碎机；7-格栅；
8-吸泥管；9-铰接缸；10-管片；11-排泥管；12-进泥管

b) 土压平衡式复合盾构

1-隔板；2-螺旋输送机；3-皮带输送机

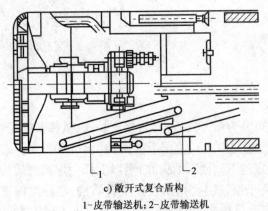

c) 敞开式复合盾构

1-皮带输送机；2-皮带输送机

图 7-1 复合盾构的组合模式

3. 敞开式复合盾构

以普通机械开挖盾构为基础，与硬岩开挖技术相结合，施工时只要根据遇到的不同土层条件，及时转换安装适当的刀具，就能使施工继续进行。针对多种不同地层的破岩掘进问题，盾构机必须配置复合刀盘，使滚压破岩、切削破岩可单独或混合使用，滚刀和齿刀可互换或混装。

2008 年 4 月中旬，"中国中铁一号"复合式土压平衡盾构（图 7-2）。在河南新乡盾构产业化基地下线，这是我国自主研发、自主设计的首台复合式土压平衡盾构，实现了从盾构关键技术到整机制造的跨越，填补了我国在复合盾构制造领域的一项空白。目前"中国中铁一号"盾构已成功应用于天津地铁施工。

图 7-2 "中国中铁一号"复合式土压平衡盾构

"中国中铁一号"复合式土压平衡盾构的直径为 6.3m，最大掘进速度为 8cm/min，具有较强的地质适用性，在弯道施工、转向纠偏、滚动纠偏、改善地质条件等方面取得了明显进步。设计还充分考虑了盾构施工在刀盘受困状态下的紧急处置方式和带压进舱作业时的安全保护，以及应对涌水等突发事件的能力。

由于复合盾构制造工艺复杂,技术附加值高,目前盾构制造核心技术为德国、法国、加拿大、日本等少数国家所垄断,且价格高昂。长期以来,国外盾构在中国盾构市场的占有率高达95%以上。这台复合式土压平衡盾构的研制成功,填补了我国在复合盾构领域的空白,标志着我国的盾构研发取得了阶段性创新成果,标志着我国盾构产业化取得了重要进展,标志着我国的盾构研制水平又上了一个新的台阶,这是我国盾构发展史上重要的里程碑。

第二节 复合盾构的主要结构

复合盾构机结构的特征主要在于刀盘结构和主机结构两方面。

一、刀盘的结构特点

复合盾构是指既适用于软土,又适用于硬岩的一类盾构,主要用于既有软土又有硬岩的复杂地层施工。因此刀盘上既要安装有切刀和刮刀等软土刀具,又要安装有滚刀等硬岩刀具,选用刀具时应根据不同岩层条件而定。

1. 不同岩层条件下刀具的选用

(1)软土地层:主要采用割刀,安装在刀盘进土槽口两侧。

(2)硬岩地层:主要采用盘式滚刀,对于更坚硬的地层,应安装牙轮形和镶嵌碳化钨珠形的滚轮刀。

(3)软硬混合交替夹层:应采用不同形式的刮刀取代滚刀(如撕裂刀),其开挖方法是刮下块状石块,使其对软塑土层更有效地开挖。

上述各种刀具,应能相互调换,以便随岩层的变化进行有效选择。

2. 刀盘结构形式

盾构机的刀盘结构形式采用面板形,周边圆弧过度,均匀滚刀布置。刀盘采用面板形,有利于布置了滚刀后的刀盘结构强度更高,更能承受大的荷载,同时在硬岩工作面发生坍塌时刀盘面可起支撑作用。周边采用圆弧形,这为硬岩刀盘最典型的特征,因为周边圆弧形过度增大了周边刀盘的面积,可在周边布置更多的滚刀以适应周边滚刀高线速度快磨损的需要。同时还需考虑软切削及渣土流动,所以在刀盘的轴对称结构上增加进渣槽以便于渣土很容易的进入渣舱,同时在进渣口相邻侧安装切刀,切刀刃口面与工作面不垂直而有一定内倾形如犁地的犁头,导泥面更加有利于渣土顺利流入渣舱。另外,刀盘结构上还存在补充措施,即在刀盘周边又多增加小进渣口的措施。在满足掘进方面,刀盘上另设仿行刀可满足盾构机曲线掘进时局部扩挖使盾构机通过。

对于复合地层,盾构机刀盘还要满足以下要求:

(1)刀盘应有足够的强度,以适应不同的地质条件变化。

(2)刀盘应有较大的开口率,特别是刀盘中心部位,要预防结块形成泥饼。所以,在满足刀盘结构强度、刀具布置以及岩层支护等条件的情况下,应尽可能增大刀盘的开口率,特别是刀盘中心部位的开口率,要使渣土易于流动,防止结泥饼,提高开挖效率。增大刀盘开口率的意义并非只是在刀盘辐条边缘的开口尺寸上,也应注意安装刀具的刀座周围也是易形成泥饼的部位。

(3)针对地层的变化情况,能够方便地更换硬岩滚刀或软岩齿刀。目前已经普遍采用从刀盘背后进行刀具换装的后装式刀盘结构，方便了施工过程中的换刀作业。

（4）刀盘应有足够的结构耐磨度，以满足复合地层中石英含量高的岩层地段的施工。

（5）刀盘上应配备足够的渣土搅拌装置，要尽可能消除搅拌死角，使刀盘出渣顺畅，防止密封土舱内出现渣土压密的泥饼。

（6）刀盘上应配备足够的注入口，以方便掘进时加入清水、泡沫剂、膨润土等材料，并在注入口结构上有相应的防堵塞单向导通装置，使注入相应材料后，起到刀具冷却、润滑和渣土改良等作用。

3. 复合地层中使用的主要刀具类型

（1）单刃滚刀：以挤压作用破岩，只有一个刀圈刃口，通常用于硬岩和中硬岩。

（2）双刃滚刀：以挤压作用破岩，有两个刀圈刃口，通常用于软岩。

（3）正面刮刀：以剪切作用破岩，刀具刃角小于90°，一般布置在刀盘辐板边缘。

（4）边缘刮刀：以剪切作用破岩，刀具刃角小于90°，一般布置在刀盘边缘。

（5）齿刀：以剪切作用破岩，刀具刃角小于90°，一般布置在刀盘正面，用于软岩切削。

（6）先行刀：刀具刃角一般等于90°，通常直接焊接在刀盘面板上，因其伸出高，故而先行插入岩体而得名。

（7）中心刀：安装在刀盘中心部位，形状各异。就每种刀具而言，其刃角的大小、角度、镶嵌合金的类型、方式等又有许多不同；滚刀与刮刀的数量、滚刀与刮刀的高度差、滚刀的类型等也不相同。要结合具体的地质条件进行配置。

现以复合式土压平衡盾构刀盘结构为例，对刀盘结构作一简介。

该刀盘采用面板形，周边采用圆弧形。参见图7-3。

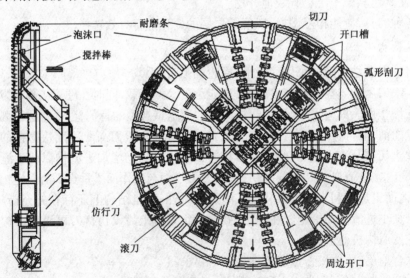

图7-3 复合式盾构刀盘结构

考虑软土切削及渣土流动，因此，刀盘在轴对称结构上加了8条进渣槽以便于渣土很容易的进入渣舱，同时8条进渣口相邻侧各安装了一排8把切刀，切刀刃口面与工作面不垂直而有一定内倾形，如犁地的犁头，而更加有利于渣土的顺利流入渣舱。

另外，在刀盘周边又多加8个小进渣口。由于刀盘结构限制，刀盘周边尽管切削土量大，但单位体积渣量注入的泡沫却远小于中心部位的泡沫量（因为中心部位一旦渣土板结，会以很快速度延伸到周边地区,所以中心部位防板结加大泡沫注入量是合理的),为解决此问题,故多加了8个进渣口,以缓解周边渣槽进渣的压力。

在满足掘进方面,刀盘上另加了一把仿行刀,可使盾构机曲线掘进时局部扩挖使盾构机通过。

刀盘上布设的泡沫口,直接通过刀盘面向掌子面喷射泡沫对防止刀盘面上泥饼的形成具有很好的效果,而另一方面又可降低刀具磨损。

在刀盘的背面设计搅拌棒,对于土压平衡盾构可通过搅拌改善土舱内切削土体的塑流性,对于泥水盾构,则可通过搅拌改善泥浆的均匀性。搅拌棒一般伸出刀盘后端面约700mm。

刀盘通过采用适宜的材料与合理的工艺来提高刀盘及刀具的耐磨性:①刀盘的面板焊接网状耐磨条;②刀盘的外圈焊接高强度的耐磨板;③对刀盘开口部位的表面进行硬化;④所有刀具均采用高耐磨的合金钢碳化钨刀具,以确保刀具的高耐磨性;⑤在搅拌棒的表面堆焊网状耐磨条。网状耐磨条的网眼尺寸一般为80mm×80mm,耐磨条的高度约为2mm,宽度为6mm的耐磨设计。

二、盾构主机的结构特点

复合盾构的另一个主要特点是一般具有两套出渣系统。从开挖舱内输出开挖土渣,泥水盾构、土压平衡盾构、敞开式盾构是完全不同的,一般泥水模式使用泥浆管;土压平衡模式使用螺旋输料机;敞开式使用皮带输送机,因此在混合式盾构中至少装有两种出渣系统。

对于泥水式与土压平衡结合盾构,转换到泥水模式时,必须安装一台碎石机或靠人工去除大砾石。设计在泥水式和土压平衡模式下都可以使用的刀盘是完全可能的,即使要更换刀盘也不存在问题,只要有竖井即可。沉潜墙是德国体系泥水式盾构的一个特征,在土压平衡模式下,沉潜墙转化成了压力隔板,故必须设计成可以承受较大的负载。沉潜墙下部的开口可关闭,使用伸缩式螺旋输送机,螺旋输送机在泥水模式下缩回。螺旋输送机采用带芯轴螺旋机,非常适用于气压法施工,密闭效果好。

第三节 掘进模式及其模式转换

下面以复合式土压平衡盾构为例简要介绍关于盾构掘进模式的基本原理。

针对稳定工作面及控制地层变形问题,盾构机必须配置一机三模式功能,即土压平衡式、开敞式、半开敞式,各模式可互换,可根据需要提供稳定工作面压力,必须具有同步注浆功能,尽早填充环形间隙并控制地下水流失。

(1)针对防泥饼问题:盾构机必须配置泡沫注入系统,刀盘倒八字形开口,向刀盘前面、土舱和螺旋输送机注入泡沫,改善渣土流塑性,利于渣土进入土舱。

(2)针对防喷涌问题:盾构机必须配置渣土改良系统,具有两节螺旋输送机,提高渣土止水性,防止地下水流入,建立土塞效应。

(3)针对掘进方向控制问题:盾构机必须配置自动导向系统、随动铰接装置,分区控制推进油缸,实时指示并控制行进姿态,可灵活转弯并实施纠偏。

(4)针对刀盘、刀具和出土机构的磨损问题:盾构机必须配置渣土改良系统,背装式刀具。提高渣土流动性,并可根据地层情况合理配置和安全更换刀具。

一、掘进模式

复合式土压平衡盾构具有敞开式、半敞开式、土压平衡式3种掘进模式。

（1）敞开式：土舱内不需要保持任何压力的一种盾构掘进模式。当盾构通过的地层自稳性好，且掘进对周边环境影响小或地下水较少时，可以采用敞开模式进行掘进。

（2）半敞开式：掌子面虽然有一定的自稳性，但是不能完全自稳，或是虽然稳定但由于存在一定量的地下水，需要在掌子面建立一定的压力来防止地下水进入土舱，减少水土流失。为了减少刀盘转动的扭矩，只需要在土舱内保持少量的渣土（通常1/2~2/3），然后向土舱内注入压缩空气或泡沫来辅助进行开挖，这就是半敞开模式。

（3）土压平衡式：在盾构开挖时，利用掘进渣土对土舱内的土加压或加注辅助材料产生的压力来平衡开挖面的土压及地下水压力，保持工作面的稳定，以避免掌子面坍塌或地层失水过多而引起地表下沉的一种盾构掘进模式。

二、掘进模式转换技术

1. 敞开式向半敞开式转换

此转换主要是确保渣舱内能够保住气压，渣舱内的渣土高度应高出螺旋输送机进料口的上部2~3m。转换时应先将螺旋输送机的转速适当调低，使出渣速度小于掘进速度所切削下来的渣土，以使渣舱内的渣土高度升高到气压平衡所需的高度，然后向渣舱内注入压缩空气建立所需气压。

2. 半敞开式向敞开式转换

此转换的关键是要尽快地降低渣舱内压力，同时降低渣舱内渣土高度，因此要加大螺旋输送机转速，并加大输送机出料口开启度，以利于渣土的排出。

3. 敞开式向土压平衡式转换

此转换的关键是要尽快达到所需的土压，转换时一般是首先停止螺旋输送机出渣，使掘进切削下来的渣土尽快填充渣舱内的空间，以保持工作面及地层的稳定；当渣舱内的土压达到掘进设计土压值后，再开启螺旋输送机进行排土出渣，并使出渣速度与土压平衡模式的掘进速度所切削下来的渣土量相平衡。

4. 土压平衡式向敞开式转换

此转换的关键是尽快降低渣舱内的土压力，加大螺旋输送机的转速，以加大出渣速度而降低渣舱内的压力，降低刀盘转动所需的扭矩以便于加大刀盘的转速，降低总推力而有效地加大掘进推力，提高掘进效率。

5. 半敞开式向土压平衡式转换

此转换的主要目的是防止地下水渗入渣舱及在地层不稳定时提供足够的平衡压力。因此必须将渣舱内压缩空气所占的空间用渣土替换，转换过程应减小螺旋输送机的出渣速度，以加大渣舱内的压力，使渣舱内的空气以逃逸的方式进入地层，从而建立土压平衡掘进模式。

6. 土压平衡式向半敞开式转换

此转换主要是将压缩空气置换出渣舱上部的渣土，因此在空气与渣土的置换过程中，出渣速度要与掘进速度所切削下来的渣土量和注入压缩空气的量之和相匹配。

第四节　渣土改良技术

一、渣土改良的作用

渣土改良的作用有：使渣土具有较好的土压平衡效果，利于稳定开挖面，控制地表沉降；使渣土具有较好的止水性，以控制地下水流失；使切削下来的渣土顺利快速进入土舱，并利于螺旋输送机顺利排土；可有效防止土渣黏结刀盘而产生泥饼；可防止或减轻螺旋输送机排土时的喷涌现象；可有效降低刀盘扭矩，降低对刀盘、刀具和螺旋输送机的磨损。

二、泡沫剂的渣土改良技术

1. 泡沫剂的使用

泡沫剂通常按 1%～6% 进行配制，溶于水中，也可根据开挖土体的颗粒级配、不均匀系数、掘进速度、掘进的推力和扭矩的具体情况进行调整。

2. 泡沫剂的注入

(1) 注入方式：泡沫剂的注入可选择采用半自动操作方式和自动操作方式。

(2) 注入率：在一般情况下泡沫的注入率的最小值为 20%，当渣土较黏时，为防止产生泥饼或堵舱，泡沫的注入率最小不小于 30%。在实际施工过程中，泡沫的注入率要根据掘进期间对渣土的观察来作相应的调整，而影响注入率的最关键因素为土体的液限、塑限以及土体的含水量。

三、不同地质的渣土改良技术

(1) 在砂质黏性土和全、强、中风化泥质粉砂岩的掘进中，主要是要稳定开挖面，防止刀盘产生泥饼，并降低刀盘扭矩。一般采取分别向刀盘面和土舱内注入泡沫的方法进行渣土改良，必要时可向螺旋输送机内注入泡沫。

(2) 在硬岩地段的掘进主要是要降低对刀具磨损、螺旋输送机的磨损，防止涌水，一般采取向刀盘前和土舱内及螺旋输送机内注入含水量较大的泡沫为主。

(3) 在富水地段和其他含水地层采用土压平衡模式掘进时，主要是要防止涌水、防止喷涌、降低刀盘扭矩，一般向刀盘面、土舱内和螺旋输送机内注入膨润土泥浆，并增加对螺旋输送机内注入的膨润土，以利于螺旋输送机形成土塞效应。

(4) 在砂土地层中掘进时，主要是保持土舱内的压力平衡，以稳定开挖面，控制地层沉降，拟采取向刀盘面和土舱内注入泡沫来改良渣土，泡沫注入量根据具体情况确定。

第八章 盾构机的安全使用规程

第一节 一般规定

为充分发挥盾构机的性能、防故障于未然,必须对其进行日常检查、定期点检。

一、一般规定

(1) 制定详细的掘进机维修、保养操作规程,完善掘进机的管、用、养、修的各项规章制度,建立健全各种基础资料的管理。

(2) 掘进机的维保过程必须进行记录,将维修、保养项目处理方法及其过程记录、存档,以便总结、查询,在以后的维修中作为参考。

(3) 除特别原因外,每天都要有固定班次对掘进机进行停机维修保养、检修工作。

(4) 每月应对掘进机各系统进行状态评审。对设备的管、用、养、修各环节的情况进行充分评估,总结当月设备状况,提出相应措施,并将下月维修计划和保养计划一并下达。

(5) 保养与检修必须坚持"预防为主、经常检修、强制保养、养修并重"的原则,采用日常保养和定期维修保养相结合的方式。

(6) 按照生产厂家提供的设备维修保养指南制订强制性的保养与检修计划。

(7) 维修保养人员必须经过相关专业的培训后持证上岗。

(8) 掘进机长期停止运行时,需定期进行维护、检查和保养。

二、状态检查

(1) 应经常对掘进机设备进行状态检查,以使掘进机能处于良好的工作状态。

(2) 掘进机在掘进过程中,值班工程师和维修人员应始终对设备的状态处于监控中。一旦发现设备处于不正常的状态中,应立即停机检查、处理。

(3) 主司机在掘进操作过程中,通过各种仪表、参数显示、指示灯、显示器对掘进机在工作中状态进行监控,发现问题,应立即停机。

三、检查维护

(1) 检查维修中可能会因不相关人员无意转动机器等导致产生重大的人身事故。因此,要在操作盘上挂上"请勿运转"的警示牌,必要时还要在机械的周围挂上警示牌(警告牌在不使用时请放置在工具箱内)。

(2)人行闸开放时注意事项:人行闸开放前要充分确认无出水及塌落危险性,并会同监察员一起慎重地开放。

(3)在机械下方检查维护或者修理前,必须确认上部没有任何不安全物品放置。

四、警告

(1)无关人员禁止入内。检查维修期间除相关的作业人员以外,其他人不得靠近,另外,周围的人也要注意,尤其在进行打磨及焊接作业、使用锤子时要特别注意。

(2)废弃物的处置:

①不要将废油倒入下水道、河流等。

②务必将从设备中流出的油放入容器中,不可直接排放。

③在处理油、溶剂、滤芯等有机物时,要遵守相关的法规、规则。

五、注意

(1)确保多人。为防万一,在隧道内的点检、整备工作需多人同时实施。

(2)要使用适当的工具。使用破损的或老化的工具、或者使用不合适的工具时非常危险。

(3)不使用超负载机器。在插头上连接超出负载的机械时,有发生火灾的危险,所以不要使用超负载的机械。

(4)为防止机器的损耗、延长机械的寿命,注意要适度运转。

(5)绝对不要进行超规格作业。

(6)感到机械有异常时要立刻进行检查,特别要注意异常音、异常振动及异常发热,如果确认有此情况时,要立即停机,调查其原因。

(7)要经常保持机械清洁。通过去除油污、土沙等物可以容易地发现零件的裂纹、损坏、螺栓的松动等,另外也对防止事故起一定的作用。

(8)长时间停机后,回复运行时,要先进行无负荷运行,认真检查各部位的动作状况。

(9)工作日记、掘进数据的记录,在发生不正常的情况时可供参考,所以一定要做好工作日记及掘进数据记录。

第二节　岗位安全规程

一、遵守岗位安全规程

(1)盾构机操作、维修人员必须是受过专业训练的,必须具备"操作资格"中规定的资格。

(2)进行机械操作或维修时,请遵守安全手册中叙述的所有安全规则、注意事项及顺序。

(3)身体不适、服用药物(催眠药)时及酒后不要操作,因为发生危机时,容易造成判断失误。

(4)共同作业时,一定要设指挥员,根据制订的方案工作。

二、设置安全装置

（1）确认所有的防护装置、防护罩装在正常位置，如有破损，应马上修理。

（2）认真了解盾构联锁、溢流阀等安全装置。

（3）请勿随便调节盾构联锁装置、溢流阀。解除盾构联锁装置，请参照盾构联锁装置的使用说明。

（4）一旦误用安全装置，将会造成重大人身事故。

（5）不要随便变更电气、液压的设定。如为防止电气火灾，请勿变更热继电器等设定值；为防止盾构机损伤，请勿变更溢流阀压力等液压设定值。

（6）穿戴正规的服装和保护用品。肥大的服装、饰品等有可能被机械零件上的物品钩住，另外，工作服上若沾有油渍，易起火，所以也不得穿着。并应根据工作情况穿戴保护眼镜、安全帽、安全靴、口罩、手套等。各种保护用具，在使用前应确认其性能、检查有无损伤。特别是用锤子敲打销子等物体时，金属片等异物可能飞散，必须使用保护眼镜、安全帽、手套等保护用具。另外，需先确认附近无人后，再进行作业。

（7）各种保护用具，请在使用前确认其性能，检查有无损伤。

三、确保施工架作业安全

（1）为了确保施工架，在进行检查、维修的地板、通道上，不要放置不必要的物品。

（2）现有的作业台在拆卸或改造时，有坠落的危险，不要拆卸。

（3）作业台锈蚀劣化时，有坠落的危险，需进行日常检查，有劣化的部分要及时更换、修补。

（4）作业台上用螺栓固定的地方，有因螺栓松动，而发生连接部分脱落、坠落的危险，应经常检查螺栓是否有松动。

（5）在作业台的扶手上方，上下时有坠落的危险，请勿攀登。

（6）在作业台开口部、栏杆低的地方工作时或从作业台向外探出作业时，有坠落的危险，必须系上安全带后作业。

（7）从作业台上掉下的零件和工具类，有可能伤害下面的作业人员，应注意不要掉落此类物品。

（8）上下时使用扶手。用扶手、台阶时，请用3点支撑身体。（双脚单手或单脚双手）

四、油、油脂处严禁烟火

（1）烟火接近油、油脂有着火的危险。

（2）请勿将烟头、火柴等明火接近可燃物。

（3）存放油容器的盖子及塞子一定要塞紧。

（4）请将油在指定的地方保管，除有关人员外不许接近。

（5）请在适当的温度下使用指定牌号的油。

五、高温操作注意事项

（1）开机时，齿轮油、作业油温度高，蓄存着压力。在这种状态下，打开盖或加油、换过滤网时可能会发生灼伤事故，请等温度下降后并按顺序操作。

(2)为了防止高压油喷出可以：①停泵；②等到油温降低后；③缓慢松开盖，并在压力消失后再打开。

六、不使用超容量的设备

如在插座上插入超过许可荷载的设备时，有发生火灾的危险，勿使用规定荷载以上的设备。

七、焊接作业注意事项

焊接作业时，焊接火花的飞散等有发生火灾的危险性，勿在焊接场所附近，放置油、棉丝等易燃物。

另外，焊接作业时，务必戴保护眼镜、口罩等保护用具。

八、注意高压电

高压电若出现漏电、触电等现象，易引发重大事故，甚至有危及生命的危险，故需确认电气配线的损伤和漏电保护器工作是否正常。

九、齿轮等旋转物，不得用手触摸

齿轮，泵装置及连轴部分等旋转物，有挟手的危险，运转中，请勿将手靠近。另外，在卸下保护罩时请勿开机。

十、检查漏水和可能落下物体

人孔等连接螺栓、球阀的柄等，会因工作时的振动而引起松动，请对螺栓、柄等的紧固情况进行日常检查。

推进油缸的靴撑如果损坏，落下时会对下方正在工作的人员造成伤害，请定期检查以防止落下。

十一、紧急情况注意事项

(1)请确认紧急时各机器急停开关的位置，以便在紧急情况下，能立即采取对策。

(2)确保紧急时的通道。设想发生火灾时，紧急逃离的情况，确定逃离要领。另外，需确认逃离路线是否畅通。

(3)备齐灭火器和急救箱，以应对可能发生的火灾。确定急救箱的保管地点和火灾、事故的处理方法。事先确定与急救联系单位的联络方法，记住电话号码。

十二、注意因停电等关闭紧急闸门

(1)如不熟悉停电等关闭闸门的方法，就不能控制喷发，这很危险。全体作业人员应熟知紧急时关闭闸门的操作。

(2)闸门开口有时会因土层及掘削的状况而发生喷发，这也很危险。勿对着闸门口看或接近开口。

(3)闸门关闭时有挟手脚的危险，勿将手脚放入闸门内。

(4)停电时,一片漆黑,有看不见后撤通道的危险,应定期检查应急灯工作状态(停电时亮灯)。

十三、运转注意事项

1. 出洞及临时掘进注意事项

(1)出洞时,机械有发生倾覆、侧滚的危险,请勿进入机内及设备周围的区域或立于设备顶端。

(2)应在设备及发射架间设置挡块,以防止设备侧滚(应尽量控制刀盘扭矩)。

(3)出洞时,如果电缆、软管断裂,有发生触电、漏电、漏油等二次灾害的危险。应确定临时电缆、软管的敷设路线,以避免与周边设施发生干涉。

(4)机械通过帘布板时,有可能从主机盾壳的凸出部位(盾尾油脂注入管、注浆管、铰接处等)喷出土沙、水,造成二次灾害,请勿接近帘布板。

(5)应控制设备的推进速度,掘进时,时刻监视掘进周边情况。

2. 管片搬入注意事项

(1)管片车进入盾构台车下部时,有撞伤人员的危险,应彻底确认联络信号。另外,电瓶车司机,应确认前方没有人。

(2)如果行走范围内有障碍物,会有碰撞受伤的危险,所以,不要在行走、起吊范围内放置障碍物。在搬运,安装管片时,有碰撞作业人员的危险,故搬运者应确认前方无人(请明确指令)。

(3)为防止意外,操作人员请勿进入管片运输机的作业范围内。

(4)如果起吊或前后搬运的操作过于激烈,有起吊物脱落造成伤害的危险,应将起吊冲击控制在最小程度,保持平稳操作。

(5)管片吊钩如未完全销好,有管片落下伤及作业者的危险,应确认吊钩完全锁好后再起吊。

(6)管片起吊、放下时,有因管片晃动而夹住手脚的危险,应注意。

(7)管片等物起吊时,请勿进入起吊物下方,否则可能发生重大人身事故。搬运中的管片,有因晃动而碰撞身体的危险,应确认附近无人后再作业。

(8)吊机应在额定起重量范围内使用,否则可能造成人身事故。

(9)为防止吊机事故,必须定期检查。

3. 操作台周围的检查

(1)湿手操作或操作屏沾染污迹或水迹,可能发生触电、自行动作等,从而造成人身伤害或事故。应注意用干净的手操作并需经常保持操作屏的清洁卫生。

(2)在操作屏附近放置工具等物品,可能会损坏灯、开关等,引发事故,因此不要在操作屏附近放置物品。

4. 管片拼装检查与注意事项

1)拼装机操作前的检查

如拼装机旋转马达的配管损伤时,有自行旋转而夹伤人的危险。故应日常检查,确认配管有没有损伤、漏油。

2)拼装机操作屏的检查

如拼装机操作盒被弄湿、沾染污迹,有触电、自行动作伤及作业者的危险,应注意用干净的手操作拼装机操作盒。另外,要防止操作盒受潮、沾染污迹。

3)拼装机操作注意事项

(1)拼装机旋转时,有被旋转环、起升架及托轮等旋转物夹住的危险,所以旋转过程中,请勿靠近。

(2)拼装机操作中,如软管等被周边设备挂住而损伤,有拼装机械手和管片落下伤人的危险,故应注意保护软管。

(3)特别是超出旋转限度使用时,软管很有可能被拉断,务必避免。

(4)拼装机停止时,拼装机头要停在正上方或正下方的位置。

(5)在管片吊起状态和升降机架转到上方的位置时,请勿长时间(3min 以上)放置,有因液压马达漏油而坠落的危险。

4)管片起吊销的注意事项

如管片起吊销未插到底时,有销脱落、管片落下、夹住身体的危险,从而造成重大事故,故应插好销子并锁紧,并应监视旋转中销子是否脱出。

起吊销插入时,有手被夹在销和吊具之间的危险,所以操作者应明确指令,确认人员安全后再操作。

5)安装管片注意事项

(1)组装管片上部时,为防物件落下伤及下边的作业者,作业时请勿在下边行走。

(2)管片定位时,有将手脚夹在管片间的危险,应确认作业者的安全后操作拼装机。

(3)组装管片时,推进油缸的伸缩动作也会进行,作业者的手脚有被夹在突然动作的推进油缸和管片间的危险。

(4)拼装机和盾构推进油缸的操作者,应明确联络口令,确认作业者的安全。

6)曲线施工管片注意事项

曲线施工用的管片起吊适配器,如安装不正确,会造成管片落下伤及作业者,应遵守适配器的组装要领,正确组装。

7)真圆保持器操作注意事项

圆保持装置的前后动作时,作业者有可能被圆保持装置和盾构机的间隔夹住的危险,所以不要靠近作业范围内。

圆保持装置导向板扩张时,作业者可能被导向板和管片的间隔夹住手脚,所以不要靠近操作范围。

十四、掘进注意事项

(1)掘进中,机器有时会突然侧滚,所以进入掘进机内时,应充分注意因突然侧滚造成的跌倒、滚落。特别是在高空作业时,必须配戴安全带。

(2)因传送带或土砂压送泵运转中的振动,造成后续台车的翻到,伤及作业者的危险性是存在的,应切实装好防翻部件,并认真确认。

(3)注意电动机的冷却水堵塞。电机风扇周围堵塞时,就不能散热,有损伤内部,发生火灾的可能,因此,应保持电机风扇周围空气的流通。

(4)推进油缸靴撑和管片间有夹住手脚的危险,注意不要把手脚置于其间。

（5）铰接操作时，如果机内有人，可能有被刀盘和辐条伤害的危险。所以一定不要进入机内。要进行安全的确认。

（6）注意异常音、异常情况等，如果对器具的异音、异常不加以注意，零部件将可能破损而飞散，并有因部件飞散而造成人员伤害的危险。机器发生异音、异常时，应立即终止掘进，进行检查、维修。

（7）保持后方通道清洁。如后续台车运行轨道及隧道上有障碍物时，会造成后续台车脱轨、倾覆，可能造成人身事故，应确认无障碍物。有障碍物时，请立即排除。

（8）掘进中，注意后方台车。随着机器的掘进，后续台车也前进，手指和身体有被车轮、车体挟住的危险，所以，掘进中，请勿接近车轮及靠在机架等。

（9）后续台车会因隧道的坡度而自行前进、后退，从而挟住身体，应注意。

（10）进行盾构机体和后续台车的连接部件的准备，应保证有标准的强度、刚性。

（11）掘进中，有因后续台车脱轨，倾覆而造成人员伤害的危险。应检查后续台车与管片是否相干涉。必须确保在轨道上无干涉、无异常地操作。特别在弯道施工中，注意检查后续台车和管片是否相干涉。

（12）曲线部分的轨道请使用与曲线的曲率半径相吻合的导轨，以免脱轨、倾覆。

十五、检查、维修注意事项

1. 检查、维修前注意事项

（1）检查、维修中，应挂警示牌。本机的检查、维修时，如其他非相关人员无意中打开泵，触摸按钮，会造成重大人身事故。应在操作屏上挂"禁止运行"的警示牌。必要时，机器周围也要挂。

（2）使用合适的工具。使用坏的或老化的工具，或不合适的工具是非常危险的。应使用适当的维修作业工具。

（3）请勿随意改变机器的设定值。解除盾构联锁状态运行时，会造成设备的损坏、人身事故的发生，应务必注意。请勿触动溢流阀及随便变更压力值，否则会造成设备的损坏及人身事故的发生。

（4）确保多人负责。为了能解决突发事故，在坑内的检查、维修作业应为多人进行实施。

（5）人孔、检查口开放前，应充分处置、确认无出水、坍塌危险性后，在监视员在场的情况下，小心操作。

（6）加油注意事项：

①溢出的油属危险品，应马上擦掉；

②应紧好油闷、盖；

③应注意换气。

（7）切断开关后进行检查、维修。不切断开关，接触配线会发生触电，所以，应切断必要的开关进行检查、维修。

（8）存在土压、泥水压时的应注意，因为受土压、泥水压作用的盾构机在推进油缸缩进时，有发生盾构机后退而夹住手脚的危险，应在主机和管片间设置坚固的支承件后再行作业。

（9）在泵停机后再进行检查、维修作业。检查、维修在关掉各个泵后实施。

（10）从事维修的人员，应注意不要让身体、衣服接触动作部分。

（11）解除蓄能器的油压回路的压力时,应依据储能器的使用说明书进行。

（12）蓄能器中充有高压氮气,使用不当非常危险,应注意以下事项:

①请勿在蓄能器上打孔,或接近火源;

②请勿在蓄能器上焊接;

③蓄能器报废时,必须排空气囊中气体;

④气体封入应参照储能器使用说明。

2. 检查、维修中注意事项

（1）闲人莫进。检查、维修中,除必要的作业人员外,其他人等不得接近。另外,应注意周围的人,打磨、焊接及使用锤子时,应特别注意。

（2）在机械下方检查、维修前,请务必确认上边无不稳定物后再进行作业。机械的支撑不可靠时,绝不要进入机械下面作业。

（3）经常保持机械清洁。溢出的油,油脂或散乱的破片是危险的。应经常保持机械的清洁。

（4）另外,电气系统中进水,会导致动作不良、误动作,应注意。请勿对电机、操作台、动力柜、电气设备类进行水洗和蒸汽清洗。

（5）高压软管在使用时,请勿弯曲、敲打高压软管。弯曲、破损的管路、软管类有可能破裂,因此,请勿使用。松动、破损的油脂软管、液压软管类,务必修理。漏油、油脂泄漏易出现火灾隐患。

（6）高压油回路中常会有内压。在内压成为零之前,请勿进行供油、排油或检查,维修作业。从小孔泄漏的高压油接触皮肤、眼睛很危险。应戴安全眼镜、厚手套,检查时应用厚纸、胶合板垫在检查部位。触及高压油后,应立即接受医生治疗。

（7）进入开挖面内时应确认开挖面内的气体浓度,然后再进去。否则,易发生缺氧、气体中毒事件(这时要注意充分换气)。进入开挖面内请一定切断电源,如忘记切断电源,会因误动作等伤及开挖面内的作业人员,造成人身事故。开挖面内有因塌陷造成伤害的危险,所以,作业负责人应监视开挖面的状态,含水以及有无涌水,明确作出指示。同时应戴安全帽,穿长靴或安全鞋,高空作业应系好安全带。

（8）在机内,有被凸出物挂住而负伤、疼痛、跌倒、坠落的可能,应使用不易挂的工作服。

（9）如在没有确认土舱内有无出水的情况下,卸下人闸挡板的螺栓,会因出水造成人员躲避困难而受伤。打开挡板前,请务必使用球阀等确认开挖面有无出水。

（10）在开挖面部分,不得已动火时,易因火灾、缺氧危及生命,所以应遵守以下事项:

①事先接受作业指挥的指示;

②事前确认有无可燃性气体及其状态;

③不将可燃物带进开挖面内,不得已带入的可燃物需用阻燃物覆盖;

④在附近配备灭火器、水、沙子;

⑤设置通风、换气设备;

⑥确保逃离通道。

（11）从人闸进入开挖面内时,如不遵守压气作业的注意事项,会发生高压障碍,故应遵守以下事项:

①遵守加压减压时间;

②遵守作业负责人指示的压气压;

③在开挖面不使用火(禁止带入火柴、打火机);
④禁止带入可燃物;
⑤减压中不停止呼吸;
⑥断气减压后的开挖面内,有时缺氧空气会回来,务必测定氧气浓度后再进入。

3. 高温、高压维修注意事项

刚停机时,各部分油为高温、高压油。在这种状态下卸下盖子,进行放油,换过滤器等维修时,会发生烫伤,应等温度下降后再进行检查、维修。

4. 废弃物处理注意事项

处理油、溶剂、过滤器等有害物时,应遵守有关法规、规则。请勿向下水道、河川等处倾倒废油。机械中的油,请务必排到容器内,不能直接向地面排油。

第九章　盾构机的维修保养

盾构机的维修保养工作虽然繁杂,但可总结为8个字,即:清洁、润滑、紧固、调整。

清洁工作虽然简单,但容易被人忽略,而它确实是一项非常重要的工作,特别对于施工设备来说。盾构机上有几处清洁工作非常重要,它们是盾尾底部管片安装区、主轴承内密封处、皮带机、推进油缸活塞表面。

润滑就是对运动部件加注润滑油脂,防止磨损。不单是隧道用设备,无论什么样的机械,在日常的保养工作中,加注油脂及润滑油都是最重要的内容,绝对不要使用指定外的油、油脂及润滑油。

紧固就是防止连接处松动。

调整就是根据实际情况对盾构机上不合理的地方进行整改并根据盾构机上各设备的使用情况进行必要的维护。例如,盾构机上有些传感器容易被踩坏,可采取必要的防护;根据掘进姿态对推进油缸的靴板调整;根据检测报告对齿轮油和液压油的更换等,这些工作都使盾构机处于良好的工作环境。

盾构机保养一般分为日保养、周保养、月保养、季度保养、半年保养、年保养,各种保养的侧重点有所不同。例如:取油样、测试油的污染度和含水量,不可能在日保、周保中做,而一般在季度保养中进行。对于特殊的系统、设备,还存在初始维护保养工作及使用前和使用后的维保工作等。

下面就针对盾构机的具体保养内容作一说明。

第一节　掘削机构维修保养

一、刀盘

刀盘是盾构的主要工作部件,它的主要作用是切削掌子面,并对渣土进行搅拌。刀盘四周和边缘部分堆焊有耐磨条和耐磨隔栅。刀盘经由支柱、接盘和主轴承连接在一起,由4个支柱承受推进力和径向荷载,以及驱动马达提供的扭矩。在刀盘的开口部分和主、副刀樑上安装有刀具。对于刀盘的维修保养主要有以下几点:

(1)定期进入开挖舱检查刀盘各部分的磨损情况,检查耐磨条和耐磨格栅是否有过度磨损,必要时可进行补焊。

(2)检查刀盘内搅拌棒的磨损情况,以及搅拌棒上的泡沫孔是否堵塞。

(3)在有条件的情况下检查刀盘面板、各焊接部位是否有裂纹产生。

二、刀具

根据地质不同可采用不同的刀具。对不同的刀具的磨损情况进行检验时须使用专用的磨损量检验工具。

(1)定期进入开挖舱检查刀具的磨损情况,根据地质情况决定是否换刀。

(2)检查盘形滚刀的滚动情况和刀圈的磨损量。应使用专用盘形滚刀磨损量检测板检查。

(3)在换装刀具过程中检查盘形滚刀紧固螺栓的扭矩。

(4)检查切刀的数量和磨损情况,如有丢失、脱落须立即补齐。

(5)检查齿刀的切削齿是否有剥落或过度磨损,必要时更换。

(6)刀具检查按照以下标准执行。

安装刀具为齿刀时,检查齿刀有否刃口蹦刃,刃口磨损,当刃口磨损至刀具基体时则必须更换。

安装刀具为滚刀时,对周边滚刀需检查其磨损值,当磨损值达到35mm时必须更换;但如果前部地层不能确定能否进入刀盘换刀,而根据刀具磨损进度预计将于该处换刀时,对于磨损量在20mm左右的刀具也需更换新刀,可将拆卸下的旧刀装于内环刀具;当发现有刀具出现玄磨时,表明该刀具轴承已损坏,必须更换新刀。

安装刀具为切刀时,检查切刀磨损情况,对于掉齿或刃齿磨损至基体的刀具必须更换。对掉落的切刀必须安装新切刀。

检查所有安装刀具螺栓紧固情况,松动时紧固。

在间隔一个月的刀盘检查中,所有螺栓必须用风动扳手紧固一次。

所有刀具安装件必须清洁,用水、钢刷清洁后,用毛巾抹干后才可安装。

三、回转接头

(1)经常检查旋转接头的泡沫管是否有渗漏,并及时进行处理。

(2)每天对旋转接头部分的灰尘进行清理,防止灰尘进入主轴承内圈密封。(此处是主轴承密封的薄弱环节,应特别注意)

(3)检查旋转接头润滑脂的注入情况,如有堵塞应及时处理。

(4)经常检查回转中心的转动情况,如有异常须立即停机并进行处理。

第二节 盾体铰接装置与推进油缸维修保养

一、铰接装置与推进油缸

(1)及时清理盾壳内的污泥和砂浆。

(2)检查铰接密封有无漏气和漏浆情况,必要时调整铰接密封的压板螺钉缩小间隙。

(3)铰接密封注脂,每个注入点注入量为0.5L/d。
(4)推进油缸与铰接油缸的球头部分加注润滑脂。
(5)检查推进油缸靴板与管片的接触情况(正常时二者边缘平齐)。
(6)检查盾尾密封情况,如有漏水和漏浆要及时处理,并检查盾尾油脂密封系统的工作情况。
(7)在每环管片安装之前必须清理管片的外表面,防止残留的杂物损坏铰接密封。

二、铰接密封调节

盾构在曲线段施工时,由于密封材料(橡胶)的特性其铰接密封的密封能力会出现下降,从而产生漏浆、漏液现象,严重影响施工的质量和进度,对盾构本身也是一个较大的损害。为了防止和减轻上述情况的发生就必须对盾构的铰接密封进行调整,以适应不断变化的地质和线路的情况。

盾构的铰接密封由一道橡胶密封、两道挡块、调整螺栓、压紧块以及一道紧急密封气囊组成。紧急密封气囊平时处于无气状态,不起密封作用。只有当盾构的前道密封出现问题需要更换时,才会充气将盾构铰接部位的缝隙暂时封闭起来,以防止在更换前道橡胶密封时发生漏液、漏浆现象。由于紧急密封的材料是橡胶,它不能承受很大的摩擦,过于剧烈的摩擦和挤压会是气囊发生破裂和泄漏,又由于其特殊的安装位置一旦发生损坏将无法更换和修补,紧急密封的损坏将会为前道密封的更换造成很大的困难。鉴于其特殊用途的重要性,平时绝对不能将其用于正常掘进状态下的密封使用。只有在盾构停机状态更换前道密封时才可充气使用。

当盾构在曲线段掘进时,应根据其掘进的转向趋势相应的调节铰接密封。先将密封压紧块的紧固螺栓松开,将转弯方向内侧密封的压紧块调整螺栓向外调节,使橡胶密封与盾体间的间隙加大;相反将转弯方向外侧密封的压紧块调整螺栓向里调节,压紧橡胶使其间隙缩小。调整的范围以密封情况的改善为标准,调整完毕后将密封压块的紧固螺栓上紧即可。虽然调节盾构的铰接密封可以改善其密封状况,但由于橡胶密封的弹性有限,所以调解范围不会很大,不可能完全杜绝漏浆和漏液现象。只有在施工中不断累积经验改进施工的掘进曲线,防止过大转弯趋势的产生才能更好地保证施工质量。

第三节 螺旋输送机、皮带机维修保养

一、螺旋输送机

维修保养时,首先必须停机并将"运行—维护"开关拨到"维护"位置,确保维修保养结束前不会再开机。液压油路的维修保养时还必须释放压力。

1. 日常维护

(1)检查螺旋输送机油泵有无漏油现象,如漏油即进行处理,并清洁。
(2)检查螺旋输送机驱动及液压管路有无漏油现象,如漏油即进行处理,并清洁。
(3)检查螺旋输送机油泵电机温度否过高,如果温度过高即查明原因进行处理。

2. 周维护

(1)检查变速箱油位,如果变速箱油位过低,即添加齿轮油。

(2)检查轴承、闸门、伸缩缸的润滑情况,及时添加润滑脂。

3. 月维护

(1)检查螺旋片磨损情况,如果磨损严重,即补焊耐磨层。

(2)用超声探测仪检查螺旋管厚度,记录检测数据报机电部。

(3)清洁电路灰尘。

(4)检查电路接线端子有无松动,如松动即紧固。

(5)检查断路器、接触器、继电器触点烧蚀情况,如烧蚀明显,用细砂纸打磨平;如严重烧蚀即更换触点。

二、皮带输送机

维修保养时,首先必须停机并将"运行—维护"开关拨到"维护"位置,确保维修保养结束前不会再开机。

1. 周维护

(1)检查各滚子和边缘引导装置的滚动情况,如滚动不好,即清洗、打油。

(2)检查皮带的磨损情况,如皮带磨损严重,即更换皮带。

(3)检查皮带是否走偏,如皮带走偏,即调正。

2. 月维护

(1)检查变速箱油位,如果变速箱油位过低,即添加齿轮油。

(2)检查轴承润滑,添加润滑脂。

(3)检查皮带松紧情况,必要时增加皮带张力。

(4)清洁电路、电机。

(5)检查电路接线端子有无松动,如松动,即紧固。

(6)检查断路器、接触器、继电器触点烧蚀情况,如烧蚀明显即用细砂打磨平;如严重烧蚀,即更换触点。

3. 半年维护

检查和清洁所有零件。

第四节 管片拼装系统维修保养

一、管片吊机

(1)经常清理管片吊机行走轨道,注意给吊链加润滑脂。

(2)检查控制盒按钮、开关动作是否灵活正常,必要时检修或更换。

(3)检查电缆卷筒和控制盒电缆线滑环,防止电缆卡住、拉断。

(4)定期检查管片吊具的磨损情况,必要时进行修理和更换。

二、管片输送小车

(1)及时清理盾构底部的杂物和泥土。

(2)每天给需润滑部位加注润滑脂。

(3)定期检查和调整同轴同步齿轮马达的工作情况。如果输送机顶升机构在空载时出现4个油缸起升速度不均的情况,则表明同轴齿轮马达有可能内部有密封损坏,应拆下清洗、检查,更换损坏密封件。

三、管片拼装机

(1)检查并清理工作现场杂物、污泥和砂浆。

(2)检查油缸和管路有无损坏或漏油现象,如有故障应及时处理。

(3)检查电缆、油管的活动托架,如有松动和破损要及时修理和更换。

(4)定期(每周)给液压油缸铰接轴承、旋转轴承、伸缩滑板等需要润滑的部位加润滑脂并检查公差和破损情况。(旋转轴承注油脂时应加注一部分油脂旋转一定角度,充分润滑轴承的各个部分)

(5)定期检查管片安装机驱动马达旋转角度编码器工作是否正常,如有必要对角度限位进行调整。

(6)检查抓取机构和定位螺栓,是否有破裂或损坏,若有必须立即更换。

(7)定期检测抓取机构的抓紧压力,必要时进行调整。

(8)检查油箱油位和润滑油液的油位。

(9)检查各按钮、继电器、接触器有无卡死,粘连现象,测试遥控操作盒,如有故障及时处理。

(10)检查充电器和电池,电池应及时充电以备下次使用。

(11)检查控制箱、配电箱是否清洁、干燥、无杂物。

第五节 注浆系统、后配套平台拖车维修保养

一、注浆系统

(1)每次注浆前应检查管路的畅通情况,注浆后应及时将管道清理干净,防止残留的浆液不断累积堵塞管道。

(2)每次注浆前必须对注浆口的压力传感器进行检查,紧固其插头和连线。

(3)注浆前要注意整理疏导注浆管,防止管道缠绕或扭转,从而增大注浆压力。

(4)定期检查注浆管的使用情况,如发现泄漏或磨损严重应及时修理或更换。

(5)经常对砂浆罐及其砂浆出口进行清理,防止堵塞。

(6)定期对注浆系统的各阀门和管接头进行检查,修理或更换有故障的设备。

(7)定期对注浆系统的各运动部分进行润滑。具体润滑方式参考保养说明书。

(8)经常检查注浆机水冷池的水位和水温,必要时加水或换水。注意防止砂浆或其他杂物进入冷却水池。

二、后配套平台拖车

（1）经常检查拖车行走机构的工作情况，必要时加注润滑脂。
（2）定期检查各拖车间的连接销、连接板，防止意外断裂或脱开。
（3）经常检查拖车走行机构的跨度与钢轨的轨距是否合适，不合适的应及时调整。
（4）保持后方通路的清洁。后方台车前进的轨道面或通过的方向上有障碍物时，会造成后续台车脱轨、倾覆，有夹住人员而造成人身事故的危险，所以要确认无障碍物。
（5）后续台车运行时要预防车轮的轮圈紧靠轨道磨损轮圈，防止轮子脱轨的危险发生，防止台车底版下面的电缆架脱出以及电缆、电缆架与枕木上面的机材相干涉。

第六节　螺杆压缩机维修保养

一、压缩机的维修保养

（1）每日或每次运转前，按压缩机操作规程作机前准备、检查。
（2）运转150h：
①清洁空气滤清器；
②新机使用后第一次更换油过滤器；
③新机使用后第一次更换润滑油；
④检查冷却器杂质堆积情况，如有必要用空气吹除或压力冲洗。
（3）运转500h：
①检查各阀件动作、拉杆及活动部件灵活性；
②检视油过滤器滤芯或更换；
③更换润滑油；
④软管检修；
⑤线路检修。
（4）运转1 000h：
①检查各部管路，异常者更换；
②检视观油镜，并拆下清洗；
③更换空气滤清器滤芯；
④车轮轴承加润滑脂。

二、柴油机的维护保养

（1）每日或加油时：
①检查油底壳机油油位；
②检查水箱内冷却水位；
③检查并紧固柴油机外露螺栓、螺母，排除漏油、漏水、漏气现象；
④在尘土较多场合，用低压空气清除空滤器上的积尘；
⑤清除柴油机外部的泥垢、积尘和油污；

⑥检查风扇、皮带松紧度。

(2) 运转50h：
①用清洁柴油清洗机油过滤器；
②向水泵轴承加注润滑脂；
③清除空气滤芯和积尘盒内的积尘。

(3) 运转250h：
①更换油底壳机油；
②更换机油过滤器；
③更换水过滤器；
④清洁发动机呼吸管；
⑤清洁发电机表面积尘；
⑥清洁冷却系统表面积尘。

(4) 运转500h，清洗或更换柴油滤清器。

(5) 运转1 000h：
①清洗冷却系统、去除水垢；
②更换空气滤清器滤芯；
③检查水泵，更换润滑脂，必要时更换水封。

(6) 运转2 000h：
①测量发动机气门间隙，必要时调整。
②检查发动机喷油嘴雾化情况。
③检查和校正柴油泵。
④检查和校正涡轮增压器。

第七节　压缩空气系统维修保养

一、空压机的定期检查

(1) 空压机的所有维护保养工作必须在停机并卸压的状态下进行。
(2) 检查空压机管路的泄漏和出气口的温度，如有异常应及时排除。
(3) 保持机器的清洁，防止杂物堵塞顶部的散热风扇。
(4) 每天检查一次润滑油液位，确保空压机的润滑。
(5) 不定期的检查皮带及各部位螺丝的松紧程度，如发现松动则进行调整。
(6) 润滑油最初运转50h或一周后更换新油，以后每300h更换一次润滑油(使用环境较差者应150h换一次油)。
(7) 使用500h(或半年)后须将气阀拆出清洗干净。
(8) 工作4 000h后，更换空气滤清器(空气滤清器应按使用说明书正常清理或更换，滤芯为消耗品)、润滑油、油过滤器以及油水分离器和安全阀。
(9) 定期对空压机的电机轴承进行润滑，根据电动机的保养规程操作。
(10) 应定期检查承受高温的零(部)件，如阀、气缸盖、制冷器及排气管道，去除附着内壁上的积炭。

（11）在任何情况下，都不应使用易燃液体清洗阀、冷却器的气道、气腔、空气管道以及正常情况下与压缩空气接触的其他零件。在用氯化烃类的非可燃液体清洗零部件时，应注意将残液清理干净。防止开机后排出的有毒蒸汽，不允许使用四氯化碳作为清洗剂。

（12）空压机前面板上的液晶显示屏能显示一些常规故障和故障提示信息，一般情况应按其提示的内容进行维保工作（详见空压机操作说明书）。

（13）储气罐之泄水阀每日打开一次排除油水。在湿气较重的地方，请每4h打开一次。

（14）机器各部件的总体保养为每年一次。具体保养要求详见空压机的维修保养说明书。

（15）切勿在超压和超速下使用本设备，与空气压缩配套部件（如储气罐）必须设计安全阀，且工作压力不得超过额定工作压力。空压机的转向应和皮带防护罩上箭头指示相同。

（16）修理空压机时，应采取措施避免由于疏忽而使空压机起动，应断开起动电源，并在起动装置上挂一指示牌"正在检修，禁止开车"。

（17）成套使用时应维护所有的安全装置，保持其正常功能，安全装置不应发生故障，并只能用可提供同样安全的其他装置来替换，应定期检查压力表、安全阀、压力调节器。

二、气体保压、工业用气、气管路

（1）用于气体保压的储气罐是压力设备，要经常检查其泄漏情况并及时维修。

（2）储气罐的泄水阀每日打开一次排除油水。在湿气较重的地方，每4h打开一次。

（3）经常检查管路和阀门有无泄漏，并及时进行修复。

（4）定期对保压系统作功能性检测，确保其正常工作。

（5）经常检查空气管路上的油水分离器，清洗并加油。

第八节　人舱系统维修保养

由于人舱的特殊工作性质，人舱分为使用前保养和使用后日常保养两种情况。

一、使用前保养

（1）检查测试气动电话和有线电话，如有故障和损坏要及时修理和更换。

（2）检查压力表、压力记录仪、空气流量计、加热器、照明灯工作是否正常。给压力记录仪添加记录纸，并作功能性测试。

（3）检查舱门的密封情况，首先清洁密封的接触面，如有必要可更换密封条。

（4）清洁整个密封舱。

（5）检查刀盘操作盒操作是否正常。

（6）清洗消声器和水喷头。

二、使用后日常保养

（1）人舱使用后如近期不再使用，可将人舱外部的压力表、记录仪拆除，并清洗干净。妥善保管以备下次使用。

(2)将人舱清洗干净,并将人舱门关紧。

第九节　主驱动系统维修保养

一、主轴承

(1)每天检查主轴承齿轮油油位,并作记录。

(2)检查主轴承齿轮油温度,如温度不正常须立即停机并查找原因。

(3)检查主轴承密封(HBW)油脂分配器动作是否正常(观察油脂分配马达上的脉冲传感器的发光二极管闪烁次数,正常为1～2次)。在检查刀盘时,进入开挖舱实际检查主轴承密封油脂的溢出情况(正常应有黑色HBW油脂从密封处溢出)。

(4)检查主轴承齿轮油分配器工作是否正常(观察齿轮油分配马达上的脉冲传感器的发光二极管的闪烁次数)。

(5)检查主轴承外圈润滑脂注入情况(观察蓝色油脂分配器工作是否正常,溢流阀是否有油脂溢出。如有油脂溢出表明管路堵塞,要及时检查清理)。

(6)每天给主轴承内圈密封注润滑脂,并检查内圈密封的工作情况。

(7)定期提取主轴承齿轮油油样送检,根据检查报告决定是否要更换齿轮油或滤芯。更换齿轮油同时必须更换滤芯。

(8)定期检查齿轮油滤芯,并根据压差开关反映的情况判断是否更换滤芯。

(9)定期检查主轴承与刀盘螺栓连接的紧固情况。

二、变速箱

(1)检查变速箱油位,如油位过低应先找出漏油故障,解决故障后补充齿轮油。

(2)检查变速箱温度是否在正常范围,观察冷却水的流动情况(观察马达上的水轮指示器)。

(3)检查变速箱的温度开关,定期清除上面的污垢。

(4)第一次工作50h后更换所有齿轮油。

三、液压马达

(1)检查马达的工作温度和泄漏油温度。

(2)定期检测马达的工作压力。

(3)定期检查马达的转速传感器和移动传感器,紧固其插头和连线。

第十节　液压系统维修保养

盾构液压系统主要包括主驱动液压系统、推进液压系统、管片安装液压系统、螺旋输送机液压系统、注浆液压系统、辅助液压系统。

一、液压系统的检查

(1)检查油箱油位,必要时加注液压油。
(2)检查阀组、管路和油缸有无损坏或渗漏油现象,如有此现象要及时处理。
(3)定期检查所有过滤器工作情况,并根据检查结果和压差传感器的指示更换滤芯。
(4)定期取油样送检。
(5)经常监听泵的工作声音,发现异常应及时停机检查。
(6)经常检查泵、马达和油箱的温度,发现异常要及时检查处理。
(7)经常检查液压油管的弯管接头,发现松动要及时上紧。
(8)经常检查冷却器的冷却水进水口和出水口的温度以及油液的温度,必要时清洗冷却器的热交换器。
(9)定期检查液压系统的压力,并与控制室面板显示值相比较。
(10)在对液压系统维修前,必须确保液压系统已停用并已经卸压。特别是在清空蓄能器时要特别注意。
(11)液压系统的加油和换油必须严格按照盾构说明书规定的程序执行。尽量采用厂家推荐的品种,禁止将不同规格品牌的油混合使用。每次加油前必须对所选用的油品进行抽样检测,检测合格方可使用。

二、液压系统的维修

(1)液压系统一旦发现泄漏必须立即维修,维修过程中应采取适当的方式避免污染油液,必须保持液压系统的清洁(在松开任何管道连接时,必须彻底清洁接头和其周围的环境)。
(2)维修工作结束后,在重新开动机器前必须确定所有的阀门已打开,特别是某些特定的蓄能器的阀门。
(3)液压管被碾压或过度弯曲都可能造成保护外皮的损坏。如果其保护外皮受损就有可能影响其最大工作压力,而致使危险的发生(碾压和过度弯曲液压管还可能造成压力损失和回油压力过高)。
(4)所有液压管线的拆卸必须做到随时拆卸,随时封口,防止异物进入液压系统。各维修工必须随身携带一条干净纯棉毛巾及干净白绸布。
(5)注意液压系统工作温度不得超过70℃。

三、加注液压油和齿轮油

液压油较易被污染,为了保证加注到油箱的液压油纯净,在灌注液压油箱时应遵循下列步骤。
(1)停止液压站及过滤器和冷却管线的所有泵。
(2)清理油箱和其周围的杂物,清洁油箱顶部的污物。
(3)打开液压油箱盖,连接灌注站(灌注站由油箱、供给泵、液压管线、12μm 过滤器组成)。
(4)启动灌注站向油箱中注油,当油位达到要求时停止灌注。
(5)清洁剩余油污后将油箱盖装好。
(6)在灌注的整个过程中一定要注意不能让灰尘和污物掉入到液压油箱中,要注意油位的变化不能使油液溢出。

(7)在盾体左侧平台上打开加油堵头加注齿轮油,在液位到达中位偏上时停止加注。

四、更换滤清器滤芯

1. 回油滤清器

如果控制板上灯光显示过滤器故障或 IPC 工业电脑显示其出现故障报警,则表明过滤器滤芯可能堵塞须更换滤芯元件。经过较长时间的停用后也应更换滤芯元件。如果滤清器顶部的堵塞显示开关跳起则说明滤芯物理堵塞也应更换滤芯。更换滤芯前需清洁过滤器外壳,由于过滤器直接接在液压主回路上,属于高压设备,且滤芯是易污染设备,受到污染后无法清洗,不可再次使用,所以更换过滤器滤芯应严格按照下列步骤进行,防止发生危险和损坏设备。

(1)断开设备开关阀门并使其降压。如果未先降压就拆开过滤器外壳,则过滤器中的残留物由于高压发生喷射性泄漏,将可能给设备和人身带来伤害,而且过热的液压油可能引起火灾或烫伤。

(2)握住过滤器顶部的旋转把手将拧下的滤芯头和滤芯元件一起拉出。

(3)将过滤器的滤芯头和滤芯放在预先准备好的塑料布上(确保塑料布是清洁的)。轻轻左右晃动将滤芯元件从滤芯头中取出,检查滤芯表面是否有可见的污染物(如有可见的污染物须提取杂质样本送检,用以确定污染源)。

(4)检查滤芯外壳和滤芯头是否损坏,损坏元件必须更换。并适当清洁滤芯外壳和滤芯头。

(5)确保滤芯外壳上的 O 形密封圈完好无损安装正确,并用干净的液压油适当清洗。

(6)新的滤芯放入滤芯外壳内,使新滤芯的中心孔与滤芯外壳的中心轴对齐。

(7)将少量的干净的液压油加注在滤芯头的 O 形密封圈和螺纹上,并将滤芯头旋入滤芯外壳内重新安装好。检查滤芯头顶部的堵塞开关并将其复位。

(8)打开阀门给液压系统加压,测试过滤器是否泄漏。如有泄漏检查安装过程是否有错误,并更换出现故障的设备。

2. 进油滤清器

如果控制板上灯光显示过滤器故障或 IPC 工业电脑显示其出现故障报警,则表明过滤器滤芯可能堵塞须更换滤芯元件。经过较长时间的停用后也应更换滤芯元件。更换滤芯时,清洁过滤器外壳。由于过滤器直接接在液压主回路上,属于高压设备。且滤芯是易污染设备,受到污染后无法清洗,不可再次使用。所以更换过滤器滤芯应严格按照下列步骤进行,防止发生危险和损坏设备。

(1)断开设备开关阀门并使其降压。如果未先降压就拆开过滤器外壳,则过滤器中的残留物由于高压发生喷射性泄漏,将可能给设备和人身带来伤害,而且过热的液压油可能引起火灾或烫伤。

(2)拧下过滤器外壳,并把剩余的液压油倒入一容器中(这部分液压油将用于杂质分析,不能再次加注到液压系统中),适当清洁过滤器外壳。

(3)取出滤芯元件并检查其表面是否有可见的污染物(如有可见杂质须提取杂质样本送检,用以确定污染源)。

(4)检查滤芯外壳和分流阀是否损坏,损坏元件必须更换。并适当清洁滤芯外壳和分流阀。

(5)确保滤芯外壳上的 O 形密封圈和轴承环完好无损。并用干净的液压油清洗。

(6)用干净的液压油清洗O形密封圈,装回原位后在其上加注少量液压油。并使滤芯的中心孔与滤芯外壳的中心轴对齐。

(7)将少量清洁的液压油加注到滤芯外壳的螺纹上并将滤芯外壳与滤芯头上紧。

(8)打开阀门给液压系统加压,测试过滤器是否泄漏。如有泄漏检查安装过程是否有错误,并更换出现故障的设备。

3. 更换滤芯时应注意的问题

(1)损坏部件必须更换。

(2)严禁使用管道扳手上紧过滤器头部。严禁用锤子敲打过滤器任何部位。

(3)滤芯元件不能清洗,不可重复使用。

第十一节 渣土改良系统维修保养

一、泡沫系统

(1)定期清洗泡沫箱和管路,清洗时要将箱内沉淀物和杂质彻底清洗干净。

(2)检查泡沫泵的磨损情况,必要时更换磨损的组件。

(3)检查泡沫水泵的工作情况,给需要润滑的部分加注润滑油或润滑脂。

(4)检查水泵压力开关的整定值,必要时进行校正。

(5)检查压缩空气管路情况,必要时清洗管路。

(6)检查电动阀和流量传感器的工作情况,电动阀开闭动作是否正常,流量显示是否正确,如有必要进行维修或更换。

(7)定期检查旋转接头处的泡沫管路有无堵塞,如发生堵塞要及时清理。

二、膨润土系统

(1)检查膨润土泵工作是否正常。润滑轴承和传动部件。

(2)检查气动泵动作是否正常。

(3)检查油水分离器和气管路,定期给油水分离器加油。

(4)检查膨润土管路,清理管路的弯道和阀门部位,防止堵塞。

(5)检查流量调节阀和压力传感器。

(6)定期清理膨润土箱和液位传感器。

第十二节 通风系统、水系统维修保养

一、通风系统

(1)检查洞内外风机工作是否正常,有无异常声响。

(2)定期检查叶片固定螺栓有无疲劳裂纹和磨损。

（3）定期检查、润滑电机轴承（按保养要求的时间和方法进行）。

（4）检查风筒吊机电机减速器的运行情况。

（5）根据掘进情况及时延伸和更换风管。

（6）检查风管有无破损现象，及时修补或更换。

二、水系统冷却循环水、排水系统

（1）检查进水口压力（一般为0.5MPa左右）和温度（小于30℃），如压力过低或温度过高，应检查隧道内的进水管路的闸阀、水泵及冷却器工作是否正常。

（2）检查水过滤器，定期清洗滤芯。定期清理自动排污阀门。

（3）检查水管路上的压力和温度指示器，如有损坏及时更换。

（4）检查水管卷筒、软管如有损坏应及时修理，并对易损坏的软管作防护处理。

（5）检查水管卷筒的电机、变速箱及传动部分，如有必要加注齿轮油，并为传动部分加注润滑脂。

（6）定期检查主驱动的马达变速箱、冷却器和温度传感器，清除传感器上的污物。

（7）定期检查热交换器，并清除上面的污物。

（8）每天检查排水泵，如有故障应及时修理。

（9）每天检查所有的水管路，修理更换泄漏、损坏的管路闸阀。

第十三节　油脂系统维修保养

一、油脂泵站

（1）检查油脂桶是否还有足够的油脂，如不够应及时更换。

（2）经常检查油脂泵站的油雾器液位，如低于低液位，加注润滑油。

（3）检查HBW油脂泵的工作情况，将其动作次数控制在1~2次/min。

（4）检查盾尾油脂泵的工作压力，将压力控制在0.2MPa左右，动作次数设定为5次（1L/min）。

（5）检查油脂泵的气管是否有泄漏现象，如有泄漏应及时修理或更换。

（6）更换油脂桶时应对油脂量位置开关进行测试。

（7）检查盾尾密封注脂次数或压力是否正常，否则应检查油脂管路是否堵塞，特别是重点检查气动阀是否正常工作。

（8）经常检查主驱动润滑油脂泵工作是否正常，如是否正常泄压，检查油脂溢流阀。

二、油脂系统

（1）每天检查主轴承齿轮油液位是否低于中位，检查齿轮油过滤器是否需要清洗滤芯，压差变送器是否损坏。

（2）每周检查齿轮油脉冲数是否正常，应不少于440次/min。

（3）每天经常检查主驱动注射器是否正常动作，光电开关是否正常工作。

(4)每天经常检查螺旋机注射器是否正常动作。
(5)不得随意调整注射器、调整螺杆,改变注入量。
(6)手动注脂点必须按照要求的周期开启,并保证持续时间。

三、主驱动油脂系统

主驱动油脂系统采用单线式注脂系统,每动作一次需泄压1次,泄压时间为2s,设定注入间隔时间为30s(时间可调),泄压压力由安装在盾体平台左侧的压力开关设定,出厂设定压力为15MPa(可现场设定)。主要元件为油脂注射器,每个注射器可单独设定流量,单路故障不影响其他路注入。每个注射器的调整圈数与设定时间有关,时间改变,此值必须重新计算。

四、盾尾油脂密封气动阀

盾尾油脂密封在盾构施工中起着非常重要的作用。一旦盾尾密封出现问题将会严重影响盾构施工的质量,所以平时应定期对盾尾密封的管线和阀门进行仔细的检查。在盾尾油脂密封系统中,位于盾尾密封油脂注入口部的电磁气动阀的作用尤为重要,由于其结构和安装位置问题,对它进行检测和维修保养比较困难。

盾尾油脂注入口部的电磁气动阀较易发生故障,应经常进行检查。
(1)检查电磁气动阀的管路、接头是否有漏气和漏油现象,必要时更换管路和接头。
(2)检查气管路上的油气分离器的油液位,必要时加注润滑油。
(3)将主控制室内的盾尾油脂密封控制旋钮转到手动控制挡位,分别控制每路油脂管路单独工作。
(4)配合主控室操作人员,检查电磁气动阀气动控制回路的电磁阀是否工作正常(当主控室人员进行操作时,观察电磁阀的指示灯是否有正常的闪烁指示)。
(5)如果电磁阀动作正常,注意监听气动回路的动作声音(指示灯闪烁的同时应有气动阀的排气声),还可以通过用手触摸气动阀的阀杆是否转动来确认工作状况。
(6)将油脂泵送系统控制旋扭拧至自动挡,油脂泵送压力调至满足泵送频率5次/min.(1.1L/min)。
(7)注意清理堆积在阀体上的杂物,防止水进入阀体,如有水进入阀体可能会引起阀体的故障。
(8)注意保护注入口部的压力传感器,如发生损坏应尽快更换。

五、油脂桶更换操作规程

(1)将油脂泵送系统控制旋扭拧至维修档。
(2)调节气缸压力至0.6MPa 脂桶通风阀,将气锤操作手柄上抬,提升气锤,将气锤从脂桶中提出。
(3)搬开空的脂桶,将新桶正放在气锤下方。
(4)拧开气锤上的放气螺杆,关闭脂桶通气阀,下压气锤操作手柄,将气锤压入脂桶中。
(5)一旦气锤进入脂桶,调节气锤压力,降至0.2MPa,压力不能高于0.2MPa 泵送手动阀拧至手动工位,可听见脂泵频率很高的"啪啪"声,待其频率降低后,即表示已开始注脂。

第十四节　供电系统、主机控制系统维修保养

一、供电系统

供电系统主要包括高压电缆、电缆卷筒、高压开关柜、变压器、配电柜等。

1. 高压电缆

(1)检查高压电缆有无破损,如有破损要及时处理。

(2)检查高压电缆铺设范围内有无可能对电缆造成损坏的因素,如果有要及时采取防范措施。

(3)定期对高压电缆进行绝缘检查和耐压试验(作电缆延伸时进行试验)。

2. 电缆卷筒

(1)检查电缆卷筒变速箱齿轮油油位,及时加注齿轮油。

(2)检查电缆卷筒链轮的链条,注意加注润滑脂。

(3)定期检查电缆卷筒滑环和电刷的磨损情况,注意清洁滑环和电刷。

(4)检查电刷的弹力以及电刷与滑环的接触情况,必要时进行修理或更换。

(5)检查电缆接头的紧固情况,必要时紧固接头。

(6)检查绝缘支座和滑环的绝缘情况,必要时进行清洁处理。

3. 高压开关柜

(1)定期进行高压开关柜的分断、闭合动作试验,检查其动作的可靠性。

(2)检查六氟化硫气体压力是否正常(压力表指针在绿色区域为正常)。

(3)检查高压接头的紧固情况。

4. 变压器

(1)变压器应有专人维护保养,并定期进行维护、检修。

(2)检查变压器散热情况和变压器的温升情况。

(3)定期对变压器进行除尘工作。

(4)监视变压器是否运行于额定状况,电压、电流是否显示正常。

(5)注意监听变压器的运行声音是否正常。

(6)观察变压器的油标,油面不得低于最低油位。

(7)检查油温是否超标,油色有无变化。

(8)检查是否有油液的渗漏现象。

(9)检查接地线是否正常。

5. 配电柜

(1)检查配电柜电压和电流指示是否正常。

(2)检查电容补偿控制器工作是否正常。

(3)检查补偿电容工作时的温升情况,温度是否在允许的正常范围内。

(4)检查补偿电容有无炸裂现象,如有需要更换。

(5)检查补偿电容控制接触器的放电线圈有无烧熔现象,如有要尽快更换。

(6)检查配电柜内的温度是否正常,检查配电柜制冷机是否正常工作,检查制冷机的冷却水流量是否正常。

(7)检查低压断路器过载保护和短路保护是否正常。

(8)检查大容量断路器和接触器工作时的温升情况,如温度较高说明触点接触电阻较大,需要进行检修或更换。

(9)检查柜内软启动器,变频器显示是否正常。

(10)对主开关定期进行ON/OFF动作试验,检查其动作可靠性。

(11)经常对配电柜及元件进行除尘。

(12)定期对电缆接线和柜内接线进行检查,必要时进行紧固。

6. 应急发电机

(1)检查PT供油系统油位是否正常。

(2)检查冷却水位是否正常。

(3)检查各连接部分是否牢靠,电刷是否正常,压力是否符合要求,接地线是否良好。

(4)检查有无机械杂音,异常振动等情况。

二、主机控制系统

主机控制系统主要包括PLC系统、工业电脑、控制面板、传感器。

1. PLC 系统

(1)检查PLC插板是否松动。

(2)检查PLC连接线是否松动,紧固接线端子。

(3)检查PLC通信口插头连接是否正常。

(4)定期清洁PLC及控制柜内的灰尘。

(5)定期进行PLC的冷启动。

(6)备份PLC程序。

2. 工业电脑

(1)检查工业电脑与PLC的通信线连接是否可靠。

(2)定期清洁工业电脑和控制柜内的灰尘。

(3)备份工业电脑的程序。

3. 控制面板

(1)检查面板内接线的连接状况,必要时进行紧固。

(2)定期清洁灰尘(注意防水)。

(3)定期检查按钮和旋钮的工作情况,如有损坏及时更换。

(4)检查控制面板上的LED显示是否正常。

(5)定期对控制面板上的LED显示进行校正。校正时要使用标准信号发生器,先校正零点再校正范围,二者要反复校正。

(6)定期对推进油缸和铰接油缸行程显示与油缸实际行程进行测量校对,如有误差应及时校准(校准方法详见维修保养操作说明)。

4.传感器

(1)检查各种传感器的接线情况,如有必要紧固接线、插头、插座。
(2)清洁传感器,特别是接线处或插头处要清洁干净。防止水和污物造成故障。
(3)检查传感器的防护情况,如有必要须采取防护措施。防止损坏传感器。
(4)定期用压力表对压力传感器在控制面板上的显示情况进行检查和校准。

参 考 文 献

[1] 朱合华,傅德明.盾构隧道[M].北京:人民交通出版社,2004.
[2] (德)Bernhard Maidl,等.机械化盾构隧道掘进[M].曾慎聪,郦伯贤,胡胜利,译.杭州:浙江大学出版社,2002.
[3] 何挺继,朱文正,邓世新.筑路机械手册[M].北京:人民交通出版社,1998.
[4] 竺维彬,鞠世健,等.复合地层中的盾构施工技术[M].北京:中国科学技术出版社,2006.
[5] GB 50446—2008 盾构法隧道施工与验收规范[S].
[6] 周文波.盾构法隧道施工技术及应用[M].北京:中国建筑工业出版社,2004.